我国绿色经济的发展路径与政策研究

马 忻 著

中国财经出版传媒集团
中国财政经济出版社
·北 京·

图书在版编目（CIP）数据

我国绿色经济的发展路径与政策研究 / 马忻著. 北京：中国财政经济出版社，2024.7. -- ISBN 978-7-5223-3324-3

Ⅰ.F124.5

中国国家版本馆CIP数据核字第2024D1W157号

责任编辑：李瑞荣　　责任校对：胡永立
封面设计：卜建辰　　责任印制：史大鹏

我国绿色经济的发展路径与政策研究
WOGUO LÜSE JINGJI DE FAZHAN LUJING YU ZHENGCE YANJIU

中国财政经济出版社 出版

URL：http：//www. cfeph. cn
E-mail：cfeph@cfeph. cn

社址：北京市海淀区阜成路甲28号　邮政编码：100142
营销中心电话：010-88191522
天猫网店：中国财政经济出版社旗舰店
网址：https：//zgczjjcbs. tmall. com
中煤（北京）印务有限公司印刷　各地新华书店经销
成品尺寸：170mm×240mm　16开　22.5印张　323 000字
2024年7月第1版　2024年7月北京第1次印刷
定价：78.00元
ISBN 978-7-5223-3324-3
（图书出现印装问题，本社负责调换，电话：010-88190548）
本社图书质量投诉电话：010-88190744
打击盗版举报热线：010-88191661　QQ：2242791300

前　言

PREFACE

按照生态马克思主义经济学的观点，走向社会主义生态文明新时代就是迈向生态文明与绿色经济发展新时代。这既是中华文明演进和中国特色社会主义经济社会发展规律与演化逻辑的必然走向和内在要求，也是人类文明演进和世界经济社会发展规律与演化逻辑的必然走向和内在要求。因此，绿色经济与绿色发展是21世纪人类文明演进与世界经济社会发展的大趋势、大方向，集中表达了当今人类努力超越工业文明黑色经济发展的旧时代，迈进生态文明绿色经济发展新时代的意愿和价值期盼，已成为人类文明演进和世界经济社会发展的必然选择和时代潮流。据此，建设绿色文明、发展绿色经济、实现绿色发展，是全人类的共同道路、共同战略、共同目标，是新时代赋予我们的神圣使命与历史任务。

在全球经济由传统经济模式向可持续发展模式、绿色发展模式转变的大背景下，我国也在积极寻求绿色发展的道路。改革开放四十多年来，中国的经济发展取得了举世瞩目的成就，国内生产总值实现跨越式增长，人民群众的物质文化生活水平不断提高，我国经济的高速增长持续了多年。常年的快速发展使能源消费增长了几倍，单位GDP消耗的主要资源数量和污染物排放量远高于发达国家。中国作为世界“制造工厂”，消耗了本应由发达国家消耗的资源，由于技术落后造成的“高投入、高消费、高污染、低产出、低效益”的经济增长方式难以为继。中国不仅面临着气候变化的长期挑战和国际减排压力，而且油、气、铁、铜、铝等战略性资源长期处于供需紧张状态，对外依存度越来越高。因此，实现经济发展方式的绿色转型是绿色发展的必经之路。

近年来，我国政府将美丽中国和生态文明建设提到非常高的战略地位，同时也积极地推动绿色经济转型，环境部门、财政部门、中央银行等政府机构同时发力，社会企事业单位、金融机构，甚至是个人助推绿色经济转型和发展，我国绿色经济的发展已成为新时代的应然要求，基于此，本书主要阐述如下内容：绿色经济的基本理念、全球绿色经济的发展、常见的绿色经济形态、三大类绿色经济产业、我国绿色经济的实践、绿色物流与绿色出行、绿色金融的发展研究、绿色金融的具体手段、绿色宜居的城乡建设及绿色经济的发展趋势，本书的出版旨在与政治经济学等领域相关专业人士一起研究新时代我国绿色经济的发展演化过程，以期共同探讨、共同进步。

由于时间仓促及作者水平有限，想必书中难免有疏漏错误，敬请读者指正、海涵！

目 录

CONTENTS

第一章
Chapter 1
绿色经济的基本理念

传统的经济发展方式造成了环境污染和生态破坏，消耗了大量的能源和资源，给经济和社会的持续发展带来了严峻的挑战。在走向生态文明的进程中，绿色发展作为生态文明建设的模式，取代可持续发展模式，正引领着人类社会发展方式的变革，而绿色经济就成为这场变革的基础。当前，中国经济社会发展整体上还处在资源耗费型、环境损害型的状态中，在产业发展过程中，资源、能源消耗持续增长，以煤为主的能源结构长期存在，工业污染排放日趋复杂，控制环境污染和生态退化的难度加大，未来环境与发展的矛盾将更加突出。为解决经济社会发展与资源环境约束的矛盾，必须在生态文明理念的指导下，实现产业转型，发展绿色经济，大力推进产业的生态化。发展绿色经济并不只是单纯追求生态而付出其他方面的极大代价，而是实现经济效益和生态效益的有机统一。

第一节　绿色经济的提出和内涵

一、绿色经济的提出

1989年出版的英国环境经济学家大卫·皮尔斯的《绿色经济的蓝图》一书首先提出了“绿色经济”一词。经济发展必须以人类赖以生存的生态环境为基础，破坏生态环境和超出人类自身可承受范围的经济发展无法持续，必须建立一种“可承受的经济”。在这种经济模式下，发展、推广环境友好型的技术和工艺，将创新型的技术应用到生产部门，改进工艺流程，使生态效益、经济效益和社会效益有机结合起来，增加产品的有效供给，使经济得到持续发展。

2001年，世界银行发布的中国环境战略更新报告《中国：空气、土地和水——新千年的环境优先领域》提出，绿色发展的一个重要特征就是资源与环境是生产力发展的要素，必须把自然资源（包括环境容量）的价值和污染治理、生态恢复的成本纳入GDP（国内生产总值）和国民财富的核算。

将绿色发展作为一种发展之路，是联合国开发计划署编写的《中国人类发展报告2002：绿色发展 必选之路》一书中最早明确提出的。该报告提出，让绿色发展成为一种选择，中国应该抛弃走以牺牲环境为代价高速发展经济的“危险之路”，选择一条以保护环境为前提的绿色发展之路。由于中国现代化发展速度极快、规模宏大、程度复杂，必须制定一整套政策，与实践相配合，才能选择正确的绿色发展道路。

2008年10月，联合国环境规划署提出绿色经济和绿色新政倡议；2008年12月，联合国秘书长潘基文在联合国气候变化大会上强调“绿色新政”，呼吁各国的投资要转向能够创造更多工作机会的环境项目，投资转向应对气候变化领域，促进绿色经济增长和就业，修复支撑全球经济的自然生态系统；2009年3月，联合国环境署发布了《全球绿色新政政策纲要》，呼吁各国实施“绿色新政”，敦促所有高收入国家将国内生产总值的1%用于实施“绿色新政”，鼓励其他发展中经济体根据自己的国情制定适宜的绿色投资目标，促使世界经济向低碳、节能型经济转变。联合国环境规划署2009年4月的《绿色工作：迈向一个可持续的低碳世界中的体面工作》报告中预测，全球与环境产品及服务有关的市场规模将由2009年每年1.37万亿美元增加到2020年每年2.74万亿美元，将在清洁能源、可持续交通、水供应、环境卫生与废物处理等领域创造大量的就业机会。2011年联合国环境规划署（UNEP）绿色经济报告认为，要实现绿色，经济不仅必须高效，还必须公平。公平意味着要认识到全球和国家层面的公平范围，尤其是在确保向低碳经济的公正过渡的过程中，资源高效，具有社会包容性。

在绿色新政的大旗下，一些国家纷纷制定绿色发展规划。2008年12月，法国公布了一揽子旨在发展可再生能源的计划，涵盖生物能源、风能、地热能、太阳能、水力发电等领域；2009年2月，美国公布了《美国复苏与再投资法案》，重点发展高效电池、智能电网、碳储存和碳捕获、可再生能源如风能和太阳能等，同时促进节能汽车、绿色建筑等的开发；2009年4月，日本公布了《绿色革命与社会变革》的政策草案，提出通过一系列措施至2015年将环境产业打造成日本重要的支柱产业和经济增长核心驱动力量，日本将大型的蓄电池、新型的环保电车、海洋风力发电作为三大支柱产业，通过实行削减温室气体排放等措施，强化日本的绿色经济，同时率先提出建设低碳社会；2009年6月，德国公布了一份推动德国经济现代化的战略文件，强调德国经济的指导方针是生态工业政策；2009年7月，英国发布了《低碳转换计划》和《可再生能源战略》国家战略文件；2009年7月，韩国发布《绿色增长国家战略》，确定了2009—2050年绿色增长总体目标和具体政策，2010年4月14日公布了《低碳绿色增长基本法》。

美国实施了“绿色经济复兴计划”，包括节能增效、开发新能源、应对气候变化等多个方面，时任美国总统奥巴马提出了大力发展清洁能源和新兴产业，实行“绿色新政”，以抢占全球竞争的制高点；2009年3月，欧盟正式启动了整体的绿色经济发展计划，根据计划，欧盟将在2013年之前投资1050亿欧元支持绿色经济，促进绿色就业和经济增长，旨在打造具有国际水平和全球竞争力的绿色产业；欧盟各国也发布了战略能源技术计划的技术路线图、《欧盟2020年碳排放协议》、绿色经济发展计划，以促进绿色经济的发展。美国、德国、法国等发达国家的绿色投资保持在10%~20%的水平，韩国则高达80%，印度、巴西等国家也把绿色增长、绿色发展作为新的战略和新兴产业。2019年6月，英国制定了全球首个净零排放法案——《2008年气候变化法案（2050年目标修正案）》，2019年法令草案提出与1990年水平相比，到2050年温室气体排放量至少减少100%的目标。

2012年6月，联合国可持续发展大会通过了《我们憧憬的未来》最终成果文件，围绕绿色经济和可持续发展两大主题，明确了全球向绿色转型的发展方向，全球达成了发展绿色经济的广泛共识。2015年9月，联合国可持续发展峰会通过了凝聚国际社会共识的《改变我们的世界——2030年可持续发展议程》，提出了到2030年的17项可持续发展目标和169项具体目标，将全球可持续发展提升到一个新的阶段，全球生态文明建设拉开了大幕。

2011年发布的《迈向绿色经济：通向可持续发展和消除贫困的各种途

径——面向政策制定者的综合报告》认为，2009—2050年，每年将全球生产总值的2%投资于主要经济部门，便可实现绿色经济转型。

联合国环境署的数据显示，埃及转型绿色经济模式，每年节省资金超过24亿美元，削减了13%二氧化碳排放量和40%用水量，创造800万个就业机会；在加纳，100兆瓦的太阳能并网发电厂每年可以减少4万吨二氧化碳的排放，创汇4000万美元，直接创造3000个就业机会，间接支持2.3万个就业机会；通过发展绿色经济，2020年秘鲁的年生态贸易量增加40%，销售额从2009年的1.1亿美元增长到2020年的27亿美元，创造25万个工作岗位，碳汇收入从1.54亿美元提高到7.5亿美元；联合国环境署生态系统服务项目在南非、特立尼达和多巴哥、越南、智利开展了价值近10亿美元的生态系统服务，包括特立尼达和多巴哥价值6.22亿美元的土壤保留服务，南非通过基于生态系统的减少灾害风险方案节省了近1.66亿美元。

二、绿色经济的内涵

（一）绿色经济的含义

绿色经济是以节约能源资源为目标、以生态科技为基础、以市场为导向、以新能源革命为依托的经济发展模式，其宗旨是经济发展必须与自然环境、人类社会的发展相协调，其核心是人力资本、生态资本、人造资本、社会资本存量不断增加，实现绿色GDP的稳步增长。

绿色经济是绿色发展的经济内容，生态文明的经济建设就是实现经济的绿色化。从微观看，发展绿色经济就是要加速淘汰落后的产能和工艺，用技术创新和工艺创新促进绿色企业的发展，推动绿色产品的有效供给，同时大力提倡绿色生活，形成资源节约、环境友好的绿色生活方式和绿色消费模式；从中观看，发展绿色经济就是要使部门经济、地区经济、集团经济绿色化，通过产业结构、技术结构、规模结构的绿色化，实现产业的绿色升级、分类和分布，探索绿色经济结构的演化规律，揭示经济与自然、社会之间的绿色联系；从宏观看，发展绿色经济就是要不断降低国民经济中能源资源消耗多、环境污染重的行业比重，推动整个宏观经济的绿色化进程。

发展绿色经济，首要问题是确立新的价值观。经济活动中原有的价值观必须发展，要在生态文明理念下建设新的价值学说。在经济学中，价值范畴作为社会生产流动的杠杆，只是在商品领域里出现。人们普遍认为，只有商品才具有价值，这种片面的传统的价值观一直统治着我们的思想，指导着我们的行动。这种观念必然导致在生产上，其目标是以最少的耗费获得最大的产出，即对生态资源实现最大限度的开发而没有基本的环境污染控制措施；在交换上，只看到商品流通，对潜在消耗的自然资源不计成本，因而自然资源的生态价值不能实现，劳动得不到补偿；在消费上，认为自然资源是取之不尽的，环境纳污容量也是无限的。这种生态环境无价值的观念还导致在经济政策上忽视对生态资源再生能力的建设性和保护性的投资，没有把生态资源纳入价格体系内，往往只强调人是生产者，而忽视人是自然资源和生态环境的消费者，反过来加剧了生态环境的恶化。因此，只有传统劳动价值论才能揭示自然资源价值的本质，以信息增值进化论为基础，用生态文明的多元价值论构建绿色经济的理论体系。

从改变经济发展的能源结构角度看，发展绿色经济就是要发展低碳经济；从生产过程、产品和服务看，发展绿色经济就是要推进清洁生产，实行节能减排；从资源利用程度看，发展绿色经济就是要大力发展循环经济；从资源节约的角度看，发展绿色经济就是要发展共享经济；从产业结构角度看，发展绿色经济就是要大力发展生态农业、生态工业和生态服务业，即当前要大力发展工业文明和信息文明融合的新兴产业；从消费层面看，发展绿色经济就是要实行绿色的生活方式。

（二）绿色经济的价值观

不同文明时代有相应的价值观，它是物质世界长期发展的产物，也是社会不断演进的结果。

农业文明时代，对价值的衡量标准是“土地是财富之母，劳动是财富之父”。到了工业文明时代，对绝大多数商品价值的衡量，是遵循“劳动价值论”的，商品价值量的大小取决于生产该商品的社会必要劳动时间。

生态文明时代，绿色经济的价值标尺是多元的，基本准则仍然是“劳动价值理论”。与工业文明时代的“劳动价值论”相比，其“劳动价值”中包含着更多的“知识价值”，可以说是在传统的“劳动价值论”基础上，加上“知识价值论”。特殊商品的价值，因其稀缺性和人们对其的喜好，遵循“效用价值论”；由于全球信息高速公路建成，不同的信息会产生不同的增值效应，因而极大地影响商品价格的形成，“信息价值论”随之出现；由于自然资源（包含土地资源、森林资源、水资源、矿山资源、海洋资源、环境资源等）对人类生存的决定性作用，其价值被重新定位。

（三）绿色经济遵循的原则

1.共生性原则

“自然—社会—经济”是一个复合生态系统，共生不仅是生物演化的机制，也是经济发展的机制。

在大自然中，不存在任何生物独占世界的现象，地球上的生物是相互依存的，只有通过不同物种之间的互惠互利和生态位互补，才能发挥整个生态系统的效益。尽管人类是自然中的高级生物，但和其他物种一样，都是地球生态系统的一个组成部分，人类和自然是内在统一的整体，人类、自然和其他生物都应该得到相同的尊重和关怀。在经济系统中，同样存在共生关系，经济组织之间会以同类资源共享或异类资源互补形成共生体，从而改进资源的配置效率。

人类社会的生产与生活消费所需的低熵物质和能量依赖于自然环境的供给，同时产生高熵物质和能量又还给自然界。在自然循环中，通过各种物理、化学和生物的过程影响自然环境的变化，稳定的经济发展需要有持续的自然资源和良好的社会环境和生态环境的支撑。

2. 和谐性原则

和谐是不同事物之间相同相成、相辅相成、相反相成、互助合作、互利互惠、互促互补的关系。在“自然—社会—经济”系统以及各个系统内部分系统中，有各自的结构、功能和发展规律，各自的存在和发展又受其他系统结构、功能的制约。自然系统合理、经济系统有利、社会系统有效是“自然—社会—经济”系统合理的目标。如果不能做到天和（人与大自然及万物的和谐）、人和（人际和谐和社会和谐）、心和（身与心、我与非我、心灵与宇宙的和谐），“自然—社会—经济”这个复合生态系统中的平衡就会被打破。

经济系统是“自然—社会—经济”系统的一个部分，但其在生态系统中的作用不可低估。经济系统不和谐，就会导致自然环境日益恶化和社会环境越来越复杂。因此，必须通过必要的调整，坚持经济的和谐发展，才能使环境得到有效恢复、社会得到持续发展。

3. 发展性原则

地球表层的变化直接影响人类文明的发展走向。发展是事物由小到大、由简单到复杂、由低级到高级的量和质的变化，人类的进化只能依赖“自然—社会—经济”系统的持续发展。

建立一个能够持续、协调发展的生态环境经济系统，使其既能保护人类经济活动免受环境因素的负面影响，也能保护环境免受人类经济活动的负面影响；既妥善处理经济发展与环境质量的矛盾，又寻找相对的平衡；既保证当前经济的增长，又为长远发展提供基础并创造一个更美好的环境，这是发展的要义。由于人类是全球系统进化的客体同时又是进化的主体，协调人与自然的机制，达成生命进化与意识进化的统一，才能保证人类社会的发展进步。

（四）绿色经济的核算

1. 绿色 GDP

传统的国民经济衡量指标（GDP）既不能反映经济增长导致的生态破

坏、环境恶化和资源浪费，也未涉及非商品劳务的贡献，并且没能反映投资的取向，这些不利的影响将会削弱未来经济增长的基础。

绿色GDP是指用以衡量各国扣除自然资产损失后新创造的真实国民财富总量的核算指标，就是在国民财富总量核算中，必须扣除由于环境污染、自然资源退化、教育低下、人口数量失控、管理不善等因素引起的经济损失成本。在联合国综合环境与经济核算体系中，绿色国内生产净值（EDP）是核心指标。在国内生产总值中扣除自然资本的消耗，得到经过环境调整的国内生产总值，就是绿色GDP；从国内生产总值中同时扣除生产资本消耗和自然资本消耗，得到经环境调整的国内生产净值，就是EDP。

自20世纪70年代，联合国和世界银行等国际组织就大力倡导绿色GDP的研究和推广。1993年，联合国统计局和世界银行联合推出了环境经济综合核算体系（SEEA），标志着绿色GDP指标在世界范围内的正式确立。世界银行的统计数据显示，中国GDP中至少有18%是依靠资源和生态环境的"透支"获得的。

2004年10月，国家统计局和原国家环保总局开始了绿色GDP核算工作试点，2006年《中国绿色国民经济核算研究报告2004》正式公布。这是中国第一份经环境污染调整的GDP核算研究报告，标志着2004年3月启动的中国绿色国民经济核算研究取得了阶段性成果。

2013年5月，中央提出要完善经济社会发展考核评价体系，把资源消耗、环境损害、生态效益等体现生态文明建设状况的指标纳入经济社会发展评价体系，12月中央组织部印发《关于改进地方党政领导班子和领导干部政绩考核工作的通知》。2015年，生态环境部宣布重启绿色GDP研究，并与财政部、发改委等部门合作推进生态补偿机制建设。2016年，根据《"十三五"生态环境保护规划》要求，提出要建立健全自然资源资产管理制度和自然资源资产负债表编制制度。各省市纷纷响应，2017年，湖北省发布了《中国绿色GDP绩效评估报告（2017年湖北卷）》，率先加入绿色GDP核算行列。2021年，深圳市把生态系统生产总值（GEP）核算体系纳入

《深圳经济特区生态环境保护条例》之中。2023年，山西省宣布进行2020年和2021年山西省经济生态生产总值核算。

2022年10月，党的二十大报告特别强调“立足我国能源资源禀赋，坚持先立后破，有计划分步骤实施碳达峰行动”。这一报告在客观上要求科学测度绿色GDP中碳减排的阶段性和有效性。

2.绿色发展指数

2010年以来，北京师范大学经济与资源管理研究院、西南财经大学发展研究院和国家统计局中国经济景气监测中心每年联合发布《中国绿色发展指数系列报告》，该报告建立了一套绿色发展的监测指标体系和指数测算体系，反映中国绿色发展的现状和各地区绿色转型的进展。绿色发展指数有中国省级绿色发展指数和中国城市绿色发展指数两套体系，其中省级指标60项、城市指标44项。两套指标体系分别从经济增长绿化度（反映经济增长中生产效率和资源使用效率）、资源环境承载潜力（反映资源与生态保护及污染排放情况）和政府政策支持度（反映政府在绿色发展方面的投资、管理和治理情况等）3个方面，全面评估31个省、自治区、直辖市（未含港澳台地区数据）及100个城市的绿色发展水平。这是中国第一套绿色发展的监测指标体系和指数测算体系。

2016年，《2015中国发展指数报告》发布了中国指数报告体系，用大数据分析了31个省、自治区、直辖市（未含港澳台地区数据）和100个地级城市、100个县级城市的发展水平。中国发展指数体系下设创新发展指数、协调发展指数、绿色发展指数、开放发展指数和共享发展指数5个一级指标。中国绿色指标体系通过计算绿色总指数来反映我国绿色总体发展情况，通过计算分领域指数充分体现我国在政府政策支持度、经济增长绿化度和资源环境承载潜力等3个领域的发展情况，最终反映构成绿色能力各方面的具体发展情况。中国绿色转型发展评价的指标体系有3项二级指标和96项三级指标，是制定国家绿色发展战略，推进绿色工作健康发展的基础性工作；中国省级绿色发展指数下设3个二级指标、60个三级指标，用以反映各省在绿色发展方面所做出的努力及相关情况；中国城市绿色发展指数下设3

个二级指标、33个三级指标，主要体现各地级以上城市政府对绿色环境的重视程度、对绿色活动的资源投入力度。

为响应党的十九大号召，切实推进生态文明建设，我国国家统计局，国家发展改革委，环境保护部与中央组织部于2017年12月26日，联合发布了《2016年生态文明建设年度评价结果公报》。该公报首次公布了我国各省份、直辖市的绿色发展指数及其六个分类指数与公众满意程度的结果与排名。国家统计局专设了绿色发展评价工作领导小组和办公室，经过广泛征求各方专家的意见，制定了《绿色发展指数计算（实行）》。该绿色发展指数包含7个方面，56项评价指标。除公众满意程度单独评价分析外，余下的6方面，55项评价指标纳入绿色发展指数。该绿色发展指数的设置全面均衡，具有一定的科学性、可比性、通行性和实用性。此外，为了规范基础数据的收集和报送，国家统计局制定了《绿色发展统计报表制度（试行）》，对计算方法、统计口径等进行了统一规范，以确保评价过程中的数据收集、审核、确认、计算程序和评价结果等方面都有可靠的依据，能够被追溯和解释。

2023年2月22日，中央财经大学绿色金融国际研究院与社会科学文献出版社联合发布了《绿色金融蓝皮书：全球绿色金融发展报告（2022）》。《全球绿色金融发展报告（2022）》分为总报告、国别与地区篇、国际合作篇、专题篇和评价篇五部分。对2021年全球绿色金融发展指数得分情况进行排名和解读，对备受关注的绿色金融议题重点区域和国家进行梳理，总结全球绿色金融的国际合作机制、多边开发性银行的绿色金融实践，展现全球性、区域性和跨区域性多边银行的实践进展等多个方面。结果显示，绿色金融发展指数总得分和经济发展与财政基础呈较强的正相关关系，绿色金融市场与产品体系受到金融市场发展程度的积极影响。

在1990年联合国开发计划署发布的用以衡量各国社会经济发展程度的统计标准“人类发展指数”基础上，《2014人类绿色发展报告》提出了“人类绿色发展指数”，以12个元素指标为计算基础，简明反映各国提高人类福祉和显著降低环境风险，实现促进激励、共同进步、维护人类与地球的持续发展，同时展示了123个国家绿色发展指数值及其排序。

3.生态系统生产总值和经济生态生产总值

2016年，世界自然保护联盟（IUCN）推出了生态系统生产总值（GEP）核算报告，对区域内生态系统为人类提供的最终产品与服务价值的总和进行核算，GEP做了生态系统服务和产品“加法”。

生态环境部环境规划院提出了经济生态生产总值（GEEP）综合核算框架体系，认为现有的国民经济核算体系没有考虑经济增长对自然资源和环境的消耗，也没有将生态系统为经济系统提供的生态服务价值纳入核算体系，而绿色GDP核算对生态服务价值考虑不足，只做了“减法”，没有做“加法”。

生态环境部环境规划院发布的《中国经济生态生产总值核算发展报告2018》指出，GEEP统筹考虑了人类活动产生的经济价值、生态系统每年给经济系统提供的生态福祉、人类为经济系统产生的生态环境代价，是一个有增有减、有经济有生态的综合指标。报告显示，2015年中国的GEEP为122.78万亿元，其中，GDP为72.3万亿元，生态破坏成本为0.63万亿元，污染损失成本为2万亿元，生态系统生态调节服务为53.1万亿元。

以GDP方法计算，2015年的31个省、自治区、直辖市（未含港澳台地区数据）排名依次为广东、江苏、山东、浙江、河南、四川、河北、湖北、湖南、辽宁、福建、上海、北京、安徽、陕西、内蒙古、广西、江西、天津、重庆、黑龙江、吉林、云南、山西、贵州、新疆、甘肃、海南、宁夏、青海、西藏；以GEEP方法计算，2015年的31个省、自治区、直辖市（未含港澳台地区数据）排名依次为广东、内蒙古、江苏、黑龙江、山东、四川、浙江、湖南、湖北、西藏、云南、广西、福建、河南、江西、辽宁、河北、安徽、青海、新疆、吉林、上海、陕西、北京、贵州、重庆、山西、天津、甘肃、海南、宁夏。

第二节 中国要走绿色经济发展之路

一、绿色经济的理论基础

绿色经济的思想渊源是中国传统文化中的生态意识和现代可持续发展思想，绿色经济的理论基础是生态文明观。

中国传统文化有着极其深厚的生态文化积淀，为生态文明提供了丰富的精神资源，道家、儒家、佛家、墨家等传统文化中朴素的生态理念在当代极具历史继承性；现代可持续发展思想为经济发展跳出工业文明的框架打下了基础。

生态文明观是指人类处理人与自然关系以及由此引发的人与人的关系、自然界生物之间的关系、人与人工自然的关系及人的身与心（我与非我、心灵与宇宙）的关系的基本立场、观点和方法。它是一种超越工业文明观，具有建设性的人类生存与发展意识的理念和发展观；它跨越自然地理区域、社会文化模式，从现代科技的整体性出发，以人类与生物圈的共存为价值取向发展生产力，从人类自我中心转向人类社会与自然界相互作用为中心，建立生态化的生产关系。作为一种具有多样性内涵的新理念，生态文明观是一种新的生存意识与发展意识的文明观念，它继承和发扬农业文明与工业文明的长处，以人类与自然相互作用为中心，以信息文明作为管理手段，强调自然界是人类生存与发展的基础，人类社会是在这个理念下与自然界相互作用、共同发展，两者必须协调，人类的经济社会才能持续发展。

人类与生存环境的共同进化就是生态文明，威胁其共同进化的就是生态愚昧，只有在最少耗费物质能量和充分利用信息进行管理的情况下，才能确保社会的持续发展，即社会化的人联合起来的生产者将合理地调节他们和自然之间的物质变换，将物质变换置于他们的共同控制之下，而不让它作为盲目的力量来统治自己；靠消耗最小的力量，在最无愧和最适合人类本性的条件下进行物质变换。

生态文明观强调地球（甚至包括整个宇宙）是一个有机的生命体，它是一种包含五层含义的新的发展观：一是正确处理人与自然的关系；二是正确处理人与人的关系；三是正确处理自然界生物之间的关系；四是正确处理人与人工自然的关系；五是正确处理人的身与心、我与非我、心灵与宇宙的关系。这五个方面是相互联系、辩证统一的。生态文明观的核心内容是“共生和谐”。

二、走绿色发展的中国经济之路

中国发展绿色经济取得了较大进展，传统产业的改造提升速度加快，绿色、循环、低碳发展得到强化，节能环保产业逐渐成为新的增长点和新兴支柱产业，绿色消费应通过供给侧结构性改革拉动经济增长，经济发展的绿色含量不断提高。2017年中国企业接近4万家，就业人数超过300万人，环保产业营业收入达1.35万亿元，环保产业对国民经济的直接贡献率达到2.4%。环保产业的服务领域覆盖了水气渣治理、环境的资源再生利用、环境服务业、绿色产品、土壤修复、仪器装备等。2000年后，绿色发展逐渐成为中国经济和社会发展的模式。

2011年3月发布的《中华人民共和国国民经济和社会发展第十二个五年规划纲要》是首个国家级绿色发展规划，以“绿色发展”为主题，通过积极应对全球气候变化、加强资源节约和管理、大力发展循环经济、加大环境保护力度、促进生态保护和修复、加强水利和防灾减灾体系建设，建设资源节约型、环境友好型社会。

2012年11月，党的十八大报告把“美丽中国”作为生态文明建设的目标，把绿色发展、循环发展、低碳发展作为生态文明建设的基本途径，“着力推进绿色发展、循环发展、低碳发展，形成节约资源和保护环境的空间格局、产业结构、生产方式、生活方式，从源头上扭转生态环境恶化趋势，为人民创造良好生产生活环境，为全球生态安全作出贡献"，这表明"绿色发展"已经进入执政党的视野，并以此模式实现国家治理的绿色化。

2015年4月，中共中央、国务院发布了《关于加快推进生态文明建设的意见》(以下简称《意见》)。为实现我国经济社会发展全方位绿色转型，《意见》提出了"协同推进新型工业化、信息化、城镇化、农业现代化和绿色化""加快推动生产方式绿色化，大幅提高经济绿色化程度""充分发挥市场对绿色产业发展方向和技术路线选择的决定性作用""坚持把绿色发展、循环发展、低碳发展作为基本途径""发展绿色产业""推动传统能源安全绿色开发""发展绿色矿业，加快推进绿色矿山建设""推广绿色信贷""大力推进绿色城镇化""大力发展绿色建筑""推进绿色生态城区建设""实现生活方式绿色化""培育绿色生活方式""广泛开展绿色生活行动""大力推广绿色低碳出行""倡导绿色生活和休闲模式""把绿色发展转化为新的综合国力、综合影响力和国际竞争新优势""开展绿色援助"。

2016年3月，《中华人民共和国国民经济和社会发展第十三个五年规划纲要》(以下简称《"十三五"规划纲要》)正式发布，对中国未来5年经济社会的发展进行了全面的部署，"绿色发展"贯穿于《"十三五"规划纲要》的始终："全面推进创新发展、协调发展、绿色发展、开放发展、共享发展""牢固树立和贯彻落实创新、协调、绿色、开放、共享的新发展理念""生产方式和生活方式绿色、低碳水平上升""绿色是永续发展的必要条件和人民对美好生活追求的重要体现""坚持创新发展、协调发展、绿色发展、开放发展、共享发展，是关系我国发展全局的一场深刻变革""支持信息、绿色、时尚、品质等新型消费""深入推进粮食绿色高产高效创建""加快生物育种、农机装备、绿色增产等技术攻关""促进制造业朝高端、智能、绿色、服务方向发展""实施绿色制造工程，推进产品全生命周期绿色管理，构建绿色制造体系""支持新一代信息技术、新能源汽车、生物技术、绿色低碳、高端装备与材料、数字创意等领域的产业发展壮大""大力发展第三方物流和绿色物流、冷链物流、城乡配送""加快完善安全高效、智能绿色、互联互通的现代基础设施网络”“坚持网络化布局、智能化管理、一体化服务、绿色化发展”“加快发展城市轨道交通、快速公交等大容量公共交通，鼓励绿色出行”“推进大型煤炭基地绿色化开采和改造”“实行绿色规划、设计、施工标准，实施生态廊道建设和生态系统修复工程，建设绿色城市”“发展适用、经济、绿色、美观建筑”“大力发展绿色农产品加工、文化旅游等特色优势产业”“重点发展知识经济、服务经济、绿色经济”“坚持生态优先、绿色发展的战略定位，把修复长江生态环境放在首要位置”“建设沿江绿色生态廊道”“建设集聚度高、竞争力强、绿色低碳的现代产业走廊”“发展海洋科学技术，重点在深水、绿色、安全的海洋高技术领域取得突破”“实施建筑能效提升和绿色建筑全产业链发展计划”“大力推进绿色矿山和绿色矿业发展示范区建设”“推广城市自行车和公共交通等绿色出行服务系统”“打造生态体验精品线路，拓展绿色宜人的生态空间”“建立覆盖资源开采、消耗、污染排放及资源性产品进出口等环节的绿色税收体系”“发展绿色环保产业”“统筹推行绿色标识、认证和政府绿色采购制度。建立绿色金融体系，发展绿色信贷、绿色债券，设立绿色发展基金。完善煤矸石、余热余压、垃圾和沼气等发电上网政策。加快构建绿色供应链产业体系”“促进中药材种植业绿色发展”。《“十三五”规划纲要》发布后，行业领域“十三五”规划也陆续推出，围绕“绿色发展”进行规划是其鲜明的特点。

2016年6月，工业和信息化部发布的《工业绿色发展规划（2016—2020年）》提出，到2020年，绿色发展理念成为工业全领域全过程的普遍要求，工业绿色发展推进机制基本形成，绿色制造产业成为经济增长新引擎和国际竞争新优势，工业绿色发展整体水平显著提升。把能源利用效率显著提升、资源利用水平明显提高、清洁生产水平大幅提升、绿色制造产业快速发展、绿色制造体系初步建立作为发展目标。

2016年9月，工业和信息化部办公厅印发的《关于开展绿色制造体系建设的通知》提出，到2020年，绿色制造体系初步建立，绿色制造相关标准体系和评价体系基本建成，绿色工厂侧重于生产过程的绿色化，绿色产品侧重于产品全生命周期的绿色化，绿色园区侧重于园区内工厂之间的统筹管理和协同链接，绿色供应链侧重于供应链节点上企业的协调与协作。

2016年11月，国务院印发的《"十三五"国家战略性新兴产业发展规划》提出，加快发展先进环保产业，大力推进实施水、大气、土壤污染防治行动计划，推动区域与流域污染防治整体联动，海陆统筹深入推进主要污染物减排，促进环保装备产业发展，推动主要污染物监测防治技术装备能力提升，加强先进适用环保技术装备推广应用和集成创新，积极推广应用先进环保产品，促进环境服务业发展，全面提升环保产业发展水平。

2016年12月，国家发改委、科技部、工信部、生态环境部印发的《"十三五"节能环保产业发展规划》提出，通过提升技术装备供给水平、创新节能环保服务模式、培育壮大市场主体、激发节能环保市场需求、规范优化市场环境、完善落实保障措施等，到2020年，节能环保产业快速发展、质量效益显著提升，高效节能环保产品市场占有率明显提高，一批关键核心技术取得突破，有利于节能环保产业发展的制度政策体系基本形成，节能环保产业成为国民经济的一大支柱产业。

2016年12月，国务院印发的《"十三五"国家信息化规划》提出发展绿色生产模式。加快信息化和生态文明建设深度融合，利用新一代信息技术，促进产业链接循环化、生产过程清洁化、资源利用高效化、能源消耗清洁化、废物回收网络化。推广智能制造、绿色制造、能源互联网、智慧物流等，发展循环经济，促进一、二、三产业朝高端、智能、绿色的方向发展。积极推广节能减排新技术在信息通信行业的应用，加快推进数据中心、基站等高耗能信息载体的绿色节能改造。

2016年12月，国家发改委、国家能源局发布了《煤炭工业发展"十三五"规划》，把基本建成集约、安全、高效、绿色的现代煤炭工业体系作为发展方向。

2016年12月，国务院印发的《"十三五"促进民族地区和人口较少民族发展规划》提出，全面落实节约资源和保护环境基本国策，正确处理经济发展与生态环境保护的关系，深入推进生态文明建设，大力发展绿色经济，推动经济绿色转型，促进人与自然和谐发展，推动少数民族和民族地区走出一条生产发展、生活富裕、生态优美的绿色发展之路。

2016年12月印发的《中共中央、国务院关于深入推进农业供给侧结构性改革加快培育农业农村发展新动能的若干意见》提出，通过推进农业清洁生产、大规模实施农业节水工程、集中治理农业环境突出问题、加强重大生态工程建设，推行绿色生产方式，增强农业可持续发展能力。

《中国制造2025》《机器人产业发展规划（2016—2020年）》《促进中小企业发展规划（2016—2020年）》《轻工业发展规划（2016—2020年）》《纺织工业发展规划（2016—2020年）》《建材工业发展规划（2016—2020年）》《石化和化学工业发展规划（2016—2020年）》《稀土行业发展规划（2016—2020年）》《有色金属工业发展规划（2016—2020年）》《产业技术创新能力发展规划（2016—2020年）》《民用爆炸物品行业发展规划（2016—2020年）》等从不同角度强调了推进绿色发展的中国工业发展道路。

2017年10月，党的十九大报告把绿色发展作为建设美丽中国的重要路径。“推进绿色发展。加快建立绿色生产和消费的法律制度和政策导向，建立健全绿色低碳循环发展的经济体系。构建市场导向的绿色技术创新体系，发展绿色金融，壮大节能环保产业、清洁生产产业、清洁能源产业。推进能源生产和消费革命，构建清洁低碳、安全高效的能源体系。推进资源全面节约和循环利用，实施国家节水行动，降低能耗、物耗，实现生产系统和生活系统循环链接。倡导简约适度、绿色低碳的生活方式，反对奢侈浪费和不合理消费，开展创建节约型机关、绿色家庭、绿色学校、绿色社区和绿色出行等行动。”

2018年3月，《中华人民共和国宪法修正案》序言中，把“推动物质文明、政治文明和精神文明协调发展，把我国建设成为富强、民主、文明的社会主义国家”修改为“推动物质文明、政治文明、精神文明、社会文明、生态文明协调发展，把我国建设成为富强民主文明和谐美丽的社会主义现代化强国，实现中华民族伟大复兴”；宪法第八十九条“国务院行使下列职权”中第六项“（六）领导和管理经济工作和城乡建设”修改为“（六）领导和管理经济工作和城乡建设、生态文明建设”。把生态文明写入宪法，是中国倡导的生态文明引领世界文明发展的一个重大举措，使当前以发展绿色经济为主阵地的绿色发展模式有了宪法的保障。

2020年，中国共产党第十九届中央委员会第五次全体会议提出要“坚定不移贯彻创新、协调、绿色、开放、共享的新发展理念，坚持稳中求进工作总基调，以推动高质量发展为主题”“推动绿色发展……促进经济社会发展全面绿色转型”。此外，面对全球气候变化，中国于2021年向国际社会作出“双碳”目标的庄严承诺，实现“碳达峰、碳中和”目标是高质量发展的内在要求，中国将积极开展应对气候变化国际合作，共同推进经济社会发展全面绿色转型。高质量发展为中国未来经济的转型指明了方向，把握绿色发展要义、平衡经济增长与生态环境之间的互动关系、发展绿色经济是实现经济高质量发展的关键。

习近平总书记于2020年9月在第75届联合国大会上，明确了“碳达峰”“碳中和”两大战略目标，并提出了实现2030年二氧化碳排放峰值和2060年碳中和目标的具体要求。在2022年的《政府工作报告》中进一步指出，要主动推进“双碳”目标的实现，大力发展绿色金融，推动全社会形成绿色、低碳生产生活方式。

2021年《中华人民共和国国民经济和社会发展第十四个五年规划和2035年远景目标纲要》指出，实施以碳强度控制为主、碳排放总量控制为辅的制度。着力解决资源环境约束的突出问题，促使产业淘汰落后产能，加快绿色化、数字化转型，发展绿色低碳经济。

2023年4月22日，中国生物多样性保护与绿色发展基金会（简称“中国绿发会”）主办的首届“全球绿色发展大会系列——中国绿色低碳创新发展高峰会”在首都北京拉开帷幕。旨在汇聚企业、机构等各方力量，共促绿色生态建设。本次峰会发布了《2023年中国绿色经济发展分析》，从多个角度对中国绿色经济发展的相关环节包括：绿色设计、绿色能源、绿色供应链、绿色金融、绿色消费、循环经济的理论研究和社会实践等进行了分析总结和发展预测。

三、绿色产业奠定绿色经济基础

（一）绿色产业、生态产业和环保产业

绿色产业是指利用绿色科技，在产品的设计、生产、服务、流通、回收等过程中节约资源使用和减少污染物体排放的产业，涉及第一、二、三产业，既包括产业链前端的绿色装备制造、产品设计和制造，也包括产业链末端的绿色产品采购和使用。

生态产业是指以高科技含量、高附加价值、低耗能、低污染，具有自主创新能力为特征的有机产业群为核心，以科技创新、人才培育、资本运营、信息共享甚至现代物流等高效运转的产业辅助系统为支撑，以自然生态环境优美、基础设施良好、能源与社会保障稳定、法律和社会诚信完善的产业发展环境为依托的相互协调、相互制约并具有高度开放性的全新产业，包括生态农业、工业和服务业。

环保产业是以防治环境污染、保护自然资源为目的的技术开发、产品生产和流通、信息服务等的产业，包括环保产品生产、洁净产品生产、环境保护服务、资源循环利用、自然生态保护等。环保产业呈线性，为特定目标服务；生态产业呈链状，强调循环理念下整个经济活动对资源的综合利用；绿色产业呈面状，包括生态产业和环保产业。

（二）绿色产业的分类

发展绿色产业，是发展绿色经济、培育绿色发展新动能的重要内容和基础，也是推进生态文明建设在经济领域的重要举措。2019年2月，国家发改委等七部门联合印发了《绿色产业指导目录（2019年版）》，首次清晰界定了绿色产业的具体内容。作为国家权威的绿色产业分类目录，为绿色产业的发展奠定了良好的基础。《绿色产业指导目录（2019年版）》首次从产业的角度全面地界定了全产业链的绿色标准与范围，将绿色产业划分为节能环保产业、清洁生产产业、清洁能源产业、生态环境产业、基础设施绿色升级和绿色服

务六大类别，一级分类下又细分为30项二级分类及211项三级分类。

1.节能环保产业

一级分类下分高效节能装备制造（15项三级分类）、先进环保装备制造（8项三级分类）、资源循环利用装备制造（9项三级分类）、新能源汽车和绿色船舶制造（3项三级分类）、节能改造（6项三级分类）、污染治理（14项三级分类）、资源循环利用（8项三级分类）共7项二级分类。

2.清洁生产产业

一级分类下分产业园区绿色升级（4项三级分类）、无毒无害原料替代使用与危险废物治理（4项三级分类）、生产过程废气处理处置及资源化综合利用（4项三级分类）、生产过程节水和废水处理处置及资源化综合利用（4项三级分类）、生产过程废渣处理处置及资源化综合利用（4项三级分类）共5项二级分类。

3.清洁能源产业

一级分类下分新能源与清洁能源装备制造（12项三级分类）、清洁能源设施建设和运营（10项三级分类）、传统能源清洁高效利用（3项三级分类）、能源系统高效运行（7项三级分类）共4项二级分类。

4.生态环境产业

一级分类下分生态农业（11项三级分类）、生态保护（5项三级分类）、生态修复（13项三级分类）共3项二级分类。

5.基础设施绿色升级

一级分类下分建筑节能与绿色建筑（6项三级分类）、绿色交通（10项三级分类）、环境基础设施（6项三级分类）、城镇能源基础设施（3项三级分类）、海绵城市（5项三级分类）、园林绿化（6项三级分类）共6项二级分类。

6.绿色服务

一级分类下分咨询服务（4项三级分类）、项目运营管理（8项三级分类）、项目评估审计核查（5项三级分类）、监测检测（6项三级分类）、技术产品认证和推广（8项三级分类）共5项二级分类。

第二章

Chapter 2

全球绿色经济的发展

当今，全球绿色经济有了初步的实践和发展，发达国家也积累了不少经验。全球绿色经济发展的研究有利于把握绿色经济发展的过程和脉络，在总结发达国家绿色经济发展经验的基础上可以推动我国绿色经济的健康发展。

第一节　全球绿色经济兴起的基本情况

一、绿色经济在全球范围内的兴起

绿色经济在全球范围内的兴起是伴随着科技进步和生产力的发展而逐步实现的。20世纪90年代，英国经济学家皮尔斯在《绿色经济蓝皮书》中首先提出绿色经济的概念。2008年10月，联合国环境规划署率先发起了全球绿色经济倡议，目的在于通过绿色投资等推动世界产业革命、发展经济和减贫等。该倡议的目标是使全球领导者以及经济、金融、贸易、环境和其他部门的政策制定者意识到环境投资对增长经济、增加就业和减少贫困所产生的贡献，并将这种意识体现到日常决策当中。该倡议所秉承的宗旨和理念是：经济的绿色化不是增长的负担，而是增长的引擎。在此目标下，环境署提出未来的绿色经济构想，建议投资全球生产总值的2%用于绿化10个核心部门：农业、能源、建筑业、水资源、制造业、旅游业、林业、渔业、废弃物处置和交通运输业，促使公共和私人资本流向低碳消耗的部门，转变经济发展模式。2011年，联合国环境署发布《迈向绿色经济》报告，首次定义了绿色经济。经济合作与发展组织也在2011年发布的《迈向绿色增长》报告中界定了绿色增长的概念。

绿色经济已经成为世界潮流。伦敦、匹兹堡和首尔峰会等都将环境与发展作为重要议题之一，对绿色发展、绿色投资、气候变化等议题的关注逐渐深入。2012年，联合国可持续发展大会（简称“里约+20”峰会），将可持续发展和消除贫困背景下的绿色经济作为大会的两大主题之一。世界各国为促进经济复苏和创造就业机会，纷纷提出了一系列绿色经济发展战略，美国、德国、丹麦、法国、英国、韩国、日本、中国等国家将发展绿色经济作为提升国家经济竞争力的核心手段，制定绿色经济和绿色增长相关战略，颁布绿色生产和绿色消费相关法律法规，加强绿色投资与绿色创新，目标就是要占领全球绿色经济竞争的制高点。这标志着绿色经济革命已成为重要的全球议题与共识，人类迎来了绿色文明的黎明期。

二、全球绿色经济发展的基本情况

在经济全球化和新一轮产业革命背景下，绿色、低碳、可持续成为全世界发展的一种共性理念。各国纷纷将绿色经济作为提高资源能源使用效率，降低污染和生态破坏，提高社会福利与公平的重要引擎，推动世界经济平稳健康发展。

（一）资源节约与绿色经济

从农业用地来看，世界农业用地比重达38%，最高是欧洲及中亚地区，66%的土地为农业用地，南亚地区农业用地也超过一半，最低的是中东及北非地区，农业用地比重仅为23%。从森林面积来看，拉美及加勒比地区森林面积比重遥遥领先其他地区，比重高达48.2%，最低的是中东及北非地区，远低于其他地区和世界平均水平，仅为2.4%，最高和最低相差二十多倍。从森林保护区来看，全球平均比重为14.3%，一半地区高于平均水平，分别是最高的拉美及加勒比地区、撒哈拉以南非洲地区和东亚及太平洋地区，比重分别为21.4%、16.4%和15.1%，森林保护区占比最低的是欧洲及中亚地区，仅为5.1%。从海洋保护区来看，全球海洋保护区比重为12.2%，最高的是撒哈拉以南非洲地区，海洋保护区比重占15.6%，东亚及太平洋地区仅有2.2%的海洋保护区。

从上述统计来看，农业用地、森林覆盖率和海洋保护区在世界范围内分布不均匀，而且呈现出逐年退化的情况。发展绿色经济需要对资源进行保护与节约，同样，绿色经济也会对资源形成市场化的保护作用。

（二）生态环境保护与绿色经济

生态环境直接决定了人类的生存与发展环境，同时对经济也有推动作用，在发展绿色经济中气候问题和能源问题是比较核心的问题。

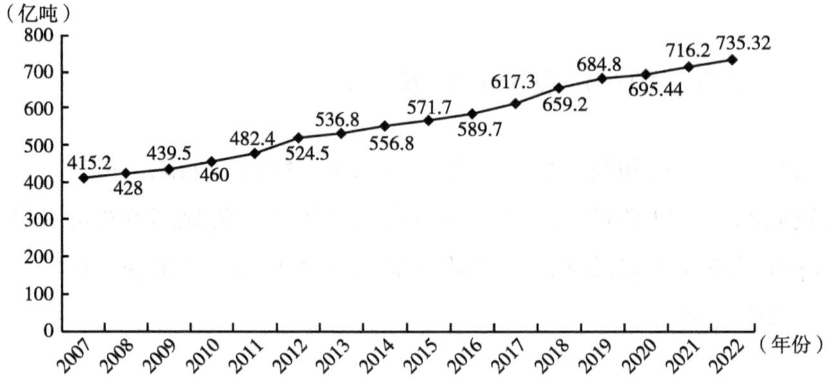

图2-1　我国2007—2022年废水排放量情况

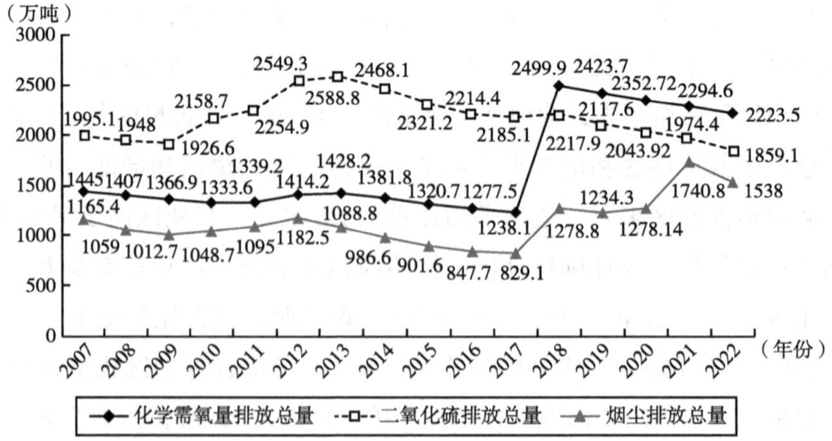

图2-2　我国2007—2022年相关指标排放量情况

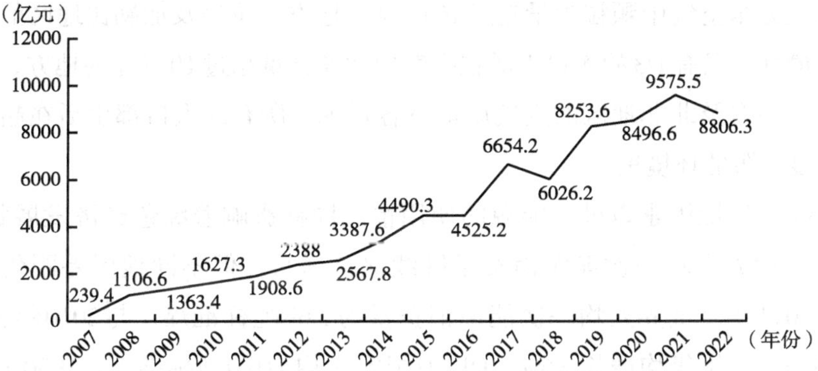

图2-3　我国2007—2022年污染治理项目投资合计

2016年11月，全球碳项目发布了《2016年全球碳预算报告》。报告显示：2015年全球化石燃料及工业二氧化碳排放总量约为36.3GtC（1GtC为10亿吨碳），与2014年持平，较1990年（即《京都议定书》规定的排放量计算基准年）增加了63%。2015年，化石燃料燃烧和水泥生产排放的二氧化碳总量与去年持平。2015年陆地吸收的碳总量创过去六十年间的最低纪录。2015年，大气中二氧化碳排放量增长速度约为6.3GtC，远远超过2006—2015年平均增长速度，这主要是因为厄尔尼诺事件期间陆地吸收的碳含量减少。2006—2015年，森林砍伐等土地利用变化排放到大气中的碳总量达1GtC左右，占人类活动（化石燃料燃烧、水泥生产、土地利用变化）碳排放总量的10%；全球排放的二氧化碳总量中，27%被海洋吸收，17%被陆地吸收，剩余56%进入大气中。在1870—2015年全球累计碳排放中，化石燃料燃烧和水泥生产排放的二氧化碳总量累计达410GtC左右，土地利用变化产生的二氧化碳总量累计约为145GtC。在这555GtC的碳排放总量中，235GtC进入大气，160GtC进入海洋，160GtC进入陆地。

气候问题直接影响人类的身体健康，从PM2.5平均浓度来看，全球年均PM2.5浓度为31微克/立方米，东亚及太平洋地区的PM2.5数据达到55微克/立方米，而拉美及加勒比地区PM2.5年平均数值最低，仅为8微克/立方米。按照世界卫生组织设定的安全浓度上限，当前全球有84%的人口居住在每立方米空气中颗粒含量超过10微克的地方，拉美及加勒比地区的空气质量最好，只有1/3的人口生活在空气中颗粒含量超过10微克的地方，南亚地区、中东及北非地区的空气质量不容乐观，所有的人口都生活在超过安全浓度上限的环境里。

除了环境因素以外，能源的使用情况同样影响着绿色经济发展状况。第一，世界人均一次能源消费量继续保持增长，但不同地区差距仍然明显。2011年，世界人均一次能源消费量为2.69吨标准煤，与2010年持平，1990—2011年年均增长0.6%。OECD国家人均为6.0吨标准煤，1990—2011年几乎无变化。随着经济的发展和生活水平的提高，非OECD国家人均一次能源消费量快速增加，2011年达到1.86吨标准煤，1990—2011年年均增长1.45%。第二，在能源结构中，生物质与废弃物能源占总能源消费的比重可以反映清洁能源的使用情况。目前，全球平均生物质与废弃物能源占比为9.8%，撒哈拉以南非洲地区的能源消费结构最为清洁，生物质与废弃物能源占比最高，达57.6%，中东及北非地区占比极少，仅为0.9%。第三，从全球看，人均用电量可以分为四个档次：第一个档次是年人均用电量在1万千瓦时以上的，主要是北美、北欧及澳大利亚等少数发达国家；第二个档次是5000~10000千瓦时，大部分发达国家都在此列；第三个档次是2000~5000千瓦时，主要包括金砖国家等新兴市场；第四个档次是不足2000千瓦时，主要是一些发展中国家和欠发达地区。人均年耗电量可以从另一个角度反映各地区的能源消费情况。2011年，世界人均年耗电量为3045千瓦时，化石燃料仍是发电的主要来源，占比达67%，可再生能源水资源的发电量占总发电量的15.6%。六大地区的人均年耗电量都低于世界平均水平，其中，撒哈拉以南非洲地区最低，仅为世界平均水平的17%。从发电结构来看，中东及北非地区90%的发电依赖化石燃料，拉美及加勒比地区发电结构最为绿色，超过50%的电力来自水力发电。

第二节　全球绿色经济发展的经验与瓶颈

一、全球绿色经济的发展经验

（一）欧盟绿色经济发展的先进经验

欧洲是推进绿色经济的先导者，其环境保护经过几十年的发展，取得了丰硕的成果。绿色经济发展模式是欧盟实施范围最广的经济模式，它将环境污染治理、环保产业发展、新能源的开发利用和节能减排都纳入绿色发展的框架。在欧盟推进过程中，强调绿色发展多领域的协调与整合，2009年，欧盟正式启动区域范围内的整体绿色经济发展计划，计划将投资1050亿欧元，包括用来帮助欧盟各国执行欧盟环保法规、研究创新改善废弃物的处理技术，预算费用分别为540亿欧元和280亿欧元，以此来促进欧盟绿色就业和经济增长，使欧盟的绿色产业发展国际先进水平和具有达到全球竞争力。由于经济的带动，欧盟绿色消费也蔚然成风，消费者更喜欢购买贴有绿色标志的绿色商品，在整个欧洲市场上大约有40%的人喜欢购买绿色产品，绿色消费需求成为拉动绿色产业发展的动力。2010年，欧盟在《欧盟2020战略》中正式提出“三个20%”目标，即减排20%、可再生能源占比增至20%、能效增至20%，以此实现可持续增长，即资源利用更加高效、更加绿色，经济更具竞争力。2019年欧盟推出的《欧洲绿色协议》将绿色经济的重要性提升至新高度。一方面，欧盟进一步提高了减排目标，将2030年欧盟减排目标从原来的40%增至50%、到2050年实现“气候中和”、可再生能源占比增至40%等；另一方面，欧盟将绿色经济作为其未来经济和社会发展的新动力。欧盟将成为一个能源效率高、具备强大竞争力、至

2050年实现零排放、经济增长与资源消耗脱钩的经济体。当前，欧盟更是将绿色经济作为经济复苏的重要抓手。其2021—2027年多年度财政框架1.2万亿欧元中的30%将用于绿色经济，而总规模达8000亿欧元的欧盟复苏与韧性工具也将主要被用于绿色经济和数字经济转型。

在欧盟的绿色经济发展中，英国（脱欧前）、德国和法国发挥着主导作用。英国的绿色发展主要包括三个方面：绿色能源、绿色制造和绿色生活方式，其中居于绿色经济政策首位的是绿色能源发展。英国于2009年颁布《英国低碳转型计划》《英国可再生能源战略》两部法案，明确要求英国政府要将碳排放管理规划放在政府预算框架内，标志着英国成为世界上第一个特别设立碳排放预算的国家。2020年其能源供应中可再生能源的供应比例达到15%，包括对以煤炭为主的火电进行清洁生产和绿色改造，还要大力发展风电等其他清洁电力，以期达到40%的电力来自绿色能源领域。绿色制造主要是指英国政府通过支持研发新的绿色技术来推动绿色制造业的发展。为了确保英国在碳捕获、清洁煤等新技术领域始终处于优势地位，英国政府从政策和资金方面向低碳产业倾斜，并不断降低新生产汽车的二氧化碳排放标准，要求在2007年的基础上平均降低40%。在全国范围内推行绿色低碳节能的生活方式，用家庭补偿金来鼓励民众主动改造房屋中的落后耗能设备，安装清洁能源设备，另外还倡导绿色消费，鼓励人们购买绿色环保产品。英国政府2020年11月发布《绿色工业革命十点计划》，提出了包括发展海上风电、推动低碳氢发展、提供先进核能、加速向零排放汽车过渡等在内的10个计划要点，为未来10年内英国在工业、运输和建筑行业减少2.3亿吨碳排放的目标制定行动规划，并计划在绿色行业创造数以万计的就业岗位。2021年3月，英国在七国集团国家中率先推出《工业脱碳战略》，支持低碳技术的发展，提高工业竞争力，减少英国重工业和能源密集型行业的碳足迹，并大力开发碳捕获利用和储存、氢燃料转换技术。英国计划到2030年大幅减少制造业企业二氧化碳排放，到2040年打造全球首个净零排放工业区。

德国是最先推行环保标识的国家。1978年联邦德国推出绿色产品，上面标注着图案为蓝色天使的绿色标识。迄今为止，德国批准使用的绿色标志已覆盖60多个门类共4300多种产品。德国在1994年颁布了《循环经济和废物处理法》，后来又颁布一系列的相关法律，要求企业和居民对资源实行综合回收利用，减少环境污染，保护生态环境。在经济危机背景下，德国在2009—2010年的两项经济刺激计划中总计投入1050亿欧元，绿色投资重点为建筑节能和提高汽车能效。从发展绿色经济的宏观战略上来看，德国的重点是发展可再生能源和工业的生态化转型。德国的《可再生能源法》于2009年生效，其目标是使可再生能源电力在2020年达到总电力的30%。同年6月，德国又颁布了一份旨在促进德国生态工业政策发展、推动德国经济现代化的战略文件，它包含6个方面的内容：严格执行环保政策，制定各行业能源有效利用战略，扩大可再生能源使用范围，可持续利用生物质能，改革和创新汽车业、生产绿色汽车，以及采取措施进行环保教育和资格认证。为顺利走上绿色经济发展道路，实现经济的转轨，德国不仅重视加强与欧盟绿色经济政策的协调和对外国际合作，对内还增加国家在绿色经济发展方面的投入，大力推进环保技术创新，并鼓励私人在环保方面进行投资，希望通过筹集公众和私人资金来建立环保和创新基金，以补充国家的资金投入。全国政府机关由上而下调整采购政策，主要集中于对绿色环保产品特别是能源利用率高的产品进行采购，以带动绿色产业的发展。作为工业大国，德国在节能、环保、新能源等领域的技术在世界上具有很高的认同度，因而其在相关的技术转让和出口领域也非常活跃。德国同时也是国际绿色信贷政府的主要发起国之一，经过多年的发展，德国绿色信贷政策成熟完善，体系健全完备，成效显著，表现在：政府和各种政策性银行能够为环保和节能项目提供低管理成本的贴息贷款，政府在这个过程中通过制定贴息及相关的管理办法来规范绿色信贷行为，保证各类贷款项目都通过公开、透明的招标形式开展。

法国的绿色经济政策的重点是清洁能源和绿色交通。2007年，法国启动环境论坛来应对全球变暖带来的环境和经济挑战，该论坛积极致力于发展可持续经济并使其具有竞争力。在能源领域，法国除了继续保持在核电能源中的领先地位外，还大力发展可再生能源，于2008年公布了一系列旨在发展可再生能源的计划，该计划包括50项措施，涵盖生物能源、风能、地热能、太阳能及水力发电等多个领域，2020年可再生能源占能源消耗总量的23%。除了大力发展可再生能源外，法国政府投入巨资用于研发清洁能源汽车和低碳汽车，通过节能减排措施推动产业发展。同时，由于核能一直是法国能源政策的支柱，因此核能也是法国绿色经济的一个重点，法国强调要把开发核能与发展可再生能源放在同等重要的地位。法国新可再生能源计划的实施将大量增加就业岗位，2020年创造近30万个就业岗位。2010年初，法国可持续发展综合委员会发布了一份综合报告，报告分析了目前世界上初步形成工业规模或具有发展潜力的17种绿色产业，即生物质能、生物质材料、生物燃料、绿色化工、高附加值垃圾回收利用、风能、海洋能、地热、二氧化碳的捕集和储存（CCS）、光伏能、低碳汽车、能源储存、计量测量和仪器、工业流程优化后勤服务、物流管理、智能电网和节能建筑。报告分析了法国每个产业的优劣势及中长期发展目标，同时通过与世界先进国家进行横向比较，来判断法国各产业的技术成熟程度和未来市场潜力。

（二）美国绿色经济发展的先进经验

美国是世界上最早开展绿色保护的国家之一，打破了企业只顾生产，不顾环境保护与资源的陈旧发展方式，保护环境的同时不断创新绿色发展方式与技术，并将绿色保护用于经济发展的各个层面。1980年，美国国会以明确保护环境责任为目标通过《综合环境反应、补偿和责任法》；为了应对气候变化，2007年，美国国会先后通过了《气候安全法案》《低碳经济法案》《减缓全球变暖法案》《气候责任法案》《全球变暖污染控制法案》《气候责任和创新法案》等一系列相互配合的重要法案。在美国绿色经济发展方面，绿色金融、绿色保险、绿色能源等都得到大力发展。

美国于1980年颁布的《超级基金法案》指出，谁污染，谁治理。由企业引起的环境破坏及污染责任必须由企业自行承担治理责任，银行等金融机构在放贷时必须高度关注和评估放贷企业的环境破坏风险，并予以防范，以金融放贷的形式约束企业生产中的污染行为，以达到保护环境的目的。在绿色保险方面，美国积极创新，走在世界的前列。早期绿色保险是作为美国公众责任保险的一部分，后来不断发展壮大。1980年，美国国际集团和埃文斯通保险公司开始推出污染责任保险业务，采用每次赔偿限额和累计赔偿限额赔付制度，分别为1000万美元和2000万美元。美国污染责任保险联合会是1982年由37家保险公司组成的，目的在于使大家共摊保费，共同承担损失，由此形成一个较大的资金保险池，为其成员公司提供污染责任保险。在政府作为方面，美国每年向有重大环境污染风险的企业征收5亿美元的税款，专款专用，用于清理严重的环境污染，还用于处理保险者责任与污染者之间的利益矛盾纠纷，帮助保险人分散巨大的环境污染风险。在美国企业因为环境污染而对社会和公民产生人身伤害和财产损失的，不仅要承担赔偿责任还应该承担污染治理责任，这个费用相当巨大，因而对企业有较强的约束作用。

全球金融危机爆发后，美国政府推出了近8000亿美元的经济复兴计划，来促进美国经济的增长，其中1/8用于清洁能源的直接投资及鼓励清洁能源发展的减税政策，重点包括发展高效电池、智能电网、碳储存和碳捕获、可再生能源如风能和太阳能等，以推动美国减少对石油和天然气等石化能源的依赖。美国政府加强对能源和环境领域的科研投入与总体部署，基本战略是利用科学技术的优势，扩大替代能源的使用，减少化石能源消耗和碳化物的排放。同时美国政府还注重投资大学、实验室等研究机构，为绿色发展提供知识和技术支撑。2020年总拨款4400万美元用于投资大学、国家实验室等，成立能源前沿研究中心，促进核能技术的升级，并拨款7.9亿美元来推动下一代生物燃料的发展。

美国希望通过投资新能源带动就业，从而提升本国的就业率。发展清洁能源，从短期来看，可以降低美国的失业率，并创新清洁能源技术；从长期来看，能够实现环保，为公众创造清新的生活环境，还将使美国成为绿色创新的中心，占领世界绿色发展核心地位，带来巨大的政治经济回报。

汽车制造业是美国的重要产业，为了减少对成品油的依赖，也为了保护环境节约资源，美国提供了绿色汽车计划，计划用10年时间投入约1500亿美元，用于汽车行业节能型产品的再造与替代开发，重点打造无污染的混合型机动车。另外，美国还在建筑节能改造方面有所作为，包括大规模改造政府办公楼，推动全国的学校节能设施升级，并对全国公共建筑进行节能改造，以实现能源节约。美国对企业购买使用符合标准的环保设备予以减免税优惠，对企业和家庭使用太阳能发电设备减免所得税的最高额度是投资成本的30%——但必须在使用投产后减税。政府也积极地进行绿色采购，1991年，美国总统下达命令，要求政府机关必须优先采购绿色产品、使用再生物品，美国环保署1999年又公布了《环境有利型产品之采购指南》，进一步规范了政府的绿色采购行为，有较完善的法律保障，还有详尽的绿色采购清单。另外，美国的农业发展也遵循绿色发展之道，在推销绿色生物能源的过程中，农业的发展和支持无疑是最关键的。美国不仅加大对农业绿色发展和农业环境保护的投入，还对农业使用的有机化肥和农药进行开发研究，不断废除不达标产品，使用更加安全的农业用品，还开发本身具有抗病虫害和高产量的农业品种，以进一步达到减少有毒农业用品的使用。

美国“绿色新政”可细分为节能增效、开发新能源、应对气候变化等多个方面。其中，新能源开发是绿色新政的核心，2009年2月15日，总额达到7870亿美元的《美国复苏与再投资法案》将发展新能源作为主攻领域之一，重点包括发展高效电池、智能电网、碳储存和碳捕获、可再生能源如风能和太阳能等，同时美国还大力促进节能汽车、绿色建筑等的开发。2009年6月，美国众议院通过了美国历史上首个限制温室气体排放的《美国清洁能源安全法案》，规定美国2020年将使温室气体排放量在2005年的基础上减少17%，到2050年减少83%，同时提高风能、太阳能等清洁能源的使用。

（三）日本绿色经济发展的先进经验

日本高度重视减排，主导建设低碳社会。20世纪70年代，日本因排烟和排水的严重污染引发了大范围的疾病，且受地理环境等自然条件制约，全球气候变暖对日本的影响远大于世界其他国家。因此，日本政府非常重视宣传节能减排，主导建设低碳社会和大力保护环境。20世纪90年代，日本就开始了保护环境、减少污染、节约资源的循环经济政策实践，并于2000年颁布《建立循环型社会基本法》，正式确立了发展循环经济、构建循环社会的目标。2007年6月，日本内阁会议审议通过《21世纪环境立国战略》，这个战略报告系统阐述了日本中长期环境政策的发展目标，即建立低碳社会，并宣布在建立低碳社会的基础上，建立与环境保护相协调的美丽家园。同年，日本发布了《环境与循环型社会白皮书》，该报告指出日本政府必须对全球变暖具有强烈的危机感，需要立即制定相关政策予以应对，同时还强调要促进绿色技术开发创新，促使日本支柱产业——汽车制造业进入电动驱动阶段，要大量投资研究高性能蓄电池，并把当前已经取得的成果和技术运用到生产生活的各个方面。

2008年，日本政府通过低碳社会行动计划，提出提高家用太阳能效率的研究，计划在未来几年内使其发电系统的成本降低一半，并争取到2030年，使风能、太阳能、水能、生物质能和地热能等的发电量达到日本总用电量的20%。另外日本政府还制定了两个具体的实施措施来推动环保和能源技术发展，一是能源限制和再利用措施。如日本的《建筑循环利用法》要求，无论是公共部门还是私人在改建房屋时有义务对所有建筑材料进行循环利用，由此促进日本发明了混凝土再利用的世界领先技术。二是对节约能源的家庭和企业提供补助金。如日本政府对家庭购买太阳能发电设备提供补助金，对企业相关行为采取税收优惠和补助金制度。2009年，日本政府公布了《绿色经济和社会变革》政策草案，旨在强调通过启动补贴节能家电的环保点数制度来达到削减温室气体排放的目的，并在社会上大力倡导绿色消费行为，使其成为社会主流消费意识。而对于如何监督企业执行国家的节能环保标准方面，日本实行的是自上而下的四级管理模式，上到首相，下到各县的经济产业局，形成了一套完整的监督管理链条。在日本政府的税收优惠政策下，日本企业将争相发展绿色技术视为企业的核心竞争力，重视节能技术的创新和能源节约。与此同时，日本政府还大量采购节能新产品，并对企业使用节约能源的设备进行补贴，一般补贴设备成本的1/3，补贴上限为2亿日元，这些都反映了日本政府对绿色发展的大力支持。2009年5月，日本正式启动支援节能家电的环保点数制度，通过日常的消费行为固定为社会主流意识，集中展示绿色经济的社会影响力。同时，日本率先提出建设低碳社会，声称欲引领世界低碳经济革命，提出要把日本打造成全球第一个绿色低碳社会。

（四）韩国绿色经济发展的先进经验

1.政策支持

韩国是经济合作与发展组织国家中碳排放速度增长最快的国家，是世界第十大能源消耗国。在韩国，97%的能源依靠进口，其中石油、天然气和煤炭几乎全部依靠进口。2005年在瑞士达沃斯发布的环境可持续指数国家排名中，韩国在146个国家中名列第122位，排在经济合作与发展组织国家末尾。因此，韩国政府率先提出低碳绿色的增长目标，设定中期减排目标，实则是化被动为主动之举，同时也是为了保持韩国的国际竞争力。当前，减排和开发新能源、再生能源已成为世界趋势，发达国家竞相制订计划，不断加大投资进行技术开发，并取得显著成效。韩国在工业化阶段落后的情况下，付出了巨大努力才实现了追赶目标。在信息化阶段，借助抢先发展战略，韩国占据了先导地位。可见，韩国意识到：只有走在绿色增长的前列，才能在国际竞争中占据优势。

2008年8月底，韩国政府公布了《国家能源基本计划》，其根据低碳绿色增长战略的基本要求，制定了未来20年国家能源战略的具体目标和实施方案。该计划提出要努力减少石油、煤炭等化石燃料在整个能源结构中的比重，大幅度提高新能源、再生能源所占比重。预计到2030年将新能源、再生能源比重由2007年的2.4%提高到11%，将石油等化石燃料所占比重由83%下降到61%；同期，太阳能、风能、生物能及地热将分别增长43倍、36倍、18倍和50倍。同时，预计到2030年新建10座140万kW级核电站，使核电在能源构成中所占比重由2007年的36%提高到59%。2008年9月，韩国政府推出了《绿色能源产业发展战略》，确定了绿色经济产业发展战略中优先增长动力对象的8大重点领域：光伏、风力、高效照明、电力IT、氢燃料电池、清洁燃料、高效煤炭和能源储藏，同时推进阶段性增长动力的6个领域：热泵、小型热电联产、核能、节能型建筑、绿色汽车和超导。2009年1月，韩国制定了《新增长动力前景及发展战略》，提出17项新增长动力产业，其中有6项属于绿色技术领域：新能源和再生能源、低碳能源、污水处理、发光二极管应用、绿色运输系统、高科技绿色城市。同时，韩国环境部提出了加速发展9大绿色技术：污水处理、绿色汽车、气候变化应对、土壤及地下水污染净化、生物资源利用及还原、环保、高效资源回收、温室气体替代物、生活共识环保产品。2009年7月6日，韩国政府公布了《绿色增长国家战略及五年计划》，确定了韩国发展绿色能源的道路，计划在未来五年投资107兆韩元（约合844亿美元）用于绿色能源经济发展，通过提高能效，减少韩国对化石燃料的依赖并促进经济增长。

2.法律保障

2010年4月14日，韩国政府公布了《低碳绿色增长基本法》施行令，开始正式推行这一法案。该基本法施行令构筑了韩国绿色增长的基本框架，今后将依法全面推行低碳绿色增长计划。《低碳绿色增长基本法》的内容包括：制定绿色增长国家战略、绿色经济产业、气候变化、能源等项目及各机构和各单位具体的实行计划。此外，还包括实行气候变化和能源目标管理制、设定温室气体中长期减排目标、构筑温室气体综合信息管理体制及建立低碳交通体系等内容。此次韩国推行低碳绿色增长计划的预算总额仅次于中国和美国，达310亿美元。此举阐明了韩国建立绿色环境的坚定意愿，为其成为国际社会的主要绿色国家奠定了重要基础。

3.资金投入

韩国政府在2009—2013年共投入107万亿韩元，相当于每年将其国内生产总值（GDP）的2%用于绿色发展。2009年1月6日，韩国新年第一次国务会议上通过了绿色工程计划。该计划在未来4年投资50万亿韩元（约380亿美元），开发36个生态工程，由此创造大约96万个工作岗位，用以拉动国内经济并为韩国未来发展提供新的增长动力。在绿色成长委员会与韩国知识经济部于2010年7月13日联合召开的第八次绿色增长报告大会上，有关官员表示韩国30个大型企业计划在今后3年，对绿色增长项目投资22.4万亿韩元（约合186亿美元），与过去3年的投资额15.1万亿韩元相比增长了48.2%。2010年10月13日，韩国政府在第九届绿色增长委员会会议上发布了《新能源及可再生能源产业的发展战略报告》，表示韩国政府决定同民间企业联手，2015年投资40万亿韩元（约合2400亿人民币）发展新型可再生能源产业。

4. 专门的组织机构

韩国政府专门成立了推进和落实绿色增长战略的组织机构，即直属于总统的绿色增长委员会，由其统率相关事项。绿色增长委员会牵头制订了《绿色增长国家战略及5年计划》，并不定期召开绿色增长委员会会议，并在会上发布相关报告。2010年4月《低碳绿色增长基本法》生效后，韩国环境部新设了温室气体综合信息中心，由其负责推行在2012年前将能源消耗量平均每年减少1%~6%的有关计划。民间各界人士则成立了绿色增长总协作团体，下设5个分团体：产业协商体、金融协商体、科研协商体、消费者市民协商体和地方政府协商体。

绿色经济发展之路不是一帆风顺的，部分发达国家在绿色经济发展上起步早、经验足，积累了诸多值得我们学习的宝贵经验，主要包括以下四个方面：一是充分尊重市场在资源配置中的基础性作用，政府不能过多干预市场运行，但是政府要做好宏观调控；二是注重经济政策与绿色产业转型的协调配合，充分发挥财政税收的作用；三是以科研创新推动绿色经济发展；四是注意产业的转移与升级改造。

二、全球绿色经济发展遭遇的瓶颈

尽管全球绿色经济已初具雏形，但从总体上看，仍存在绿色规则谈判难以达成共识、资源环境约束日益趋紧、减贫任务任重道远以及绿色创新与合作不足等重大制约。大力发展全球绿色经济，开创绿色经济新时代，实现人类社会可持续发展，亟须突破四大瓶颈。

第一，绿色规则谈判的观点和利益分歧制约绿色经济的持续发展。虽然国际社会在绿色实践方面取得了一定成就，但由于各国的发展阶段、技术能力、环境价值观和经济发展水平等差异较大，在绿色经济的制度规则制定方面仍然存在巨大观点分歧和利益分化，制约了绿色经济长远发展。在争夺绿色环保话语权中，南北矛盾是最大的矛盾。发达国家已完成工业化、城镇化进程，经济实力和科技创新能力较强，处于“甜甜圈”的外层，人类发展指数较高，生态足迹超过全球人均的两倍以上，其推出绿色经济刺激计划旨在解决后金融危机时代的经济疲软、失业率高等难题，希望通过绿色新政制衡新兴经济体国家和发展中国家的经济增长，掌握国际规则制定权，但是往往回避自己的过度消费问题。而发展中国家仍处于工业化、城镇化进程中，当前及未来一段时间的优先任务是物质增长、消除贫困等，处于“甜甜圈”内层，人类发展指数和生态足迹较低。发展中国家认为绿色经济首先应是具有包容性的绿色经济，批评发达国家过度消费，突破了地球边界，但是，发展中国家又不希望自己的经济增长受发达国家的地球边界名义所约束。

第二，自然资源的稀缺性成为制约绿色经济进一步发展的瓶颈。每年，全球新增人口8000万，对自然资源的需求与日俱增，各类自然资源的稀缺性日益严重。一是土地资源稀缺性增强，世界人均土地面积约2公顷，其中，亚洲最小，人均土地面积仅为1公顷。人口与耕地的矛盾日益尖锐，1950年为47公顷/人，而到2009年仅为0.2公顷/人。二是淡水资源稀缺性越来越突出，2020年世界有35亿人口生活在水资源紧缺地区，其中24亿人口生活在水资源高度紧缺的地区。三是生物多样性急剧丧失，根据《生物多样性公约》的统计，截至2016年底，世界上已经识别的物种数量大约是175万，其中大部分是诸如昆虫这样的小生物。不过，研究人员认为，地球上实际有1300万种生物。研究表明，在过去的100年里，地球上45%的森林已经被砍伐；在过去的50多年里，地球上的生物种类正在以相当于正常水平1000倍的速度消失，全世界约有3.4万种植物和5200多种动物濒临灭绝。现在，一些研究再添新证据。2016年7月15日的美国《科学》杂志发表的一篇文章称，地球陆地上58%的地区物种多样性完整指数已低于安全值。研究人员在18659个地点进行了238万次记录，共录得39123个生物物种。以此数据界定，相较于没有人类活动的地方，所谓“安全”地方的在地物种数量至少达到90%的水平。但是，地球陆地上58%的地区物种达不到这个水平，在这些陆地上居住着全球大约71%的人口。2015年5月，英国《自然》杂志发表伦敦大学学院纽博尔德的一篇文章指出，过去500年间，人类已经使陆地上野生动植物总量减少了10%，物种总量减少了14%，绝大多数损失都发生在近100年以内。这是研究人员分析了70多个国家的近2.7万个物种、100多万条生态多样性改变记录后发现的。14%的物种灭绝只是全球平均水平。在一些地区，生物多样性保存较好，而在其他地区，例如西欧，已经失去了20%~30%的物种。

第三，能源消费持续增长，化石能源储量不断下降，资源约束趋紧。经济发展过程中的环境污染进一步增强自然资源禀赋的稀缺性。大气污染、水污染、土壤污染、固体废弃物污染、生态系统退化等严重威胁人类的生存与发展。资源稀缺和环境风险对经济发展约束日益趋紧，人类活动强度和范围超过自然的自我恢复条件和能力，人与自然的关系愈加紧张，制约了全球绿色经济发展。

第四，绿色经济基本特征之一是包容性经济，主要内容之一是减少贫困，提高社会公平。而全球贫困人口数量居高不下，贫困人口承受生态破坏风险能力严重不足，直接影响绿色经济发展。世界银行2013年发布的《贫困与共享繁荣》报告指出，尽管全球经济增长乏力，但世界极端贫困人数仍持续下降，这主要归功于中国等亚太地区国家贫困人口下降。报告指出，2013年全世界有近8亿人每天生活费不足1.9美元，这一年极端贫困人口比2012年约减少1亿人。极端贫困人口减少幅度最大的是东亚太平洋地区，尤其是中国和印度尼西亚，使得极端贫困人口占世界总人口比重从1990年的35%降至2013年的11%。目前，世界一半极端贫困人口生活在撒哈拉以南非洲地区，1/3在南亚。

全球贫困人口中有相当一部分生活在自然资源枯竭、生态环境脆弱的地方。他们不仅占有的资源数量有限，而且所拥有的资源质量较低，投入产出率不高。为了生存，贫困人口可能对自然资源进行掠夺性开发，而且受到知识、经济、社交等方面的约束，资源价值化能力严重缺乏，价值化途径明显不足。

此外，与一般人口相比，贫困人口对自然风险的承受能力更低，一旦潜在环境风险变成现实，处于贫困边缘的人口很容易转化为贫困人口，贫困人口现状将更加恶化，而财富分配不均更加剧了全球性贫困，使贫困人口陷入恶性循环。若处理不好贫困问题，社会进步和发展就会受到制约，全球绿色转型发展将面临巨大挑战。

绿色创新有助于持续减少物料消耗和污染排放量，使经济发展模式由资源驱动向创新驱动转变，这是绿色经济发展的关键。当前，绿色经济增长的根本瓶颈就是创新不足，技术创新转换为经济发展的过程出现梗阻。世界各国现有的绿色科技创新政策措施往往过于单一、简化，大多集中在新能源等新兴战略性产业，而对于解决环境生态问题的商业性技术的相关政策支撑乏力。绿色技术创新具有研发周期长、投资规模大、研发风险高及市场应用前景不确定等特点，在全球价值链时代，仅靠一国之力，难以突破全球创新梗阻。由于各国发展阶段技术水平各异，环境价值观和绿色发展意愿不同，在绿色创新合作等方面难以达成一致。为此，必须以全球视野加快推进绿色经济建设，建立全球绿色创新体系，把绿色发展转化为新的综合国力、综合影响力和国际竞争新优势，实现创新环境、创新资源和创新主体的相互支持与共同发展。

第三章

Chapter 3

常见的绿色经济形态

第一节 低碳经济

低碳经济是绿色经济的表现形态，是人类文明经历由工业文明向生态文明阶段发展的一种经济形态，它一经产生和发展就显示出巨大的生态、经济和社会价值。经济要获得持续发展，就必须使能源结构合理化。从改变经济发展的能源结构角度看，发展绿色经济就是要发展低碳经济。低碳经济的产生与发展经历了一个较长的过程，它被世界各国逐步认识，达成共识并付诸实践。要通过制定低碳经济发展战略、大力发展低碳技术、倡导低碳消费，积极应对气候变化的挑战，促进经济增长方式的转变。

一、低碳经济的崛起

（一）低碳经济的产生与发展

全球气候变化引发人们对控制温室气体排放与发展可持续经济的空前重视。2003年英国发表的能源白皮书《我们能源的未来：创建低碳经济》首次提到了“低碳经济”（Low Carbon Economy）概念。低碳经济之所以成为各国经济发展的选择，是工业文明发展到一定阶段的必然结果。

近百年来世界各国工业化的发展进程，几乎耗尽了亿万年来地球所储藏的不可再生化石能源，工业化时代所排放的二氧化碳等温室气体，导致全球气候变暖，由此引致的一系列严重后果已经成了世界各国经济发展的重大瓶颈。按照目前世界各国经济发展态势，如果对能源消耗不加节制，地球上的石油、天然气和煤炭分别只有71年、67年、112年的开采时间。工业化高歌猛进的结果是可再生资源消耗超过了自然界的再生能力，不可再生资源的消耗速度超过了替代资源的提供速度，从而导致一系列环境问题。工业生产中排放的二氧化碳气体，加速了全球气候变暖的速度。主张全球变暖的科学家指出，1983—2012年北半球是过去1400年中最暖的30年；1880—2012年，全球地表平均温度升高0.85℃；最近50年间气温上升的趋势是过去100年间的2倍左右。由于气温上升，极地冰川加速消融，海平面上升，资源匮乏、物种灭绝、土地退化等一系列环境问题接踵而至，直接威胁着人类的生存与发展。1970—2004年，全球温室气体排放近70%来自能源、工业、交通、建筑四大部门。尽管"低碳"发展困难重重，但传统经济向低碳经济转型已成为世界各国经济发展的必然趋势。

1992年召开的"联合国环境与发展大会"首次共同商讨全球环境与发展战略，提出人类"可持续发展"的新战略和新观念，通过《联合国气候变化框架公约》，明确提出控制大气中温室气体浓度上升，减少二氧化碳排放的国际社会共同责任与义务。1997年在日本京都通过的世界上以法律约束力来控制温室气体排放的国际条约《京都议定书》，为低碳经济的发展提供了重要契机，它初步形成了二氧化碳减排的国际合作机制：联合履行、清洁发展机制和"碳减排"贸易，使"碳排放"成了可测算、可折算的权利，从而形成了国际"碳交易市场"。2005年，《京都议定书》正式生效，欧盟"碳交易市场"开始交易，到目前为止，二氧化碳交易价格已从每吨7欧元上涨到每吨21欧元。据测算，全球碳交易市场规模200亿~700亿美元。与此同时，西方发达国家纷纷把降低化石能源的消耗比重、节约利用化石能源、能源结构低碳化转型、增加清洁能源作为能源利用的重要举措。美国、日本、欧盟等发达国家纷纷制订了庞大的再生能源开发计划，美国与巴西欲建立全球生物乙醇燃料的"欧佩克"，以掌握世界生物乙醇燃料市场。2003年，英国发布能源白皮书《我们能源的未来：创建低碳经济》，为达到2010年二氧化碳排放量在1990年水平上减少20%，到2050年减少60%的目标，英国政府采取了很多措施，使其在发展低碳经济方面走在了世界前列。2008年颁布实施的《气候变化法案》使英国成为世界上第一个为温室气体减排目标立法的国家，并成立了相应的能源和气候变化部。按照该法律，英国政府到2050年达到减排80%的目标。其他西方发达国家也纷纷制定低碳经济发展政策，取得了长足的进步。2008年底，欧盟27国领导人通过了欧盟2020年碳排放协议，要求欧洲各国温室气体排放量2020年比1990年减少20%，并通过27国各自不同的排放指标及欧洲范围内的碳交易系统来实现协议目标。2019年12月，新一届执委会主席冯德莱恩上任，推出《欧洲绿色协议》，将“绿色新政”作为欧盟长期发展战略，旨在将欧盟转变为一个公平、繁荣的社会，以及富有竞争力的资源节约型现代化经济体，提出到2050年欧洲将在全球范围内率先实现“碳中和”。2019年12月，欧洲委员会发布《欧洲绿色新政》，承诺于2050年率先实现“碳中和”。2021年3月，欧洲议会投票通过设立欧盟碳边界调节机制的决议，被视为迈入立法程序。同年7月，欧盟委员会提出“Fit for 55”立法提案，并正式公布CBAM提案细则。2022年3月，欧盟理事会就CBAM相关规则达成协议，将于2023年开始试行，2026年欧盟将正式开始征收“碳关税”。

从发展中国家来看，由于重化工业等高碳产业从西方发达国家的梯度转移，其碳排放处于上升通道之中。一些发展中国家，如中国、巴西、印度等国经济快速发展的同时，碳排放也快速上升。发达国家向发展中国家转移高碳产业，为其发展低碳经济提供了空间，而发展中国家则背负起了高碳经济所带来的沉重的资源环境包袱，其低碳经济发展处于极为复杂的内外矛盾之中。

中国是发展中国家，正处于工业化和城市化发展进程之中，资源环境与经济发展的矛盾十分突出，处于两难选择之中。一方面，我们希望承接发达国家的产业转移，加快发展步伐；另一方面，以化石能源为基础的产业又不可避免地带来高能耗、高污染、高排放。中国“高碳”经济特征十分明显，中国既是“世界工厂”，又是煤炭消费大国，煤电提供了我国75%的电力、86%的钢铁行业能源、79%的建材行业能源和约50%的化工产品原料，煤炭对中国GDP的贡献率超过15%。2015年，原煤生产37.5亿吨，原油生产21456万吨，天然气生产1346亿立方米。在一次能源生产构成中，原煤占72.1%，原油占8.5%，天然气占4.9%，一次电力及其他能源占14.5%。2015年，煤炭消费总量为39.6亿吨，石油消费约5.5亿吨，天然气消费1930亿立方米，电力消费5.6万亿千瓦时。从能源消费构成来看，煤炭消费占64.0%，石油消费占18.1%，天然气消费占5.9%，一次电力及其他能源消费占12%，清洁能源消费共占17.9%。全球碳计划的数据显示，1960—2016年，全球碳排放累计达到了12483.64亿吨，其中中国的碳排放总量达到了1905亿吨，约占总量的15.26%。发展低碳经济已成为中国经济未来发展的客观要求和必然选择。中国的经济是以煤为主要能源的“高碳经济”，近几十年来的经济高速发展是在人口数量巨大、人均收入低、能源强度大、能源结构不合理的条件下实现的，它给中国的资源和环境造成了严重的透支，使中国经济的持续发展面临困境。

2006年中国政府首次在国家“十一五”发展规划中提出了“节能减排”的约束性指标，即到2010年单位GDP总值能耗降低20%左右，主要污染物排放量减少10%。2007年6月，中国政府发布实施了《中国应对气候变化国家方案》，中国成为第一个制定应对气候变化国家方案的发展中国家。2009年8月，全国人大常委会通过了《关于积极应对气候变化的决议》，强调立足国情大力发展绿色经济、低碳经济，把实现可持续战略纳入国民经济与社会发展规划。同年11月，国务院常务会议提出2020年单位GDP二氧化碳排放比2005年下降40%~45%，并作为约束性指标纳入国民经济和社会发展中长期规划，中国低碳经济发展开始步入快车道。2017年，中国的单位GDP二氧化碳强度与2005年相比，已经下降了近45%，2020年比2005年下降50%以上。近年来，我国大力实施节能降耗减排工作，加大新能源和再生能源使用，积极进行退耕还林和植树造林工作，低碳经济得到迅速发展。

2018年10月，国家发改委、国家能源局印发的《清洁能源消纳行动计划（2018—2020年）》提出，要建立清洁能源消纳的长效机制，2020年基本解决清洁能源消纳问题。

2021年9月《中共中央 国务院关于完整准确全面贯彻新发展理念做好碳达峰碳中和工作的意见》印发，明确了2025年、2030年、2060年三个节点的具体任务。

2021年10月《国务院关于印发2030年前碳达峰行动方案的通知》发

布，将时间节点细化到了“十四五”和“十五五”期间，总体目标不变。

2022年8月，多部委联合发布《科技支撑碳达峰碳中和实施方案（2022—2030年）》，指导全国科技界及相关行业、领域、地方和企业开展碳达峰碳中和科技创新工作。

2023年2月17日，《中华人民共和国最高人民法院关于完整准确全面贯彻新发展理念为积极稳妥推进碳达峰碳中和提供司法服务的意见》指出，实现碳达峰碳中和是党中央统筹国内国际两个大局作出的重大战略决策，也是高质量发展的内在要求。为了实现这一目标，最高人民法院提出了一系列指导思想和总体要求，贯彻最严格制度、最严密法治，统筹国内法治与涉外法治等。此外，最高人民法院还提出了具体的服务经济社会发展全面绿色转型、保障产业结构深度调整、助推构建清洁低碳安全高效能源体系等措施。

2023年4月21日，国家标准化管理委员等十一部门会发布了《碳达峰碳中和标准体系建设指南》并提出围绕基础通用标准，以及碳减排、碳清除、碳市场等发展需求，基本建成碳达峰碳中和标准体系。到2025年，制修订不少于1000项国家标准和行业标准（包括外文版本），与国际标准一致性程度显著提高，主要行业碳核算核查实现标准全覆盖，重点行业和产品能耗能效标准指标稳步提升。实质性参与绿色低碳相关国际标准不少于30项，绿色低碳国际标准化水平明显提升。

2023年11月，国家发展改革委印发《国家碳达峰试点建设方案》，在全国范围内选择100个具有典型代表性的城市和园区开展碳达峰试点建设，进一步推进碳达峰行动的落实。

（二）低碳经济的内涵

低碳经济是一种通过发展低碳能源技术，建立低碳能源系统、低碳产业结构、低碳技术体系，倡导低碳消费方式的经济发展模式。低碳经济以低碳排放、低消耗、低污染为特征，技术创新和制度创新是低碳经济的核心。低碳经济将打造全新的生态系统，对政府行为、企业活动、民众生活产生巨大的影响。

从当前看，低碳经济是要造就低能耗、低污染的经济，减少温室气体的排放；从长远看，低碳经济是打造一个持续发展的人类社会生产方式和消费方式的重要途径。

中国发展低碳经济，从外部因素看，是为了履行《京都议定书》和与其他国家合作共同应对气候变化的长期挑战，在政治上体现崛起的发展中大国对世界应负起的责任。发达国家为了实现《京都议定书》规定的减排目标，通过技术和市场两个手段积极发展能源新技术，广泛开展能源领域的国际合作，这种大背景也非常有利于中国利用国外先进技术推动中国的节能减排工作。从内部因素看，发展低碳经济，可以促进技术创新，调整产业结构，形成一个新的经济增长极，使有限的能源投入有更多的产出，转变经济增长方式，推动经济绿色发展。长期来看，低碳经济已经揭开了新一轮全球经济竞争的序幕，谁能够在低碳技术上引领全球，并在此基础上率先调整产业、技术、能源、贸易等政策，谁就能占领未来产业的制高点和市场的先机，把科技优势转化为经济优势，在新的国际经济秩序中获得一个比较长期的、良好的生态位，反之就会错失发展良机。自2017年以来，我国已启动建设三批共87个低碳省区和城市、51个低碳工业园区、400多个低碳社区。

《"十三五"控制温室气体排放工作方案》《"十三五"控制温室气体排放工作方案部门分工》提出：通过加强能源碳排放指标控制、大力推进能源节约、加快发展非化石能源、优化利用化石能源，用低碳引领能源革命；通过加快产业结构调整、控制工业领域排放、大力发展低碳农业、增加生态系统碳汇，打造低碳产业体系；通过加强城乡低碳化建设和管理、建设低碳交通运输体系、加强废弃物资源化利用和低碳化处置、倡导低碳生活方式，推动城镇化低碳发展；通过实施分类指导的碳排放强度控制、推动部分区域率先达峰、创新区域低碳发展试点示范、支持贫困地区低碳发展，加快区域低碳发展；通过建立全国碳排放权交易制度、启动运行全国碳排放权交易市场、强化全国碳排放权交易基础支撑能力，建设和运行全国碳排放权交易市场；通过加强气候变化基础研究、加快低碳技术研发与示范、加大低碳技术推广应用力度，加强低碳科技创新；通过完善应对气候变化法律法规和标准体系、加强温室气体排放统计与核算、建立温室气体排放信息披露制度、完善低碳发展政策体系、加强机构和人才队伍建设，强化基础能力支撑；通过深度参与全球气候治理、推动务实合作、加强履约工作，广泛开展国际合作。

（三）低碳经济的评价指标

低碳经济评价指标的构建要综合考虑各方面因素，准确反映各要素权重，经过实践充分检验之后才能形成科学合理的评价指标体系。

1.低碳经济评价指标构建的原则

科学性原则，低碳经济的指标体系构建要建立在一定的理论基础之上，要以生态文明理论为基础，并能准确、客观地反映低碳经济发展的一般规律与特征，这样才能保证指标体系的科学性与客观性。

可操作性原则，指标体系的构建其主要目的是实际操作，为了对现实经济发展模式进行测评，指标体系要有可操作性，数据采集、收集要具有可行性，对于那些不易于收集的数据尽可能不纳入指标体系。

代表性原则，选取的指标不要面面俱到，要选取那些最能代表低碳经济发展的核心指标、反映阶段性特征的代表性指标，以此作为指标设计的依据。

可比性原则，所选指标应尽可能采取在时间、空间上具有可比性，可以对不同地区低碳经济进行比较研究，进行发展评价，从而为低碳经济发展提供历史性指标参照。

2.低碳经济的具体指标体系

低碳能源指标，主要由化石能源占总能源的比例、洁净煤占煤能源的比例、可再生能源占总能源的比例3个指标构成。

低碳产业指标，主要由万元GDP碳排放量、传统产业低碳化改造率、第三产业GDP占比、高新技术产业GDP占比、绿色产业GDP占比、资源再利用率6个指标构成。

低碳技术指标，主要由低碳技术研发经费占GDP的比重、可再生能源技术的应用率、清洁煤技术利用率、污染企业废弃物利用技术状况、生活垃圾无害化利用技术状况、智能节能技术应用状况、二氧化碳捕获与处理技术状况、新能源汽车技术应用现状8个指标构成。

低碳建筑指标，主要由建筑单位面积碳排放量、低碳环保建材使用率、太阳能利用率3个指标构成。

低碳交通指标，主要由万里行程碳排放量、私家车年行程公里数、万人拥有公交车数量、步行及骑自行车人数比重、新能源汽车占比5个指标构成。

低碳消费指标，主要由人均年碳排放量、生态文明教育普及率、公民的低碳理念、节能家电的使用率4个指标构成。

低碳社会指标，主要由森林覆盖率、人均绿地面积、城市农村建成区绿地覆盖率、自然保护区占辖区面积的比率4个指标构成。

以上指标分别以不同的权重计算进去，综合计算最后得出低碳经济综合得分，以此来评定一个国家或地区低碳经济发展的水平与阶段。

二、低碳经济引领发展方向

（一）应对气候变化的挑战

全球气候变化是当今国际社会的热点话题，是人类社会面临的共同挑战。尽管对全球气候变化问题有不同的看法，但全球气候变化已超出了气候问题的范畴，成为一个全球性的政治问题。

人类对全球气候变化的影响主要是由于温室气体的排放，如发生在亚洲的污染就影响到了太平洋地区的气候状况；由于亚洲快速的工业化，耗费了大量的煤炭等化石燃料，排放到大气中的悬浮颗粒改变了云层结构，由此造成极端的天气状况，并影响到世界其他地区，科学家担心这种污染会最终影响全球气候。一些气象学家认为，美国2014年年初的极寒天气和亚洲的污染可能有关。全球气候变化对自然生态系统带来的灾难包括冰川消融、永久冻土层融化、海平面上升、咸潮入侵、生态系统突变、旱涝灾害增加、极端天气频繁等。如果全球气候持续变暖，较高的温度将使冰川雪线上升、极地冰川融化、海平面升高，一些海岸地区被海水淹没，部分地区将不再适合人类居住。全球变暖也可能影响降雨和大气环流的变化，使气候反常，易造成旱涝灾害，导致生态系统发生变化和破坏。全球气候变化不仅严重影响经济发展，也影响社会的和谐。种植业受其影响最大，能源业、畜牧业、渔业、旅游业、林业、采矿业、保险业等也将受到影响。全球变暖会使世界部分地区夏天出现超高温，成为影响人类健康的一个主要因素，并使高山冰川融化，产生生态难民。

发展低碳经济，可以在保证经济社会持续发展的条件下最大限度地减少温室气体排放，即通过节能减排，在减少能源消耗量、温室气体排放量的前提下，获得更多的经济产出，从而实现低碳发展、低成本发展。发展低碳经济，一是对现有能源的高效化利用，尽可能做到低碳排放，如以煤炭为代表的能源就面临着通过技术实现气化、液化的发展机遇；二是清洁能源、绿色能源的使用，如太阳能、风能、生物质能、氢能、核能等都有着巨大的市场应用空间，也是今后需要大力发展的能源，通过清洁能源的发展为低碳排放奠定雄厚的基础；三是对现有产业进行绿色化转型改造，淘汰高排放、高污染、高耗能产业，代之以绿色生态产业，从而实现向低碳型经济发展的转型。

（二）主导国际政治格局的变化

近年来，气候问题从一个自然问题演变成政治问题、经济问题，完全是一些国家、利益集团为了自身利益把“气候变化”无限放大。尽管如此，气候变化已经成为国际政治的焦点，因此，发展低碳经济将深刻地影响国际政治格局。

国际社会为了抑制全球气候变化的负面效应，采取了一系列行动，形成了全球公约，其中《联合国气候变化框架公约》是迄今为止最重要的国际环境公约，对全球的政治格局产生了持久的影响。

《联合国气候变化框架公约》（以下简称《公约》）由联合国主持制定，是关于保护地球气候系统的公约，1992年5月9日于美国纽约签订，1994年3月21日生效。《公约》的核心是控制和减少由燃烧矿物燃料和其他方式产生的二氧化碳等温室气体，目标是将大气中温室气体的浓度稳定在气候系统免受危险的人为干扰的水平上。《公约》要求发达国家和经济转型国家（即公约附件一列举的国家）带头削减温室气体的排放，并要求发达国家向发展中国家提供经济上的援助，帮助它们履行公约。《公约》还就有关气候变化的科学研究、教育、培训、缔约方会议、公约的履行、资金机制等问题做了规定。我国于1992年6月11日签署，1992年11月7日批准该公约。《京都议定书》、“巴厘路线图”、《哥本哈根协议》《坎昆协议》《巴黎协定》等的达成，为推动国际合作、解决各国加强应对气候变化的行动力度奠定了坚实的基础。2018年11月15日在波兰闭幕的联合国卡托维兹气候大会通过的《巴黎协定》实施细则，为2020年以后全球气候行动的落实奠定了制度和规则基础。实施细则旨在将全球平均气温升幅较工业化前水平控制在2℃之内，内容主要涉及透明度框架的实施，设立2025年后的气候资金新目标相关进程，如何实施2023年全球盘点机制，如何评估技术发展和转移的进展等。

中国是一个发展中大国，自从中国GDP总量步入世界第二之后，世界各国对中国产生了更多期待，尤其是中国作为碳排放量居前的国家，要承担起更多的减排责任，这既是世界各国的期待，也是中国作为负责任的大国应该履行的责任。从全球经济发展战略来看，低碳经济已经揭开了新一轮全球经济竞争的序幕，谁能够在低碳技术上领先一步、引领全球，并在此基础上率先调整产业、技术、能源、贸易等政策，谁就能占领未来绿色产业的制高点和市场先机，把科技优势转化为经济优势，在新的国际经济秩序中获得一个比较长期的、良好的站位，反之就会错失发展良机，只能亦步亦趋。中国正处于追赶历程之中，为了尽快缩小与发达国家的发展差距，发展低碳经济也是一个重大的机遇，抓住这个机遇，既可以解决我们自身的问题，也可以大大缩小我国与发达国家的差距，推进我国现代经济体系的建立。

（三）促进经济增长方式的转变

大力发展低碳经济，解决不合理能源结构，可以促进经济增长方式的转变。

中国的经济是典型的以煤为主要能源的“高碳经济”，改革开放40年来的经济高速发展是以高耗能、高排放、低效益的条件实现的，它给中国的资源和环境造成了严重的透支，使中国经济的可持续发展面临严重瓶颈。中国是世界上最大的煤炭生产国和消费国，煤炭消费至今仍然占据着主导地位。我国发展低碳经济已经到了一个刻不容缓的时期。

低碳经济同时也是一种绿色生活方式。长期以来，人们普遍认为高消费是一种时代潮流，是工业文明时代经济发展的动力，在“物质主义、享乐主义、消费主义”思想的指导下，消费更多物质财富就是幸福，能够享受更多物质财富即为成功。在现代科技的支撑下，巨量产品被源源不断地从流水线上生产出来，经消费后留下巨量废弃物，这样的工业化生产、过度消费、巨量废弃物的生活消费方式已经不能持续发展了。就目前世界各国经济发展来看，想保持现有发展规模与速度，越来越受到能源资源的强力约束。必须大力倡导绿色的低碳消费方式，它的主要特征是以适度消费取代过度消费，以简朴生活代替奢侈浪费，消费生活从崇尚物质消费向崇尚精神文化消费转变，在适度消费过程中，以低能耗、低排放、可再生、可循环利用、清洁能源型产品为主，以此建立资源节约型、环境友好型消费模式。

欧盟持续引领向低碳经济的转变。《BP世界能源展望（2018年版）》显示，到2040年，欧盟通过渐进转型，碳排放将比2016年下降超过35%，单位GDP碳排放是世界平均值的50%，所消费的能源约为其在1975年的消费量，而GDP规模是1975年的3倍，非化石能源能满足40%的能源需求，高于世界平均水平的25%。

通过发展低碳经济，促进技术创新，调整产业结构，使有限的能源投入有更多的产出，实现经济由高速度向高质量发展，推动经济持续发展。

三、发展低碳经济的对策

（一）着力推进低碳产业发展

制定低碳产业发展战略是发展低碳经济的首要任务，只有制定科学的低碳产业政策，才能在低碳经济发展上迈出坚实的步子。

1.优先发展低碳农业

现代农业是高碳农业，发展低碳农业要从以下几方面着手：一是大幅度减少化肥农药的使用，降低农业生产对化石能源的依赖，走有机农业的路子。例如，以粪肥和堆肥作为化肥的替代品，提高土壤有机质含量，改善土壤肥力。要通过秸秆还田、深耕与中耕轮作，引入蚯蚓、微生物等共同熟化土壤，增加根系营养能力。二是充分利用农业剩余能量，如利用秸秆资源作饲料、肥料、培养料等原料，也可以利用秸秆发酵生产乙醇燃料。三是在农村推广普及太阳能和沼气技术，在规模化养殖的基础上，获取生物质能。

2.积极发展低碳工业

提高高碳产业准入市场门槛，通过负面清单，坚决把那些高碳产业挡在中国制造业门槛外。近年来，一些发达国家会把高碳产业向发展中国家转移，如发达国家的钢铁产业、石化产业、印染产业等加快了向发展中国家转移的速度，这些产业转移进来，短期内会促进经济发展，但从长期看，有可能对转移国产业产生“锁定”效应，再转出去，就会对就业及经济发展产生很大的冲击。因此在这一点上，要保持定力，坚持发展标准不降低、发展低碳经济不动摇。同时，中西部地区也要对东部地区的高碳产业梯度转移慎之又慎，要着眼于长远，大力发展绿色产业，为绿色发展打下坚实的基础。中国制定了大力发展实体经济、先进制造业的战略，这里的先进制造业除了技术先进之外，也指低能耗、低污染、低排放的制造业。先进制造业是一个完整的体系，包括设计、制造、品牌三大环节，仅关注中间制造环节是不够的，我们要向制造业两端发力，做好前端产品技术设计与开发，以及后端品牌建设，使先进制造业向低碳产业转型。

《工业绿色发展规划（2016—2020年）》提出，通过推进重点行业低碳转型、控制工业过程温室气体排放、开展工业低碳发展试点示范、实施工业低碳发展工程，削减温室气体排放，积极促进中国工业的低碳转型。

3.大力发展低碳型第三产业

现代生产性服务业一般都具有知识密集型和技术密集型特点，它们大多属于低碳产业，如信息产业就是一个典型的低碳产业，其软件制造具有低能耗、低污染、低排放的特征，而其功能越来越强大，附加值也越来越高，互联网、物联网作为人类社会新技术革命的重要内容，正呈现出越来越大的发展空间，它们应该成为我们未来重点发展的产业。2017年我国服务业增加值占比已达到51.6%，尽管得到了很大的发展，但与发达国家70%以上的占比相比，还有巨大的发展空间，金融、保险、物流、咨询、广告、旅游、养生、新闻、出版、医疗、教育、文化、科研、技术服务等，这些方面是我们未来发展的重点领域。通过发展低碳型的第三产业，有力推动产业结构的调整步伐。

（二）大力发展低碳技术

发展低碳经济，必须以先进的低碳技术作为支撑。

首先，要使化石能源得到高效清洁利用，这方面需要做的工作很多，需要加大新技术研发力度，应用先进节能降耗技术、清洁技术对传统化石能源进行高效化、清洁化改造，实现工业热电联产和工业余热、余压、余能的综合利用。要大力发展生产工艺节能技术，发展工业CCS，从而减少碳排放。

其次，要大力发展新能源、绿色能源，推广水力发电、超导临界发电、第二代和第三代核电、单/多/非晶硅光伏电池、整体煤气化联合循环发电、生物质利用，继续向风力发电、薄膜光伏电池、太阳能热发电、电厂CCS、分布式电网耦合技术、第四代核电发展，以此为基础，逐步实现氢能规模利用和发展高效储能技术、超导电力技术，最后向核聚变、海洋能发电和天然气水合物（可燃冰）获取新能源。

再次，建设低碳城市，在建筑上推广热泵技术、围护结构保温，开展太阳能热利用，实现区域热电联供和采暖空调、采光通风系统节能，发展LED照明技术，逐步实现低碳建筑的低碳化。我国虽然已启动建设了87个低碳省区和城市、51个低碳工业园区、400多个低碳社区，这远远不够，还需要继续大力发展。

最后，建立低碳交通运输系统，在近期发展燃油汽车节能技术，实施混合动力汽车和新型轨道交通，发展高能量密度动力电池、电动汽车和利用生物质液体燃料，逐步向燃料电池汽车、第二代生物燃料和第三代生物燃料过渡，最终实现交通出行的低碳化、高效化发展。

（三）扩大碳汇潜力

增加碳汇以提高对温室气体的吸收也是减排的重要途径，增加碳汇主要通过以下几个途径：

一是增加森林碳汇。森林碳汇是最有效的固碳方式，应通过植树造林，退化生态系统的修复，建立农林复合系统，加强森林管理，提高林地生产力，进而提高森林碳汇。要通过减少砍伐林木，改进采伐措施，提高木材利用效率，更有效的森林灾害防治，来保护森林碳贮存。要通过其他清洁能源替代薪柴，采伐剩余物的回收利用，木材深加工，木材循环利用，来实现碳替代。努力实现到2020年森林面积比2005年增加13亿立方米的目标。

二是增加耕地碳汇。耕地碳汇是陆地生态碳汇的重要组成部分，也是最活跃的部分之一。我国农田土壤有机碳较低，南方为0.8%~1.2%，华北为0.5%~0.8%，西北大都在0.5%以下，而美国在2.5%~4%，所以我国增加耕地碳汇有着很大的空间，需要在这一方面加大投入。

三是增加草原碳汇。这方面的主要工作是防止草原退化和开垦，要降低放牧密度、围封草场、人工种草和退化草原修复，同时，加大优良牧草引入和优化畜牧业管理也是改善草原碳汇的重要方法。

（四）倡导低碳消费模式

1.制定完善的法律法规

低碳消费靠倡导，更需要法律法规的强制。我们要借鉴国外低碳消费的成功经验，结合中国国情，制定法律法规，对低碳消费对象、消费行为实施有效的激励与监督，协调各方利益矛盾。首先要完善居民低碳消费方面的强制性标准等政策配套措施，使广大居民的低碳消费有法可依、有相应的配套基础设施。其次完善信用体系建设，通过低碳消费的信用体系建设，提升消费者自觉实施低碳消费的行为，从而形成良好的社会氛围。同时，通过政策优惠，给予节能产品和低碳能源开发技术政策上的扶持，使其扩大市场份额。政府鼓励风能、水力、太阳能等新能源的开发利用，加大对节能环保企业在税收和融资方面的扶持力度，生产出更多的低碳产品供消费者选择。

2.企业承担起更多的低碳发展的责任

企业是能源消费和碳排放大户，企业要在低碳消费中承担起技术革新、降低能耗、提高资源利用率的重任。实现企业生产低碳化是一个长期艰巨的任务，需要企业具有强烈的减排责任意识并投入巨大的资金和人力资源，通过技术创新降低企业能源消费量和碳排放量，实现企业低碳化生产和产品的低碳化。企业要认清世界绿色经济发展大势，主动迎接这次低碳革命，加大投入，加大产品更新换代力度，以更新更高的技术为广大消费者提供高质量的低碳产品，从而为低碳消费奠定坚实的基础。

3.培养低碳消费文化

思想决定行为，转变居民消费意识是推行低碳消费的重中之重。我们在生活中应该养成节约、低碳、环保的意识，形成低碳消费文化。首先，宣传媒体部门要大力倡导低碳消费理念，引导社会大众形成低碳消费光荣、奢侈性高碳消费可耻的理念，加大对环境知识的科普力度，使社会公众充分认识到低碳消费的极端重要性，自觉形成节约、低碳的消费方式。近年来，我国社会出现了部分先富起来的人群炫富夸富的行为，他们沉醉在高碳消费之中而不自知，严重败坏了社会节俭之风，对于这些现象，政府、社会、媒体要同时发声，制止、批评、改正他们的行为，共同助力形成全社会低碳节俭之风，为可持续发展创造浓厚的社会文化氛围。其次，把低碳消费落实到消费的各个环节。从衣、食、住、行、游、娱到日常生活各个方面把低碳消费落到实处。吃，要选择低碳饮食、环保食品；穿，要选择低碳面料衣服，环保洗涤，一衣多穿；住，要选择低碳建筑，不求大而求实用，采取低碳类装修，降低家庭能耗；行，要大力提倡低碳出行，在条件允许的情况下，优先考虑步行、自行车出行、新能源交通出行等方式，尽可能不用、少用高碳交通出行工具；旅游，要整体设计出行方案，做到低碳环保旅游；娱乐，要选择节能型娱乐设施和场所，多参与低耗能、低排放娱乐，少去或不去高耗能娱乐场所。通过实际行动，形成低碳消费的巨大社会力量，为建成低碳社会尽到每一个公民应尽的责任。

第二节　循环经济

循环经济是绿色经济的表现形态，是转变经济增长方式和建设资源节约型、环境友好型社会的战略选择，也是国家经济社会发展的重大战略。从资源利用程度看，发展绿色经济就是要大力发展循环经济。循环经济的发展，在废物减量化的同时，减轻对生态环境的压力，也培育经济增长的新动力。通过在生产、流通和消费等过程中进行的减量化、再利用、资源化活动，大力发展循环经济，实施循环发展引领计划，推行循环型生产方式，构建绿色低碳循环的产业体系，对绿色经济体系的建立将起到重大作用。

一、循环经济的兴起

（一）循环经济的产生与发展

1.循环经济的产生

经济的快速发展带来了资源的极大耗费，严重影响到人类社会存在和发展。美国经济学家波尔丁在20世纪60年代提出，地球经济系统就像宇宙飞船，是一个孤立无援与世隔绝的独立系统，尽管地球资源比宇宙飞船大很多，人类也会因地球资源耗尽而灭亡。只有尽可能少地排出废物，并实现对地球资源的循环利用，人类才能得以长存。

人类所需能源的97%来自不可再生的矿物能源。20世纪以来，人类对矿物能源的消耗一直呈指数增长，油气储量日趋枯竭，一些重要矿产资源严重短缺。据估算，以当前的开采速度，全球煤炭总储量约8690亿吨，可开采约112年；石油储量约2.1万亿桶，可开采约71年；天然气储量约197.1万亿立方米，可开采约67年；铁矿石储量约1600亿吨，可开采约150年；锰矿石储量约6.6亿吨，可开采约97年；铬矿石储量约36亿吨，可开采约257年；镍矿石储量约4900万吨，可开采约46年；钴矿石储量约470万吨，可开采约166年；钨矿石储量约200万吨，可开采约64年；钼矿石储量约550万吨，可开采约42年；钒矿石储量约1000万吨，可开采约233年；铜矿石储量约3.4亿吨，可开采约26年；铅矿石储量约6400万吨，可开采约10年；锌矿石储量约1.9亿吨，可开采约22年；铝土储量约250亿吨，可开采约192年；钛铁矿储量约3.5亿吨，可开采约95年；金红石储量约4500万吨，可开采约124年；锡矿石储量约960万吨，可开采约44年；锑矿石储量约210万吨，可开采约24年；金矿石储量约4.8万吨，可开采约18年；银矿石储量约28万吨，可开采约16年；铂族金属储量约7.1万吨，可开采约206年；稀土储量约1亿吨，可开采约1265年；硫矿石储量约14亿吨，可开采约24年；磷酸盐储量约120亿吨，可开采约79年；钾盐储量约84亿吨，可开采约316年；硼矿石储量约1.7亿吨，可以开采约38年；天然碱储量约

240亿吨，可以开采约2189年；重晶石储量约1.5亿吨，可开采约26年；石墨储量约1500万吨，可开采约22年；石棉储量约2亿吨，可开采约126年；硅灰石储量约30987万吨，可开采约495年；高岭土储量209亿吨，可开采约519年；硅藻土储量约8亿吨，可开采约396年。

联合国环境署的数据显示，1900—2009年全球资源耗费增长了10倍。在过去的50年，人类取水量增长了3倍。到2030年，人类对水的需求量将超过供应量约40%。到2050年，全球对资源的攫取将达到1400亿吨，届时由于气候变化、土地退化、水资源短缺和虫害，世界粮食产量可能会减少25%。如果全球经济向循环经济模式转型，可创造900万~2500万个就业机会。

中国自然资源总量虽然排在世界第7位，能源资源总量约4万亿吨标准煤，但由于中国人口众多，自然资源的人均占有量居于世界排名后列。据现有的资料统计，中国煤炭保有储量为10024.9亿吨，但可采储量只有893亿吨。中国石油的资源量为930亿吨，石油资源最终可采储量为130亿~150亿吨；中国石油可采资源量的丰度值（单位国土面积资源量）约为世界平均值的57%，剩余可采储量丰度值仅为世界平均值的37%；天然气的资源量为38万亿立方米，最终可探明天然气地质储量约13万亿立方米，资源总量世界排名第10位，中国天然气产量仅居世界第19位，占世界总产量的1%。现已探明的石油和天然气储量分别约占资源量的20%和6%，仅够开采几十年。

中国矿产资源按照资源总量计算，40多种主要矿产探明储量的经济价值仅次于俄罗斯和美国，居世界第3位。但按人均拥有矿产资源量计算，只有世界人均占有量的40%，居世界第81位。而且许多矿产品位低，如铁、铜、铅、锌、氧化铝、硫、磷、钾等大宗重要矿产贫矿多而富矿少，86%的铁矿石平均品位只有30%~35%（澳大利亚、巴西等国一般在65%以上），70%的铜矿为含铜低于1%的贫矿，品位超过2%的铜矿仅占我国全部铜矿的6%。目前，在45种主要矿产中，已探明储量不能满足经济发展需求的就有10多种；现已探明的15种对我国经济社会发展具有支柱性作用的矿产中只有6种（石油、天然气、铜、钾盐、煤、铁），后备储量不足，其中铜矿只能满足需求的一半，石油和铁矿的缺口也很大。中国生产了占世界60%的水泥、50%的钢、46%的铝，消耗了大量的原材料。2011年中国消耗的原材料约252亿吨（1990年为54亿吨），比经济合作与发展组织的34个成员国所消耗原材料的总和还要多。2020年，可保证需求的矿产品仅有5种，后备资源严重不足，大部分矿产将不能满足经济建设的需求，出现矿产资源全面短缺的严峻形势。《中华人民共和国2018年国民经济和社会发展统计公报》显示，2018年我国全年水资源总量为27960亿立方米，人均占有量约2004立方米。中国的人均占有量约为世界人均占有量的1/4。水资源的分布也极不平均，80%的水资源集中在长江以南，作为粮食重要产区的北方仅拥有20%的水资源。16个省份重度缺水，有6个省份处于极度缺水状态；600个城市中缺水的近400个，严重缺水的有108个。水资源短缺使华北地区由涝转涸，华北“大漏斗”越来越大、越来越深。根据2011年中国地质科学院水文地质环境研究所提供的数据，包括浅层漏斗和深层漏斗在内的华北平原复合地下水漏斗区，面积已经达到73288平方千米，超过华北平原总面积的一半。2016年1月，全国主要平原区地下水储存量比2015年同期减少82.4亿立方米。

面对经济发展中的高消耗、高污染和资源环境的约束问题，世界各国纷纷寻找解决问题的方法。随着中国经济规模的进一步扩大，土地资源日益减少、水资源紧缺且地区分布极不均匀、森林覆盖率低、矿产资源储量保障率低且消耗严重、生物多样性锐减等资源供需矛盾和环境压力将越来越大，建设节约型社会，加大资源利用程度已成为必然的选择。伴随改革开放以来中国经济持续多年高增长率的，是触目惊心的高消耗、高物耗和对环境的高污染、高损害，这种高增长方式是难以为继的，转变经济增长方式，建设资源节约型、环境友好型社会，这是中国的战略选择。

2. 发达国家大力发展循环经济

在发达国家，循环经济正成为一股潮流和趋势。德国始终走在世界循环经济前列，早在1972年就制定和颁布了《废弃物处理法》，1991年和1996年又制定和颁布了《包装废弃物处理法》和《循环经济和废物管理法》，把废物处理提高到了发展循环经济的认识高度。美国也是循环经济的先行者，1976年美国就制定和颁布了《固体废弃物处理法》。日本在2000年6月出台了《推进建立循环型社会基本法》，此后又相继制定了一些具体法律，如《家用电器再利用法》《促进资源有效利用法》《食品再利用法》《绿色购买法》《建筑工程资材再资源化法》《容器包装循环法》《废弃物处理法》《化学物质排出管理促进法》等，要求全社会树立起"零排放"的新型经营理念。

2016年1月，欧洲环境署发布的《欧洲循环经济报告》指出，欧洲发展循环经济带来了巨大的资源和环境效益，同时创造了就业机会，提供了新的经济增长动力。首先，提高了资源安全和减少了进口依赖。实施回收、废物减量化和生态设计等，可减少6%~12%的物质、能源消费，利用现有技术最大的节约潜力为10%~17%，使用创新技术、提高所有价值链资源利用效率到2030年能使欧盟的材料投入减少24%。其次，减少了环境影响。通过垃圾回收、包装废物的再利用和减少垃圾填埋等，2015—2030年欧盟可减少温室气体排放424万~617万吨（以二氧化碳当量计）；提高食品、饮料加工服务、金属制造等行业的资源利用效率，每年可减少温室气体排放100万~200万吨（以二氧化碳当量计）。再次，促进欧盟经济增长和创新。制造复杂的耐用品、延长材料使用寿命，每年可为欧盟节省12%~23%的材料投入成本，价值3400亿~6300亿美元。最后，增加了欧盟的就业机会。通过完善监管体系和加强对城市垃圾和包装废物的回收、重用，到2030年可为欧盟创造17.8万个就业岗位。《欧洲绿色协议》是欧盟实现绿色低碳发展目标的纲领性行动路线图。其中《循环经济行动计划》，是绿色协议的核心内容之一，它提出的建议覆盖了绿色产品设计、循环经济流程、促进可持续消费等多个方面，旨在确保稀缺资源能尽可能长时间地停留在欧盟经济体内并得到充分的利用。欧盟委员会于2020年3月11日通过了《欧盟循环经济行动计划》的第二版，旨在使欧盟制造更加耐用、更加持久、维修性更高的消费产品，以最大限度地使用回收材料，减少资源浪费。2024年3月21日，欧洲环境署发布了《加速欧洲循环经济——2024年现状与展望》，该报告分析了在资源利用或材料足迹方面设定未来目标的潜在好处，以及加速向循环模式过渡的可能途径。荷兰的《循环经济2050蓝图》提出，到2030年将主要原材料的使用量减少一半，到2050年实现100%的循环经济。

3.中国推进循环经济的进程

中国的循环经济还处在发展过程中，《贵阳市建设循环经济生态城市条例》（2004年）是我国第一部循环经济领域的地方性法规。

2005年7月，国务院印发的《关于加快循环经济发展的若干意见》提出，坚持走新型工业化道路，形成有利于节约资源、保护环境的生产方式和消费方式；坚持推进经济结构调整，加快技术进步，加强监督管理，提高资源利用效率，减少废物的产生和排放；坚持以企业为主体，政府调控、市场引导、公众参与相结合，形成有利于促进循环经济发展的政策体系和社会氛围。

2007年6月，国家发展改革委、原国家环保总局、国家统计局印发了《循环经济评价指标体系》，提出了宏观评价指标和工业园区评价指标均由资源产出指标、资源消耗指标、资源综合利用指标和废物处置量指标构成。

2008年8月通过的《中华人民共和国循环经济促进法》指出，发展循环经济是国家经济社会发展的一项重大战略，规范了政府、企业、公众等在推进循环经济中的行为。

2009年，《中华人民共和国循环经济促进法》生效，将发展循环经济确立为国家社会经济发展的一项重大战略，从基本管理制度、减量化、再利用和资源化、激励措施、法律责任等方面，对促进循环经济发展作出了总体规定。

2012年12月，国务院通过的《"十二五"循环经济发展规划》提出，发展循环经济是我国经济社会发展的重大战略任务，是推进生态文明建设、实现可持续发展的重要途径和基本方式，要围绕提高资源产出率，健全激励约束机制，积极构建循环型产业体系，推动再生资源利用产业化，推行绿色消费，加快形成覆盖全社会的资源循环利用体系，明确了发展循环经济的主要目标、重点任务和保障措施。

2013年1月，国务院印发了《循环经济发展战略及近期行动计划》，对发展循环经济做出战略规划，提出循环经济发展的中长期目标是：循环型生产方式广泛推行，绿色消费模式普及推广，覆盖全社会的资源循环利用体系初步建立，资源产出率大幅提高，可持续发展能力显著增强。

2015年，国家发展改革委发布了《2015年循环经济推进计划》，该计划表示到2025年，我国要着力开发循环经济模式，通过广泛推广绿色设计和清洁生产，促使我国资源综合利用能力显著提升，基本建成资源循环型产业体系。同时通过构建废旧物资回收网络，促进再生资源的循环利用，打造覆盖全社会的资源循环利用体系。

2016年1月，国家发改委印发的《"互联网+"绿色生态三年行动实施方案》提出，完善废旧资源回收利用和在线交易体系，推动回收行业利用信息技术从松散粗放型向集约型、规模型、产业型、效益型方向转变。

2016年2月，国家发改委、农业农村部、国家林业和草原局印发的《关于加快发展农业循环经济的指导意见》提出，建立起适应农业循环经济发展要求的政策支撑体系，基本构建起循环型农业产业体系，生态循环农业产业不断发展，农林废弃物处理资源化程度明显提高，建设和推广一批具有示范引领作用的农业、林业和工农复合型的循环经济示范园区、示范基地、示范工程、示范企业和先进适用技术，总结凝练一批可借鉴、可复制、可推广的农业循环经济发展典型模式。

2016年3月，《中华人民共和国国民经济和社会发展第十三个五年规划纲要》再次明确要大力发展循环经济，实施循环发展引领计划，推进生产和生活系统循环链接，加快废弃物资源化利用。实行生产者责任延伸制度，健全再生资源回收利用网络。

2016年10月，国务院印发的《全国农业现代化规划（2016—2020年）》提出，推进农业可持续发展试验示范区建设，探索农业资源高效利用、生态修复保护、突出问题治理、循环农业发展等模式。发展种养结合循环农业工程。开展畜禽规模养殖场（小区）、水产养殖场和屠宰场标准化改造，改善养殖和屠宰加工条件，完善粪污处理等设施，推进循环利用。建设300个种养结合循环农业发展示范县，促进种养业绿色发展。以畜禽规模养殖场为重点，建设大型沼气工程、生物质燃气提纯利用及有机肥加工设施，发展以沼气为纽带的生态循环农业。

2016年11月，国务院印发了《"十三五"生态环境保护规划》，强调推动循环发展，2020年，全国工业固体废物综合利用率提高到73%。实现化肥农药零增长，实施循环农业示范工程，推进秸秆高值化和产业化利用。2020年，秸秆综合利用率达到85%，国家现代农业示范区和粮食主产县基本实现农业资源循环利用。

2016年11月，国务院印发的《"十三五"国家战略性新兴产业发展规划》提出，深入推进资源循环利用。树立节约集约循环利用的资源观，大力推动共伴生矿和尾矿综合利用、"城市矿产"开发、农林废弃物回收利用和新品种废弃物回收利用，发展再制造产业，完善资源循环利用基础设施，提高政策保障水平，推动资源循环利用产业发展壮大。

2016年12月，国务院印发的《"十三五"节能减排综合工作方案》提出，大力发展循环经济，全面推动园区循环化改造，加强城市废弃物规范有序处理，促进资源循环利用产业提质升级，统筹推进大宗固体废弃物综合利用，加快互联网与资源循环利用融合发展。

2016年12月，国务院印发的《"十三五"促进民族地区和人口较少民族发展规划》提出，大力发展循环经济。加快建立民族地区循环型工业、农业、服务业体系。

2016年12月，国家发改委、财政部、生态环境部、国家统计局印发了《循环经济发展评价指标体系（2017年版）》，评价指标包括2项综合指标、11项专项指标、4项参考指标。

2017年1月，国务院印发的《全国国土规划纲要（2016—2030年）》提出，推进矿产资源综合利用，减少储量消耗和矿山废弃物排放，开展矿产资源综合利用试点示范，推进矿产资源综合利用示范基地和绿色矿山建设，带动矿产资源领域循环经济发展。

2017年4月，国家发改委等14个部委印发的《循环发展引领行动》提出，通过构建循环型产业体系、完善城市循环发展体系、壮大资源循环利用产业、强化制度供给、激发循环发展新动能、实施重大专项行动、完善保障措施、加强组织实施，使绿色循环低碳产业体系初步形成、城镇循环发展体系基本建立、新的资源战略保障体系基本构建、绿色生活方式基本形成。2020年，主要资源产出率比2015年提高15%，主要废弃物循环利用率达到54.6%左右。一般工业固体废物综合利用率达到73%，农作物秸秆综合利用率达到85%，资源循环利用产业产值达到3万亿元。75%的国家级园区和50%的省级园区开展循环化改造。

2021年，国家发展改革委印发《"十四五"循环经济发展规划》，明确了循环经济发展保障政策和组织实施，提出健全循环经济法律法规标准、完善循环经济统计评价体系、加强财税金融政策支持、强化行业监管。要求各有关部门按照职能分工抓好重点任务落实，各地区要精心组织安排，明确重点任务和责任分工，结合实际抓好规划贯彻落实。

中国自从实施循环经济发展战略以来，在企业层面积极推行清洁生产，在工业集中地区或开发区建立生态工业园区，同时有计划、分步骤地在一些地方开展循环经济的试点工作。截至2015年6月，国家发改委同有关部门已经累计确定了5批100个园区循环化改造示范试点园区、6批49个国家"城市矿产"示范基地和5批100个餐厨废弃物资源化利用和无害化处理试点城市（区）。2005—2013年，循环经济发展取得了一定的进展，全国资源消耗强度改善34.7%，废物排放强度改善46%，污染物处置率上升74.6%，循环经济综合发展指数从2005年的基数100上升到2013年的37.6。

（二）循环经济的内涵

循环经济是一种以资源循环利用为出发点的经济发展模式，把经济活动组织成一个"资源—产品—再生资源"的反馈式流程，"低开采、高利用、低排放"，所有的物质和能源在不断进行的经济循环中得到合理和持久的利用，把经济活动对自然环境的影响降低到尽可能小的程度。

循环经济符合生态规律的要求，按照清洁生产的方式运行，与以往单纯地对废物进行回收利用方式相区别，要求对物质资源及其废弃物必须实行综合利用，而不能只是部分利用或单方面的利用，重在经济而不是重在循环，注重推进资源、能源节约，资源综合利用和推行清洁生产。循环经济所指的“资源”包括自然资源和再生资源，所指的“能源”包括一般的能源（煤、石油、天然气等化石能源）和太阳能、风能、潮汐能、地热能、生物质能等绿色能源。循环经济与传统的经济运行方式相比，要求经济活动在不妨碍甚至提高经济效益的前提下，组成一个“资源—产品—再生资源”的流程，它是一种生态经济和再生产的经济过程，是用经济学、生态学规律指导人类社会所产生的一种经济活动。

（三）发展循环经济对中国的意义

面对经济发展中的高消耗、高污染和资源环境的约束问题，中国正在寻求经济增长模式的全面转变，大力发展循环经济，走循环利用的生态工业化发展道路。

首先，随着中国经济规模的进一步扩大，土地资源日益减少、水资源紧缺且地区分布极不均匀、森林覆盖率低、矿产资源储量保障率低且消耗严重、生物多样性锐减等资源供需矛盾和环境压力将越来越大，建设节约型社会，发展循环经济已成为必然的选择。

其次，伴随着持续多年的高增长率，当前面临的是触目惊心的高消耗、高物耗和对生态环境的高污染、高损害，这种增长方式是难以为继的。发展循环经济，转变经济增长方式，建设资源节约型、环境友好型社会，这是中国的战略选择。

再次，由于循环经济的技术体系能使所有的物质、能量在不断进行的经济循环中得到合理持续的利用，把经济活动对自然的影响降低到最小限度，做到了对自然资源的索取控制在自然环境的生产能力之内，把废物的排放量压缩在自然环境的消化接受能力之内，从而在根本上解决中国人口、资源与环境的矛盾。

最后，发展循环经济是中国走生态工业化道路的现实途径。循环经济提高了资源利用效率，减少了生产过程中资源与能源的消耗，也就从源头上提高了经济效益、社会效益和生态效益。同时发展循环经济对科学技术发展提出了新的方向和强大需求，必将带来新的科技革命，并推动旧的产业结构调整和产业升级，推动企业和社会用创新的体制与机制来追求可持续发展的新模式。

二、循环经济的原则和模式

（一）循环经济的原则

循环经济的“3R”原则是指减量化（Reducing）原则、再利用（Reusing）原则、再循环原则（Recycling）。

1.减量化原则

“减量化”是以资源投入最小化为目标，减少进入生产和消费过程的物质量，从源头上节约资源使用和减少污染物排放。

减量化原则针对产业链的输入资源，通过产品的清洁生产最大限度地减少对不可再生资源的开采与利用，经济活动的投入主体改为替代性的可再生资源，以期可能减少进入生产、消费过程的物质流和能源流，并对废弃物的产生及排放实行总量控制。生产者通过减少产品原料的投入和优化制造工艺节约资源和减少排放，消费者通过优先选购包装简易、循环耐用的产品来减少废弃物的产生。

2.再利用原则

“再利用”是指要提高产品和服务的利用效率，产品和包装器以初始形式多次使用，减少一次用品的污染，以废弃物利用最大化为目标。

再利用原则要求人们针对产业链的中间环节，对消费者采取过程延续的方法，最大可能地增加产品使用方式和次数，有效延长产品和服务的时间强度；对生产者采取产业群体间的精密分工和高效协作，使产品——废弃物的转化周期加大，使经济系统物质能量流高效运转，实现资源产品的使用效率最大化。

3. 再循环原则

“再循环”是指物品完成使用功能后能够重新变成再生资源。

再循环原则要求人们通过对废弃物的多次回收再造，实现废弃物多级资源化和资源的开发式良性循环，最大限度地减少污染物的排放。

（二）循环经济的评价指标

2016年12月，为贯彻落实《循环经济促进法》和《关于加快推进生态文明建设的意见》的要求，科学评价循环经济发展状况，推动实施循环发展引领计划，国家发改委、财政部、生态环境部、国家统计局印发了《循环经济发展评价指标体系（2017年版）》，完善了循环经济评价指标体系。指标体系适用于国家、省域两个层面。

1. 主要资源产出率

主要资源产出率是指国内生产总值与主要资源实物消费量的比值。主要资源包括：化石能源（煤、石油、天然气）、钢铁资源、有色金属资源（铜、铝、铅、锌、镍）、非金属资源（石灰石、磷、硫）、生物质资源（木材、谷物）。计算方法为：

主要资源产出率（元/吨）= 国内生产总值（亿元，不变价）÷ 主要资源实物消费量（亿吨）

主要资源实物消费量 = 化石能源 + 钢铁资源 + 有色金属资源 + 非金属资源 + 生物质资源

在国家层面，每项资源实物消费量，主要是采用表观消费法测算；在省域层面，资源实物消费量采用统计或测算的方法获得。

主要资源产出率的数据，来源于统计部门。

2. 主要废弃物循环利用率

主要废弃物循环利用率是指主要废弃物（农作物秸秆、一般工业固体废物、主要再生资源、建筑垃圾、餐厨废弃物）资源化利用率相关指标的赋权平均值。该指标是一个集成加权指标，计算方法为：

主要废弃物循环利用率（%）=农作物秸秆综合利用率（%）×1/5+一般工业固体废物综合利用率（%）×1/5+主要再生资源回收率（%）×1/5+城市建筑垃圾资源化处理率（%）×1/5+城市餐厨废弃物资源化处理率（%）×1/5

主要废弃物循环利用率数据，来源于发展改革部门和统计部门。

3.能源产出率

能源产出率是指国内生产总值与能源消费量的比值。计算方法为：

能源产出率（万元/吨标煤）=国内生产总值（亿元，不变价）÷能源消费量（万吨标煤）

能源产出率的数据，来源于统计部门。

4.水资源产出率

水资源产出率是指国内生产总值与总用水量之比。计算方法为：

水资源产出率（元/吨）=国内生产总值（亿元，不变价）÷总用水量（亿吨）

水资源产出率的数据，来源于统计部门和水利部门。

5.建设用地产出率

建设用地产出率是指国内生产总值与建设用地总面积之比。计算方法为：

建设用地产出率（万元/公顷）=国内生产总值（亿元，不变价）÷建设用地面积（万公顷）

建设用地产出率的数据，来源于统计部门和国土资源部门。

6.农作物秸秆综合利用率

农作物秸秆综合利用率是指秸秆肥料化（含还田）、饲料化、食用菌基料化、燃料化、工业原料化利用总量与秸秆产生量的比值。计算方法为：

农作物秸秆综合利用率（%）=秸秆综合利用重量÷秸秆产生总重量×100%

农作物秸秆综合利用率的数据，来源于资源综合利用主管部门和农业部门。

7. 一般工业固体废物综合利用率

一般工业固体废物综合利用率是指一般工业固体废物综合利用量占工业固体废物产生量（包括综合利用往年贮存量）的百分率。计算方法为：

一般工业固体废物综合利用率（%）=一般工业固体废物综合利用量÷（当年工业固体废物产生量+综合利用往年贮存量）×100%

一般工业固体废物综合利用率的数据，来源于环境保护部门、工业部门和统计部门。

8. 规模以上工业企业重复用水率

规模以上工业企业重复用水率是指规模以上工业企业重复用水量占企业用水总量的比率。规模以上工业企业是年主营业务收入达到2000万元及以上的工业企业；重复用水量是指在确定的用水单元或系统内，所有未经处理和处理后又重复使用的水量总量，包括循环水、串联水、回用水，重复用水量不包括北方地区城镇热力网内循环的热水、火力发电设备内进行汽水循环的除盐水。计算方法为：

规模以上工业企业重复用水率（%）=规模以上工业企业重复用水量÷（规模以上工业企业重复用水量+用新水量）×100%

规模以上工业企业重复用水率的数据，来源于统计部门。

9. 主要再生资源回收率

主要再生资源回收率是指废钢铁、废有色金属（铜、铝、铅、锌）、废纸、废塑料、废橡胶、报废汽车、废弃电器电子产品7类主要再生资源回收量与产生量的比值。计算方法为：

主要再生资源回收率（%）=各类再生资源回收量÷各类再生资源产生量（权重均为1/7）×100%

如缺乏个别品种的产生量数据，可对统计品种和权重做相应调整。国家已委托有关行业协会对各省域的主要再生资源产生量进行统一测算，各地也可用公式自行估算。

主要再生资源回收率的数据，来源于商务部门或相关行业协会。

10.城市餐厨废弃物资源化处理率

城市餐厨废弃物资源化处理率是指城市建成区餐厨废弃物资源化处理总量占产生量的比率。计算方法为：

餐厨废弃物资源化处理率（%）=餐厨废弃物资源化处理总量 ÷ 餐厨废弃物产生量 ×100%

餐厨废弃物产生量可用城市建成区常住人口 ×0.14千克/日进行估算。

城市餐厨废弃物资源化处理率的数据，来源于住房城乡建设部门或相关行业协会。

11.城市建筑垃圾资源化处理率

城市建筑垃圾资源化处理率是指城市建成区建筑垃圾资源化处理总量占产生量的比率。建筑垃圾是指建设、施工单位或个人对各类建筑物、构筑物、管网等进行建设、铺设或拆除、修缮过程中所产生的渣土、弃料及其他废弃物（不含弃土）。计算方法为：

城市建筑垃圾资源化处理率（%）=建筑垃圾回收利用量 ÷ 建筑垃圾产生总量 ×100%

建筑垃圾产生量可用源头产生统计量或建筑垃圾清运量表示。

城市建筑垃圾资源化处理率的数据，来源于住房城乡建设部门或相关行业协会。

12.城市再生水利用率

城市再生水利用率是指城市再生水利用量占城市污水处理总量的比率。城市再生水利用量指城市生活污水和工业废水，经过污水处理厂（或污水处理装置）净化处理，达到再生水水质标准和水量要求，并用于农业、绿地浇灌和城市杂用（洗涤、冲渣和生活冲厕、洗车、景观等）等方面的水量。计算方法为：

城市再生水利用率（%）=城市再生水利用量 ÷ 城市污水处理量 ×100%

城市再生水利用率的数据，来源于住房城乡建设部门。

13.资源循环利用产业总产值

资源循环利用产业总产值是指开展资源循环利用活动所产生的总产值，

包括资源综合利用、再生资源回收利用、再制造、城市低值废弃物（餐厨废弃物、建筑垃圾等）回收利用和海水淡化等。

资源循环利用产业总产值的数据，来源于发展改革部门。

14. 工业固体废物处置量

工业固体废物处置量是指调查年度企业将工业固体废物焚烧和用于其他改变工业固体废物的物理、化学、生物特性的方法，达到减少或消除其危险成分的活动，或者将工业固体废物最终置于符合环境保护规定要求的填埋场的活动中，所消纳固体废物的量。

处置方法如：填埋、焚烧、专业贮存场（库）封场处理、深层灌注、回填矿井及海洋处置（经海洋管理部门同意投海处置）等。

处置量包括本单位处置或委托给外单位处置的量，还包括当年处置的往年工业固体废物贮存量。

工业固体废物处置量的数据，来源于环境保护部门。

15. 工业废水排放量

工业废水排放量是指经过企业厂区所有排放口排到企业外部的工业废水量。包括生产废水、外排的直接冷却水、超标排放的矿井地下水和与工业废水混排的厂区生活污水，不包括外排的间接冷却水（清污不分流的间接冷却水应计算在内）。

工业废水排放量的数据，来源于环境保护部门。

16. 城镇生活垃圾填埋处理量

城镇生活垃圾填埋处理量是指采用卫生填埋方式处置生活垃圾的总量。

城镇生活垃圾填埋处理量的数据，来源于环境保护部门和住房城乡建设部门。

17. 重点污染物排放量

重点污染物排放量是指化学需氧量和氨氮、二氧化硫、氮氧化物及地区环境质量超标污染物的排放量，分别统计。

重点污染物排放量的数据，来源于环境保护部门。

（三）循环经济的模式

1.企业内部循环模式

企业内部循环模式是指在企业层面，在产品的生态设计基础上，通过清洁生产、节能减排等措施，减少产品和服务中物料和能源的使用量，最大限度地减少污染物的排放量。

最典型的企业内部循环模式以杜邦化学公司为代表，通过组织生产过程中各工艺流程之间的物料循环，延长产业链，减少资源和能源在生产过程中的使用量，尽量减少废弃物和有毒物质的排放，最大限度利用资源，同时使产品经久耐用。杜邦公司通过不使用对生态环境有害的化学物质、减少使用化学物质等措施，大大减少了生产过程中产生的废弃塑料，大气污染物的排放也大幅度减少，并把循环经济的“3R原则”创造性地发展为化学工业的减量化、再使用、再循环的“3R制造法”。

2.工业园区模式

工业园区模式是指在区域层面，通过工业园区内企业之间的物质、能量和信息集成，依据工业生态学原理在企业之间形成共生关系，建立生态工业园。

生态工业园区通过园区内部的物流和能源的正确设计，模拟自然生态系统，形成企业间的共生网络。甲企业的副产品（或工业垃圾）成为乙企业的原材料，乙企业的副产品（或工业垃圾）又成为丙企业的原材料……如此环环相扣，实现园区内企业间能量及资源的梯级利用，实现园区内工业生产所造成的排放、污染等在自然生态系统自净力可控制的范围之内。

丹麦的卡伦堡工业园是区域生态工业园区的典型。卡伦堡工业园以园区内的主体企业为核心，通过贸易方式把对方企业生产过程中产生的废弃物或副产品用作自己企业生产需要的原材料，形成共享资源和互换副产品的产业共生组合，使得一家工厂的本来毫无用处又会给生态环境带来危害的废气、废热、废水、废渣成为另一家工厂的原料和能源，既大幅度减少了园区内废弃物的数量和处理费用，又给对方企业和自己带来了经济效益。

3.社会循环模式

社会循环模式是指在社会层面，建设循环型社区、循环型城市和更大范围的循环型区域，最终建成循环型社会。

循环型社会是指以物质循环、高效、节约利用为目标，具有循环经济“3R原则”功能机制和结构的社会，要求资源和能源得到有效利用，最大限度地减少废弃物的产生，对资源提倡再次使用或再生利用，对能够利用的能源要回收利用，对不能再利用的废弃物必须进行无害化处理。

循环型社会建设，日本走在了世界前列。2000年，日本提出建立循环型社会，取得了很大的成效。2000年5月颁布的《循环型社会形成推进基本法》提出，自然资源消费得到抑制、环境负担较少的商品在市场中占有优势地位、废弃物被循环利用、废弃物的焚烧和填埋接近于零的社会才是循环型社会，规定废弃物循环再利用的顺序是：第一抑制产生、第二再利用、第三再生利用、第四热回收、第五适当处理；2001年4月实施的《资源有效利用促进法》，就包含了循环经济的“3R原则”，使3R成为日本国民日常生活的思想准则；4次修改的《废弃物处理法》提高了废弃物的再利用率，减轻了对生态环境的压力；《容器包装再生利用法》《家电再生利用法》《食品再生利用法》《建设再生利用法》《汽车再生利用法》《绿色购买法》详细规定了政府、企业和公众要承担的责任和义务。政府推动循环型法律体系的构建，企业开发高新技术实现资源再利用，国民改变观念将垃圾看作有用资源，推动了日本向循环型社会的转型。

4.静脉产业模式

静脉产业模式是从社会整体循环出发，大力发展旧物调剂和资源回收产业，在整个社会范围内形成“自然资源—产品—再生资源”的循环经济环路，从根本上解决废物和废旧资源在全社会的循环利用问题。

作为资源再生利用产业，静脉产业运用先进的技术，将人类经济活动中产生的废物转换为可以重新利用的资源和产品。静脉产业的发展，在消纳大量废弃物的同时，还带来了新的可供利用的资源和能源。静脉产业园中的“生活垃圾系统”“餐厨垃圾系统”“城市污泥处理系统”“秸秆发电处理系统”“建筑垃圾处理系统”等处理系统建设，也培育了新的经济增长点。目前，德国和日本的社会静脉产业最为突出。

在废旧资源回收再利用体系的建设上，德国DSD是一个代表。作为专门组织回收处理再利用包装废弃物的非营利社会中介组织，DSD提出了谁生产垃圾谁就要付出代价的原则，其对废弃物回收、分类和循环利用的活动大大促进了德国包装废弃物的回收利用。

三、发展循环经济的对策

（一）制定循环经济发展战略

循环发展是我国经济社会发展的一项重大战略，是建设生态文明、推动绿色发展的重要途径。构筑源头减量全过程控制的污染防控体系，大力发展循环经济，才能实现经济社会的绿色转型。《循环发展引领行动》的实施，使我国发展循环经济，形成绿色生产方式和生活方式，促进经济绿色转型有了明确的方向。

1.健全法规规章体系

增强法律约束力，推动《循环经济促进法》的修订，完善循环经济促进法配套法规规章，支持各地结合实际制定循环经济促进条例或实施办法。修订报废汽车回收管理办法，加快制订汽车零部件再制造、餐厨废弃物资源化利用和无害化处理、限制商品过度包装、铅蓄电池回收利用等领域的管理办法，研究出台强制回收的产品和包装物名录及管理办法、建筑垃圾回收与资源化利用管理办法、电动汽车动力蓄电池回收利用管理办法。

2.制定推动循环经济发展的政策

通过用电、用水、用气、供热价格改革，完善污水处理和垃圾处理收费政策，用市场机制鼓励节约资源；通过资源税、水资源税、资源综合利用产品及劳务增值税等促进资源节约集约利用，落实废弃电器电子产品回收处理基金；创新财政资金支持方式，强化财政资金与社会融资的联动，通过PPP和第三方服务方式引导社会资本投入循环经济；提供多重融资方式，发挥绿色信贷、绿色债券、绿色保险的指引作用，鼓励社会资本成立各类绿色产业基金。

3.强化制度供给

完善生产者责任延伸制度相关法律、法规，落实《生产者责任延伸制度推行方案》，建立重点行业生产者责任延伸信用评价制度；实施原料替代战略，分类发布再生产品和再生原料标准和目录，建立再生产品（再制造产品）政府优先采购制度，推进大宗固体废物替代建材原料；引导生产企业加大再生原料的使用比例，推广建筑垃圾再生产品；制定发布限制生产和销售的一次性消费品名录及管理办法，支持研发可重复使用的替代产品；建立以主要资源产出率、主要废弃物循环利用率为核心的循环经济评价指标体系，将循环经济主要指标完成情况作为对地方政府评价的内容；健全循环经济标准制度，建立规范的循环经济认证认可、检验检测和计量保障制度；建立企业循环经济信用评价制度，支持开展企业绿色（环境）信用评价；通过国家科技计划（专项、基金等）统筹支持符合条件的循环经济共性关键技术研发，健全循环经济技术、装备的遴选及推广机制，建立应用推广的信息平台。

4.加大监管力度

加强重点领域规范管理，完善报废汽车、废弃电器电子产品拆解、铅酸蓄电池、废船拆解等行业监管，加强对再制造产品标识使用的监督检查，加大对生产超薄塑料购物袋的查处力度，加大限制商品过度包装监督检查力度。严厉打击非法改装、拼装报废车、非法拆解电器电子产品的企业和集散地，加强进口固体废物管理。

（二）构建循环经济体系

构建循环经济体系，是发展绿色经济、建设生态文明的一个重要方面。《循环发展引领行动》要求通过实施一系列的重大专项行动，壮大资源循环利用产业，构建循环型产业体系，完善城市循环发展体系。

1.构建循环型产业体系

通过推行产品生态设计，推广“3R”生产法，促进制造业绿色化升级改造，推进企业循环式生产；按照“空间布局合理化、产业结构最优化、产业链接循环化、资源利用高效化、污染治理集中化、基础设施绿色化、运行管理规范化”的要求，推进园区循环化发展，加强不同性质园区的分类施策和指导；推动行业间循环链接，建立跨行业的循环经济产业链，大力推动农业循环经济发展，推动农村一、二、三产业融合发展，建立完善全产业链资源循环利用体系。

2.完善城市循环发展体系

推动餐厨废弃物资源化利用和无害化处理制度化和规范化，加快建筑垃圾资源化利用，推动园林废弃物资源化利用，加强城镇污泥无害化处置与资源化利用，实现城市低值废弃物资源化利用；推动生产系统和生活系统能源共享，推动生产系统和生活系统的水循环链接，推动生产系统协同处理城市及产业废弃物，促进生产系统和生活系统的循环链接；深化循环经济示范城市（县）建设，统筹规划布局城市生产、生活、生态和废弃物处理空间，加强绿色基础设施建设，制定循环型公共机构评价标准，完善政府绿色采购制度，建立城市循环发展指数核算、发布和评价制度，推进循环经济示范城市建设。

3.壮大资源循环利用产业

推动共伴生矿和尾矿综合利用，推动大宗工业固废综合利用，加强农林废弃物资源化利用，实现产业废弃物循环利用；完善再生资源回收体系，提升“城市矿产”开发利用水平，开展新品种废弃物回收利用示范，促进再生资源回收利用提质升级；推动重点品种再制造，规范再制造服务体系，推动再制造业集聚发展，支持再制造产业化规范化规模化发展；统筹规划和建设区域内工业固废、再生资源、生活垃圾资源化和无害化处置设施，建设跨行政区域的资源循环利用产业基地，建立跨行政区域的废弃物协同处置信息平台，构建区域资源循环利用体系；加强循环经济理念模式的国际交流，扩大关键技术和装备的进出口贸易规模，支持国内资源循环利用企业到海外投资，推动再制造产品进入国际市场。

4.实施重大专项行动

《循环发展引领行动》提出，2020年，国家重点支持100家园区进行循环化改造，推动75%的国家级园区和50%的省级园区开展循环化改造；选择粮食主产区等具备基础的地区建设20个工农复合型循环经济示范区，进行工农复合型循环经济示范区建设行动；在100个地级及以上城市布局城市资源循环利用产业示范基地，进行资源循环利用产业示范基地建设行动；建设50个工业资源综合利用产业基地，开展工业资源综合利用重大示范工程建设；在30%的地级以上城市建设再生资源在线回收平台，开展"互联网+"资源循环行动；统筹规划京津冀地区的再生资源、工业固废、生活垃圾资源化利用和无害化处置设施，建设一批跨区域资源综合利用协同发展重大示范工程；建设30个左右再生产品再制造产品推广平台和示范应用基地，开展再生产品再制造产品推广行动；加强大宗固废减量与循环利用技术及产业化、生物质废物高效利用成套技术与大型装备产业化、新兴城市矿产高值利用关键技术及产业化应用等的研究，开展资源循环利用技术创新行动；总结凝练循环经济试点示范典型经验、重点行业循环经济发展模式及典型模式案例，实施循环经济典型经验模式推广行动；选择若干地区、行业开展循环经济创新实验区建设，开展循环经济创新试验区建设行动。

（三）打造循环消费模式

循环消费是当代社会推进循环经济发展的一种重要途径，要求人们在生活消费的过程中要最有效地利用消费资源和保护消费环境，以最小成本获得最大的经济效益、消费效益、社会效益和环境效益。《循环发展引领行动》明确提出打造循环消费模式。

1.明确企业主体责任

推动企业按照循环型生产方式组织企业生产，提高利用效率、减少废弃物排放。支持企业积极开展循环经济评价对标工作，落实生产者责任延伸制度，建立全生命周期管理制度，自觉履行企业社会责任。

2. 动员全社会广泛参与

加强宣传引导，把循环发展纳入国民教育体系和党政领导干部培训计划，引导全社会树立节约集约循环利用的资源观，营造促进循环发展的舆论氛围，引导社会各界积极参与，继续建设一批循环经济教育示范基地。加强国际交流与合作，加强循环经济理论、政策、技术、模式的交流，强化我国循环经济发展成效的宣传，加快循环经济先进技术的引进、吸收和再创新。

3. 发展分享经济

创新消费理念，大力发展分享经济，把分享经济作为优化供给结构、引导绿色消费的新领域，延长产品生命周期，提高资源利用效率。探索闲置品的分享使用方式和分时租赁的新型商业业态，提高闲置资产的利用效率。创新商业模式，大力发展设备租赁产业，改变传统产品提供模式，鼓励专业分享平台建设，实现分享商品、信息、服务的在线交易。

4. 扩大绿色消费

大力推动节能、节水、环保、资源综合利用、再制造、再生产品使用，推广使用绿色农业生产资料。扩大绿色消费市场，建设各类绿色流通主体，建设一批集门店节能低碳改造、绿色产品销售、废弃物回收于一体的绿色商场。推动企业实施绿色采购，构建绿色供应链。在政府投资的公益性建筑、大型公共建筑和保障性住房建设中，全面执行绿色建筑标准，完善绿色城市交通系统，引导居民选择公共交通和自行车出行。

5. 创新服务机制和模式

积极推动资源循环利用第三方服务体系建设，为产业园区和企业提供废弃物管理、回收、再生加工和循环利用的整体解决方案，促进生活垃圾与再生资源回收处理利用两个网络系统衔接发展。推广绿色产品质量责任险、环境污染强制责任保险，建立循环经济信息系统和技术咨询服务体系。

第三节　共享经济

共享经济是全球新一轮科技革命和产业变革下涌现的新业态新模式，是绿色经济的表现形态，一经产生和发展就加快了资产权属、组织形态、就业模式和消费方式的革新。从资源节约的角度看，发展绿色经济就是要发展共享经济。共享经济跨越了传统产品供给和服务供给的时空约束，可以有效提高社会资源利用效率，便利人民群众生活，培育经济发展新动能。

一、共享经济的崛起

（一）共享经济时代的来临

1.共享思想的滥觞

“共享”是中国古代经济伦理思想中的一个基本价值观念。

儒家非常推崇共享，《论语·雍也》中孔子说的“己欲立而立人，己欲达而达人”和“博施于民而能济众”实际上就是提倡共享；《论语·季氏》进一步指出“盖均无贫，和无寡，安无倾”，朱熹注解为“均”系“各得其分”之意，亦包含共享之意。

儒家经典《礼运》中明确提出“大同”思想——“天下为公，选贤与能，讲信修睦”，郑玄注解为“公”指“共”，“人不独亲其亲，不独子其子，使老有所终，壮有所用，幼有所长，鳏、寡、孤、独、废疾者皆有所养”。

由此可见，“大同”中蕴含的共享思想在中国思想史上产生了深远的影响。

2.共享经济的兴起

“共享经济”最早出现于1978年的《美国行为科学家》。2008年金融危机之后逐渐被广泛传播和接受。这是人们在遇到经济危机的困境时，才对自己购买过的太多“无用”物品有了更多的关注和理解，人们开始不再追求使用价值和炫耀财富，转而更多地思考这件物品所带来的符号意义，在提高物品利用率的同时获得回报。

共享经济的发展经历了一个很长的历程。20世纪70年代以前，由于产品丰裕程度和技术水平的限制，加之地域的隔膜、交通的不便，可用于共享的物品和服务非常有限，且没有或只有少量的报酬，而共享又需要彼此间的信任，共享范围有限、影响不大，多出现在亲友邻里之间。70年代到90年代末，随着经济的发展，信息技术的进步突破了人际交往的时间、地域等诸多因素的限制，共享范围大大拓展，为陌生人之间的信息共享提供了可能。由于市场、物流等基础设施和平台尚未搭建完善，实物共享并不多见，以共享免费信息为主。

进入21世纪后，随着移动互联技术飞速进步、智能手机迅速普及、第三方支付流行及共享经济平台的出现，使共享经济由概念转变成现实，共享经济行为迅速出现在日常生活中的各个领域。信息交流速度的提升和广度的拓展，人与人之间的联系日益密切，为共享经济的产生创造了条件。特别是物质丰裕，越来越多的闲置物品不能被充分利用，为人们进行共享服务提供了可能。通过共享服务，不仅可以将自己闲置的资源分享给他人，而且还赚得了一些收入，既方便了他人，又受益了自己，这种互利互惠的双赢的新型经济模式迅速得到大众的认可和喜爱，并成为一种不可逆转的大趋势。

2008年是共享经济发展至关重要的一年。由于经济危机爆发并席卷全球，世界经济进入寒冷期，人们的收入也急剧缩减，许多人由此陷入困顿，为了开源节流，人与人之间相互协作、互通有无，这为共享经济的发展提供了巨大市场空间，大批共享经济类的公司也由此产生。2008年的全球经济危机首先从美国蔓延开来，使其房地产业备受打击，尤其是让许多通过银行贷款购房的人损失惨重、入不敷出。同时，美国房价的暴跌、房地产经济的萧条产生了一系列连锁反应，影响了社会的各行各业，失业率不断上升，经济面临巨大困境。在经济寒冬里，美国各大知名企业纷纷将各自闲置的房间、汽车、物品放到互联网平台上共享使用，以减少损失，在这样特定的社会环境中共享经济形态迅速受到民众的欢迎、认可并接受。随着经济的发展、技术的进步、消费观念的转变，人们的消费行为也在不断改变，越来越多的个人消费实体被共享，共享经济的潮流亦逐渐成为社会的主流产业模式之一。

在中国，共享经济首先发端于交通领域。2010年滴滴打车和快的打车的先后成立，标志着我国共享经济正式出现。2014年美国优步进入中国，形成交通领域的三足鼎立之势。2015年初，滴滴和快的实现战略合并。随着近年来“互联网+行动计划”的实施及“大众创业、万众创新”政策的推进，共享经济从最开始的交通领域迅速扩展到餐饮住宿、物流快递、资金借贷、交通出行、生活服务、医疗保健等各个行业。2014—2015年共享经济企业呈井喷式发展，新增共享经济企业数量同比增长3倍，席卷十大主流行业，超过30个子领域。

（二）共享经济的内涵

共享经济是利用以互联网等现代信息技术为基础平台对现有资源进行整合、分享和利用，提高资源利用效率的一种新型经济模式。

不同于传统产权观中“拥有才可以使用”的理念，共享是指“使用而非拥有”，这是共享经济的内核。这里的共享特指使用权的转移，但支配权不发生改变，即拥有者与使用者按一定合约共同分享剩余。因互联网信息技术而形成的“使用而非拥有”，主要优势在于“让共享变得更容易”，将物品的归属权与使用权相分离，更加注重对使用权的最大化利用。换句话说，共享经济以“不使用即浪费”和“使用所有权”为基本理念，倡导“租”而非“买”，突出“使用权”而非“拥有权”，强调开放、去中心化的组织，鼓励人们彼此分享暂时闲置的资源，从而提高资源的使用效率。在共享经济这一模式中，沟通和共享将成为一种新的生产力，并对传统经济模式产生颠覆性作用。

共享经济将社会上的各种资源重新配置、整合和优化，使其发挥最大作用。共享经济作为未来经济的3个趋势（共享经济、社群经济、虚拟经济）之一，是一种全新的经济模式，人们通过互联网共享能源、信息和实物，使用权代替了所有权，共享价值代替了交换价值。与传统商业经济模式相比，共享经济具有运营成本低、资源利用率高、产品或服务到用户接受之间各环节简化的特点，更容易得到大众的认可与欢迎。

互联网的快速发展，电子商务等新型商业交易模式的出现促使经济活动中新支付方式的兴起、推广和普及，支付宝、微信等移动支付平台的飞速发展也赋予了“共享经济”崛起的通道。社交网络从最初鼓励人们共享日志、视频等虚拟内容，到之后共享线下实物，人们忽然发现了一片新的经济发展空间。

从狭义上来说，共享经济是以获得一定报酬为目的，建立在互信的基础上，陌生人之间物品使用权暂时性转移的商业模式。随着共享经济内涵的不断扩展，广义的共享经济模式已扩展至在网络信息平台上对闲置的物品进行租赁、二手转让等经济模式，同时共享经济模式也包括对闲置资产、技能、服务进行共享的协同生活方式。以共享单车为代表的互联网新型租赁经济模式，往往被视为共享经济的重要组成部分。

共享经济的核心是提高商品和服务的效用价值。在互联网信息技术尚未成熟和普及之前，实现共享的成本非常高，甚至高于产生的效用，所以共享经济一直缺乏有效的发展模式。当移动互联网把交易成本问题逐渐解决之后，共享经济的浪潮就到来了。特别是共享平台的搭建，为商品及服务提供者和用户之间构筑了新桥梁，用户需求与商业服务的衔接更加精准，特别是在交通、信息服务等领域，用户的服务需求能够得到快速响应，大大提高了商业活动的效率。凭借低廉、高效、便捷的优势，共享经济模式迅速渗透各行各业，从共享单车到共享汽车，从共享充电宝到共享雨伞等，一系列的共享经济新形态不断涌现，带动了共享经济的快速发展。

共享经济与分享经济、租赁经济是不同的概念。租赁经济是互联网等现代信息技术出现之前通过租赁行为获得财产使用权的一种商业模式，分享经济是移动互联网和物联网发展起来后传统租赁经济在现代信息经济背景下的一种发展和演进。分享经济是不改变财产所有权的前提下对使用权的转让和分享，但所有权和使用权是独占而排他性的，形成一种属于我的东西你使用的行为，同一件物品能够在不同的时间和不同的空间里供不同的使用者使用。共享经济虽然与分享经济一样把物品的所有权和使用权分开，但共享经济的使用权是不同经济主体可以同时拥有而不具有排他性，没有时空条件的制约。分享经济侧重于提高闲置资源的使用效率并获取一定的经济收益，而共享经济是通过现代信息技术整合全社会的各种资源而出现的一种新型商业模式。滴滴顺风车、共享单车属于分享经济的范畴，在商业模式上属于B2C模式，共享经济的商业行为则表现为C2C模式。苹果应用商店（App Store）、安卓应用商店（The Android App Store）、GPS全球定位系统、谷歌地图及百度、阿里巴巴、腾讯、今日头条、美团、滴滴打车、携程、Uber、Airbnb、Booking等互联网平台打造了共享经济这种新型经济模式。网上的打车平台、酒店预订平台、美食预订平台是共享经济模式，而提供车辆服务、美食和酒店住宿服务就是一种分享解决的产品或服务。从范围上说，共享经济涵盖了分享经济。

（三）中国大力推进共享经济

2016年4月，国务院办公厅印发的《关于深入实施“互联网+流通”行动计划的意见》提出，积极推进流通创新发展，鼓励发展分享经济新模式。

2016年12月，国务院通过了《国家教育事业发展“十三五”规划》，提出利用大数据、云计算等信息技术，推动“互联网+教育”发展，促进优质教育资源共建共享。

2017年1月，国务院印发的《“十三五”促进就业规划》提出，编制出台共享经济发展指南，通过放宽市场准入、创新监管手段、引导多方治理等优化环境，完善消费者权益保护等相关政策，促进共享经济健康发展。健全就业、劳动保障等相关制度，支持发展就业新形态。

2017年4月，国家发展改革委等14个部门印发的《循环发展引领行动》提出，创新消费理念，大力发展分享经济，把分享经济作为优化供给结构、引导绿色消费的新领域，延长产品生命周期，提高资源利用效率。

2017年7月，国家发改委等8部门印发的《关于促进分享经济发展的指导性意见》，就进一步营造公平规范市场环境、促进分享经济更好更快发展等进行了部署。

2017年12月，国家发展改革委印发的《关于推动发展第一批共享经济示范平台的通知》提出，支持发展一批共享经济示范平台，推动互联网、大数据、人工智能和实体经济深度融合，培育发展一批共享经济骨干企业，引导共享经济健康良性发展，培育新增长点、形成新动能。主要包含创新能力共享与生产能力共享两个重点方向。

2018年5月，国家发展改革委办公厅、中央网信办秘书局、工业和信息化部办公厅印发的《关于做好引导和规范共享经济健康良性发展有关工作的通知》提出，通过构建综合治理机制、推进实施分类治理、压实企业主体责任、规范市场准入限制、加强技术手段建设、推动完善信用体系、合理利用公共资源、保障个人信息安全、规范市场竞争秩序、加强正面宣传引导、完善应急处置保障，努力营造推进共享经济健康良性发展的良好氛围。

2018年，《国务院关于推动创新创业高质量发展打造"双创"升级版的意见》提出，要引导和规范共享经济良性健康发展，推动共享经济平台企业切实履行主体责任。

2019年2月发布的《中国共享经济发展年度报告（2019）》显示，2018年我国共享经济交易规模29420亿元；生活服务、生产能力、交通出行三个领域共享经济交易规模位居前三，分别为15894亿元、8236亿元和2478亿元；生产能力、共享办公、知识技能三个领域增长最快，分别较上年增长97.5%、87.3%和70.3%。共享经济参与者人数约7.6亿人，参与提供服务者人数约7500万人，平台员工约598万人。共享经济领域直接融资规模约1490亿元，知识技能、交通出行和生产能力领域直接融资规模位居前列，分别为464亿元、419亿元和203亿元。截至2018年底，全球305家独角兽企业中有中国企业83家，其中具有典型共享经济属性的中国企业34家，占中国独角兽企业总数的41%。2015—2018年，网约出租车客运量占出租车总客运量的比重从9.5%提高到36.3%；共享住宿收入占住宿业客房收入的比重从2.3%提高到6.1%；在线外卖收入占餐饮业收入的比重从1.4%提高到10.6%。共享住宿收入年均增速约为45.7%，是传统住宿业客房收入的12.7倍；在线外卖收入年均增速约为117.5%，是传统餐饮业的12.1倍；网约车服务收入年均增速为35.3%，是巡游出租车服务的2.7倍。出行、住宿、餐饮等行业的共享新业态对整个行业增长的拉动作用分别为每年1.6、2.1和1.6个百分点；网约车用户在网民中的普及率由26.3%提高到43.2%；在线外卖用户普及率由16.5%提高到45.4%；共享住宿用户普及率由1.5%提高到9.9%；共享医疗用户普及率由11.1%提高到19.9%。国家信息中心分享经济研究中心预测，未来几年，共享经济将保持年均40%左右的速度增长，2021年我国共享经济市场交易规模约为36881亿元，同比增长约9.2%，增速较2020年明显提升。

2020年《中华人民共和国国民经济和社会发展第十四个五年规划和2035 远景目标纲要》提出，要发展战略性新兴产业，促进平台经济、共享经济健康发展。

2020年9月，《国务院办公厅关于以新业态新模式引领新型消费加快发展的意见》要求，有序发展在线教育，推广大规模在线开放课程等网络学习模式，推动各类数字教育资源共建共享；进一步支持依托互联网的外卖配送、网约车、即时递送、住宿共享等新业态发展；推进快递服务站、智能决件箱（信包箱）、无人售贷机、智能垃圾回收机等智能终端设施建设和资源共享。

2021年12月，中央网络安全和信息化委员会印发的《“十四五”国家信息化规划》中，将“推动共享经济、平台经济健康发展”列为了重要任务。鼓励各类经济主体按照市场化配置方式推进生产资料共享，健全适应共享平台灵活就业的政策体系，支持企业开展“共享用工”。进一步降低个体经营者线上经营创业就业成本，引导互联网平台企业降低个体经营者相关服务费用。

（四）共享经济的优势和影响

1.共享经济推动互联网技术的发展和应用

充分利用互联网等现代信息技术是共享经济的一大特点。互联网等技术既是共享经济的推动力，也是持续发展的基础。信息技术和网络社会的普及，为人类生活带来了极大的便利，同时伴随着生活方式的创新，网络支付方式和基于云端的网络搜索、识别核实、移动定位等网络技术的流行，让跨时间跨空间的交流变成了可能，也大大降低了人们进行共享的交易成本。物联网的分布式、协同式特点和横向规模结构，使数以百万的人们聚集在巨大的协同共享体系中共同生产并分享其成果成为可能。发达的现代信息技术为共享经济的发展提供了基础，反过来共享经济进一步推动了互联网技术的发展和应用。

2.共享经济让闲置资源得到充分利用

强化使用权、弱化所有权是共享经济的特点，共享经济的一个重要特征就是改变了人们对传统消费观念的认知，强调消费的过程而不在意拥有的过程。以使用权替代所有权，如共享单车等，可以不需要拥有但能获得这辆车某一时段的使用权。从某种意义上讲，一方面在某个时间段内对于物品的使用和体验，比一直占有却大部分时间闲置更有价值；另一方面，从消费者对于共享经济模式的接受程度来看，关注使用权的消费方式可以极大地节约成本。

3.共享经济助力公平市场机制的建立

共享经济的另一个特点是轻资产形式、去中介化、分布式的商业模式运营，这种经济模式下每一个个体既是产品服务的供应者也是使用者，省去传统商业架构中的中介环节，通过使用者和被使用者之间的直接交流和对接，极大提升了信息对称度和沟通效率，也节约了时间和成本。去中心化、分布式的组织体系中交易双方都是平等的，能够很大限度地消除垄断和欺诈，形成公平、平等的交易市场。

4.共享经济节约社会公共成本

供应者和消费者角色互换并出现产销者，是共享经济带来的一个重大改变。在共享经济模式下，商品或服务的供应者和消费者角色转换频繁，界限模糊，这需要买卖双方都让位于产销者，即产权让位于资源共享，所有权让位于使用权，传统市场让位于互联网市场。这样可以极大地节约社会公共成本，提高资源的利用率。

5.共享经济带来多元性革新

共享经济的一个功能是移动互联网时代对闲置物品或服务进行共享，其依托互联网、信息技术和相关平台将分散的商品或服务进行整合，让闲置资源在供需方之间实现合理流转和优化配置，进而驱动商品的组织形态、利用方式、消费方式等方面的多元性革新。不仅便利了人们的生活，缓解了产能过剩现状，还为经济提供新的增长点，但也对现行的法律制度、政府监管、社会信用等方面提出了更为严峻的挑战。不断发展和完善现有的制度及措施，才能推动共享经济健康有序发展。

二、共享经济的运行与应用

（一）共享经济改变经济发展方式和消费方式

1.从扩大增量到深挖存量

传统的社会商业模式是通过提高生产效率、扩大生产规模、拓展生产空间，增加物质供给，来提高生活水平、增加人们福祉。如盖更多的房子、制造更多的汽车、生产更多的衣服等，这是在社会物质总量不断增加的基础上，提供人们最大化的优质服务。而共享经济则打破了原有的经济形态和模式，人们不再片面追求物资的丰裕度，而是通过共享的方式得到快速而精准的满足，即在不增加总供给的前提下，通过实现社会资源的优化配置，提高社会存量资源的利用率，来满足人们的需求，开辟了经济发展的新路径。

2.由购买、长租到高频的短租

传统模式下人们获得某种商品或服务的方式，主要有购买和租用两种。购买交易成本高，不是每个人都能承担，故大多数人一般选择长租，长租成本亦不菲。随着互联网信息技术的迅速发展及消费观念的转变，在线短租凭借能充分满足用户多元化和个性化的需求，成为年轻人出行住宿的新宠。受经济利益的驱动，许多企业纷纷聚集于此，于是市场上出现一大批短租平台，短租市场因此异军突起，发展迅速，并衍生出更多新形式，即在线短租、长租公寓，共享办公。除租房外，还有租车，租车一般是按天计算，这种方式常见于外出办公和旅游，经济实用、方便灵活，很受年轻人欢迎。共享经济能高效对接供需关系，极大地减少了时间消耗，降低了交易成本，使短租成为另一种常见方式。

3.由专职到灵活就业

随着市场经济的发展，人力资源越来越被看作可用于交易商品，且由于国家制度的健全和人本思想的普及，人力成本呈不断上升趋势，但人们的就业方式多是专职，且以劳动时间的长短作为给予报酬的重要标准，这不可避免地出现人力资源的闲置与错位。在共享经济和互联网技术、智能设备和物联网飞速发展的背景下，就业观念发生改变，灵活就业受到越来越多劳动者的青睐。信息技术还使组织结构和雇佣关系发生重大变化，个人与组织更多以商业伙伴形式出现，极大提高就业的灵活性，具体表现为兼职和分时就业等多种不同形式。

（二）共享经济的商业运行模式

1.平台取代传统企业

随着经济的高速发展，人民生活水平的不断提高，物质的不断丰裕，社会经济类型由短缺型经济向过剩型经济转变，人们的消费需要也日益多元，开始从物品的所有权向使用权转变，无论是个人还是企业，皆可以将所拥有的闲置物品分享给他人或用户，从而赚取利益。之所以能极大地节约成本，并为用户提供高效的服务，是因为共享经济通过与数据、智能终端计算机技术的结合，重新配置闲置资源，实现商品和服务的再分配。这就需要共享平台的转换和连接。

共享平台一方面吸纳闲置资源，另一方面引入需求方，构成“产能过剩+共享平台+人人参与”模式，在适当的时间对供需两者进行匹配，各取所需，交易结束后平台收取一定的管理费用。平台代替企业并不是简单地对供需方进行信息匹配，而是在信息综合分析、利用的基础上对闲置资源进行及时、充分的再分配，从而达到资源合理配置的最大化。

这种模式下，企业拥有资源的所有权，以企业为中心，通过平台将这些资源提供给需求者。需求者并不拥有这些资源，但通过有偿付费的方式，能够获得这些资源的使用权，方便快捷地与其他需求者一起分享资源。从企业角度来看，只是暂时出让资源的使用权，不变更所有权；从消费者角度来看，消费者只在特定的权限内拥有资源的使用权，且选择范围更广，同时节约了开支。

2.个体经济的出现——消费商

从新制度经济学角度看，市场和企业是两种可以相互替代的资源配置手段。市场上，由价格机制自动调节资源配置；企业里，由权威组织完成资源配置。互联网信息技术的普及，使信息流通更为快速精准，极大地减少了交易成本，当市场组织交易成本比企业内组织交易成本更低时，就导致传统企业边界收缩。在共享经济时代下，传统企业中的雇佣关系已经不再适应，取而代之的是合作与互助关心，这样就使得个体经济日益凸显。

随着移动互联网技术的不断创新与发展，没有单个企业能拥有资源的所有权。闲置或盈余的资源，分散在市场的各个角落，绝大多数资源的主体是个人，也可以是企业。在这个市场中，没有资源所有权的个体可以拥有这些资源的使用权。整个市场可以通过互联网信息技术平台，实现个体间的资源分享和交换。个体与个体之间都可以进行连接，产生分享行为，市场中多点的相互连接就形成了一张无中心、巨大的并可以无限延伸的网络。

个体经济借助于互联网技术强势“回归”，在共享平台下直接向需求方提供商品或服务，从而获取收益，并且这样构建的利益分配体系更加公平。因此个体已不再只是消费者的角色，只要个体拥有资源或手艺就能成为一名“商人”，以“消费商”的身份存在于社会中。个体经济的出现更多地体现在资本分割性较强的服务类行业中，与其他行业比较，此行业较多存在用小部分或无须资本就能单独提供产出的单个劳动者。

3.企业对企业的商业模式

所谓企业对企业的商业模式，也称B2B商业模式，即供应方和需求方都是企业。企业间可以通过某个平台，实现对企业闲置资源或盈余资源的共享与交换。这样供应方可以通过过剩资源的分享降低企业的运营成本，需求方可以通过非常低的成本来获取企业需要的资源，从而达到双赢的效果。

B2B的经济共享，使企业降低了运营成本，减少了不必要的开支，还能在一定程度上提高效率。这样可以使企业有更多的精力放在自己擅长的领域精耕细作，将一些不擅长的领域外包给专业性的组织，为消费者提供优质的服务与更为舒适的体验。从深层次讲，这种模式可以帮助企业简化资源，运作更为敏捷，更快地应对市场的变化。比如一些服务的平台出现系统崩溃或者服务器繁忙的时候，仍然可以打到一辆出租车，因此消费者的需求是否能够得到满足不一定非要依赖供使用的充足的资源。

（三）共享经济的应用领域

随着互联网技术、移动智能终端设备的普及和发展，共享式消费理念已被许多人接受，众多企业也开始了在共享经济领域的尝试，并占据了一定的市场份额。在中国，共享经济在发展初期主要围绕“住”与“行”两个方面展开。随着经济的发展、技术的进步和观念的改变，共享经济的范畴已经由住宿与出行扩展到各类相关的服务领域，如金融、物流、家政服务、医疗、教育、租赁等行业。

1.交通领域

一方面，近几十年来，随着我国经济的发展，汽车不再是人们的梦想，慢慢走进千家万户。越来越多的人拥有了私人汽车，特别是在城市地区，尤其是大城市，汽车出行已成为人们生活的一部分。但是，这也给城市带来了诸多问题，如交通压力增大、环境质量下降、空驾驶率高等，随着时间的推移，这些矛盾日渐显现。为保护环境和降低交通压力，政府在大城市出台了诸多限行的措施，使出行领域的供需矛盾凸显。另一方面，随着互联网技术的完善和移动支付手段的普及，将人们置于同一空间平面之中，人们将闲置的汽车或车位充分利用成为可能。

交通是共享经济在全球范围内影响最广的一个领域，也是我国应用最多的领域。共享交通满足了消费者“求而不得”的自驾需求，有效避免了车辆闲置资源无法被有效利用带来的浪费。虽然共享交通出现了一些问题，但随着信息技术的改善和政策法规的完善，共享出行行业也逐渐规范化，针对行业中出现的种种问题，各地政府陆续出台各种政策性文件和相应措施，管理其中存在的问题，以促进共享出行行业健康发展。共享交通主要有共享租车、共享驾乘、共享自行车、共享停车位等类型。

交通出行的共享基于巨大存量市场，通过信息平台把社会上大量闲置的各类车资源、司机资源、停车位资源等置于一个大的网络之中，成为一个整体，在改变人们出行方式的同时，又提升了交通闲置资源的利用率，有很好的发展前景。

2018年3月发布的《中国共享单车行业发展报告（2018）》显示，2017年我国累计投放单车约2300万辆、覆盖200个城市；全行业累计注册用户2.21亿人，累计骑行299.47亿千米。科学、规范、有序地推动共享单车的发展，能优化交通结构，改变人们的生活理念，走向绿色低碳的生活方式。

2.住宿领域

随着人们生活观念和消费方式的不断变化，传统酒店和宾馆已经逐渐无法满足消费者的多元化需求，加上互联网电商的日渐成熟，以及用户对短期租赁的需求越来越大，催生了线上短租在中国的发育和成熟。

2011年开始涌现的爱日租、蚂蚁短租等一系列在线短租企业，标志着短期租赁的正式起步。这些短租企业在为旅途中的人们带去更具个性化服务的同时，也进一步提高了资源的利用效率，使得部分闲置资源发挥经济价值。“线上短租”是共享住宿的典型代表，即房屋所有者把自己的房源信息通过线上途径公布出来，有短租需求的用户可以在网页浏览房屋信息，对于中意的房源客户可以在线与房主交流直到交易成功。目前，短租房源分布主要集中在一线城市和旅游景区，但随着经济的发展、交通的便利和消费观念的转变，共享住宿正向周边及二、三线城市扩散，成为人们喜爱的常用租赁方式。

2018年5月发布的《中国共享住宿发展报告（2018）》显示，2017年我国共享住宿市场交易规模约145亿元，参与者人数约为7800万人，共享住宿平台内的国内房源数量约为300万套。2020年我国共享住宿市场交易规模达到500亿元，共享房源超过600万套，房客数会超过1亿人；“民宿+”将引领行业生态化潮流，进一步拓宽就业创业渠道，增加城乡居民收入。

2018年11月，国家信息中心分享经济研究中心召开的专家研讨会，在经过业内权威专家、龙头平台企业、经营者等多方论证后，我国共享住宿领域首个标准性文件《共享住宿服务规范》发布。这也是我国共享经济领域的首个标准性文件，是共享经济标准化体系建设方面的一个重要探索。

2019年5月，国家信息中心发布《中国共享经济发展年度报告（2019）》，报告显示，2018年全国共享住宿业交易额165亿元，同比增长37.5%，占全部住宿业客房收入的6.1%；参与者1.3亿人，其中服务提供者超过400万人。

2020年7月，《关于支持新业态新模式健康发展 激活消费市场带动扩大就业的意见》明确提出，鼓励共享出行、餐饮外卖、团购、在线购药、共享住宿、文化旅游等领域产品智能化升级和商业模式创新，发展生活消费新方式，培育线上高端品牌。鼓励发展“共享住宿”首次写入我国的政府文件。

3.物流领域

共享物流是通过共享物流资源，实现物流资源优化配置，提高物流系统效率，降低物流成本，变革物流系统而形成的新模式，是共享经济的重要领域。共享物流围绕共享配送资源、共享仓储资源、共享物流信息资源、共享物流技术与装备资源及跨界共享来实现各类共享物流创新，如车主在返程或拼货过程中，可在线发布运输供应，满足更多用户在物流运输方面的需求，以此提升车辆使用率，降低用户物流成本。据统计，目前国内有3000多万辆货车，平均空载率40%以上，尤其是返程空载，成为物流共享的基础。基于发达的物流信息网络数据，实时跟踪每辆货车的多余空间，并将其智能共享给需要的客户，云鸟、人人快递公司建立了中国共享物品，减少货车空跑，充分实现运力效益最大化。

三、发展共享经济的对策

（一）制定共享经济发展战略

共享经济有效提高了社会资源的利用率，一定程度上缓解了资源紧张局面，但共享经济的快速发展带来的问题也越来越多。只有把握共享经济发展的特征，做出顺应共享经济发展规律的战略调整，才能促进共享经济的健康持续发展。《关于促进分享经济发展的指导性意见》提出了加强预期引导、优化发展环境，促进分享经济发展的指导性意见。

1.制定相应法规和管理办法

促进分享经济更好更快发展，必须加强释法、修法工作，按程序及时调整不适应分享经济发展和管理的法律法规与政策规定，不断优化法律服务。在相关立法工作中，根据国家有关战略部署和分享经济发展特点进行设计，加强制度与监管的适应性。根据需要及时研究制定分行业分领域分享经济管理办法。

要深入推进简政放权、放管结合、优化服务改革，按照“鼓励创新、包容审慎”的原则，发展与监管并重，积极探索推进，加强分类指导，创新监管模式，促进协同治理，健全法律法规，维护公平竞争，强化发展保障，充分发挥地方和部门的积极性、主动性，支持和引导各类市场主体积极探索分享经济新业态新模式。

合理界定不同行业领域分享经济的业态属性，分类细化管理。加强部门与地方制定出台准入政策、开展行业指导的衔接协调，避免用旧办法管制新业态，破除行业壁垒和地域限制。清理规范制约分享经济发展的行政许可、商事登记等事项，进一步取消或放宽资源提供者市场准入条件限制，审慎出台新的市场准入政策。要出台各项市场准入、监管措施，事先公开征求公众意见，充分开展咨询评估，提高政策透明度。坚持底线思维，增强安全意识，严格规范准入条件。

2.建立多方协同治理机制

坚持包容审慎的监管原则，探索建立政府、平台企业、行业协会及资源提供者和消费者共同参与的分享经济多方协同治理机制。强化地方政府自主权和创造性，做好与现有社会治理体系和管理制度的衔接，完善分享经济发展行业指导和事中事后监管。充分利用云计算、物联网、大数据等技术，创新网络业务监管手段。加快网络交易监管服务平台建设，实施线上线下一体化管理。平台企业要加强内部治理和安全保障，强化社会责任担当，严格规范经营。行业协会等有关社会组织要推动出台行业服务标准和自律公约，完善社会监督。资源提供者和消费者要强化道德约束，实现共享共治，促进分享经济以文明方式发展。

科学合理界定平台企业、资源提供者和消费者的权利、责任及义务，明确追责标准和履责范围，研究建立平台企业履职尽责与依法获得责任豁免的联动协调机制，促进行业规范发展。平台企业应建立相应规则，严格落实网络主体资格审查，保护消费者合法权益，积极协助政府监督执法和权利人维权。资源提供者应履行信息公示义务，积极配合相关调查。消费者应依法合规使用分享资源。

引导平台企业建立健全消费者投诉和纠纷解决机制，鼓励行业组织依法合规探索设立分享经济用户投诉和维权的第三方平台。依法严厉打击泄露和滥用用户个人信息等损害消费者权益行为。加强对分享经济发展涉及的专利、版权、商标等知识产权的保护、创造、运用和服务。鼓励金融机构结合分享经济需求，创新金融产品和服务。研究制定适应分享经济特点的保险政策，积极利用保险等市场机制保障资源提供者和消费者的合法权益。

鼓励和引导分享经济企业开展有效有序竞争。切实加强对分享经济领域平台企业垄断行为的监管与防范，维护消费者利益和社会公共利益，营造新旧业态、各类市场主体公平竞争的环境。严禁以违法手段开展竞争，严厉打击扰乱正常的生产经营秩序的行为。

3.推进共享平台建设

积极发挥全国信用信息共享平台、国家企业信用信息公示系统和金融信用信息基础数据库作用，依法推进各类信用信息平台无缝对接，打破信息孤岛，建立政府和企业互动的信息共享合作机制，充分利用互联网信用数据，对现有征信体系进行补充完善，并向征信机构提供服务。积极引导平台企业利用大数据监测、用户双向评价、第三方认证、第三方信用评级等手段和机制，健全相关主体信用记录，强化对资源提供者的身份认证、信用评级和信用管理，提升源头治理能力。依法加强信用记录、风险预警、违法失信行为等信息在线披露，大力推动守信联合激励和失信联合惩戒。平台企业要健全信用信息保全机制，承担协查义务，并协同有关部门实施失信联合惩戒措施。

鼓励和支持具有竞争优势的分享经济平台企业有序“走出去”，加强对外交流与合作，积极开拓国际市场，构建跨境产业体系，打造国际知名品牌，培育具有全球影响力的分享经济平台企业。

大力推动政府部门数据共享、公共数据资源开放、公共服务资源分享，增加公共服务供给，提升服务效率，降低服务成本。完善相关配套政策，加大政府部门对分享经济产品和服务的购买力度，扩大公共服务需求。在城乡用地布局和公共基础设施规划建设中，充分考虑分享经济发展需求。鼓励企业、高校、科研机构分享人才智力、仪器设备、实验平台、科研成果等创新资源与生产能力。

4. 制定政策鼓励创业

要积极发挥分享经济促进就业的作用，研究完善适应分享经济特点的灵活就业人员社会保险参保缴费措施，切实加强劳动者权益保障。加大宣传力度，提升劳动者的自我保护意识。对与从业者签订劳动合同的平台企业，以及依托平台企业灵活就业、自主创业的人员，按规定落实相关就业创业扶持政策。

研究完善适合分享经济特点的税收征管措施。依法加强对平台企业涉税信息的采集和税收风险分析工作，加快推进线上线下一体化管理。推广应用电子发票，不断提高分享经济纳税服务的信息化水平，持续增强分享经济纳税服务能力。

5. 建立评价体系

建立健全反映分享经济的统计调查指标和评价指标。充分运用大数据等信息技术手段，创新统计调查方法，推动部门统计信息共享，多渠道收集相关数据并建立数据库，完善统计核算，科学准确评估分享经济在经济发展、改善民生、促进就业和增加居民收入、扩大国内消费等方面的贡献。

（二）构建共享经济发展的氛围

1. 创造良好发展环境

《关于促进分享经济发展的指导性意见》提出：各地区、各部门要担起责任，主动作为，切实加强对分享经济的深入研究，因地制宜，不断完善发展环境，创造良好社会预期，务实推进分享经济健康快速发展。鼓励有条件的行业和地区先行先试，充分发挥专业化众创空间、科技孵化器的支撑作用和双创示范基地的示范作用，不断提升服务能力，积极开展相关探索实践。“互联网+”行动部际联席会议要加强对分享经济发展的统筹协调和政策解读，条件成熟时推动成立分享经济专家咨询委员会，为政府决策提供重要支撑。

2. 建设全社会互信机制

资源共享是一种基于信任基础之上构建的形式，陌生人之间无法在短时间内构建一定的信任，这就需要构建一个信任的共享平台，通过品牌信任及数据共享平台的信任，来推动共享经济的发展。因此，我们必须要综合实际状况，构建完善的、有效的具有控制、公平、透明化以及公开化的控制平台，通过对支付管理、效果评估、客户沟通、保险索赔以及信用系统的构建，以保障各项经济权益，进而为共享经济的发展奠定基础。

共享经济中，大部分的消费都需要相信素未谋面的陌生人。而这种信任也是相互的，供给方要相信自己的东西不会被恶意损坏或占有，需求方要相信为自己提供服务或产品的人是值得信赖和可靠的，而不用担心因此而面临的钱财损失或是人身安全的威胁。如果缺乏这种信任，共享经济将难以扩大受益范围、共享发展红利。这需要建立安全稳妥的信用体系来保证双方可以安全地交易，让交易双方可以在没见面时就有可保证的安全感。

3.充分激活市场主体

随着经济的发展和信息技术产业的发展，特别是智能手机的普及，越来越多的民众被纳入统一的互联网市场中，人们在享受互联网带来便利的同时，也在有意无意之时参与着共享经济的发展，成为共享经济的重要推动者。所以必须充分相信民间的力量，调动各种闲置资源，满足多元化需求，让民间力量成为推动共享经济发展的主力军。

4.转变消费观念

随着年轻一代消费群体对网络的依赖度不断提升，借助互联网优势出现的共享模式逐渐得到更多消费者的认同和青睐。年轻一代不只是强调拥有，而是讲究实用、方便。对于自己不需要的物品更愿意放在二手交易平台上进行交易变现，而不是闲置。这种消费以“使用”为主，不仅最大化地合理利用了资源，更避免了资源的浪费。因此，政府和社会理应鼓励共享观念的健康发展，使之成为全社会都认可接受的理念。在这样的观念驱使下，势必会形成人人都参与共享经济发展的氛围，从而促进共享经济的持续健康发展。

（三）加强共享平台信息安全管理

1.加强平台应用系统风险分析

平台应用安全风险主要是指共享平台的网络信息系统中各应用系统所面临的各种安全风险，包括业务应用平台、数据应用平台、Web平台、FTP服务器等网络基本服务。这些平台、系统和服务主要依赖Web浏览器等通用软件，或者依赖商用数据库、中间件等应用开发平台所开发的应用软件，这些通用程序和第三方开发的应用程序自身的安全漏洞和配置不当造成的安全脆弱性，会导致整个系统的安全性下降。由于科技创新平台建设网络覆盖面广，用户多，技术人员水平不一，设备使用措施与管理也存在一定的风险。同时，对于安全区域内发生的突发安全事件，现有的技术和管理手段很难迅速准确地对风险做出响应，也无法快速定位威胁来源在哪里，更无法及时调整安全策略来应对这样的安全事件。因此，我们必须加大平台应用系统自身的安全建设，提高抵御外部风险和应对突发事件的能力。

2.建立有效的网络安全评估

要采用双重方案对网络平台信息进行安全评估。一是安装网络安全性扫描分析系统。通过实践性的方法扫描，分析网络系统，检查报告信息系统存在的弱点和漏洞，及时提出建议补救措施和安全策略，然后根据扫描结果配置或修改网络系统，达到增强网络安全性的目的。二是安装操作系统安全扫描系统。从操作系统的角度，以管理员的身份对独立的系统主机的安全性进行评估分析，找出用户系统的配置、用户配置的安全弱点，建议补救措施，提高整个网络的安全级别。

第四章

Chapter 4

三大类绿色经济产业

第一节　智能农业

智能农业是信息时代绿色经济的一个全新产业，是“互联网+农业”的新经济形态，成为农业创新发展的重要驱动力量。发展智能农业，有助于改造和升级传统农业，进一步加快生态农业的发展步伐，保护生态环境和保障食品安全，为乡村的振兴和绿色发展提供强大的支撑。

一、智能农业的内涵

（一）智能农业的概念

智能农业是用互联网技术、物联网技术、云计算技术、3S技术等现代信息技术和现代生物技术，通过设立在农业生产现场的各种传感器和装备，对农业生产环境进行智能感知、智能分析、智能预警、智能决策，依托专家知识库，更动态、更精准地对农业生产进行智能管理，利用物联网技术建立农产品溯源系统，全程监控农产品的加工、流通、消费各个环节以保障食品安全，同时大力发展农产品电子商务。

在发达国家的农业发展中，以色列、美国、澳大利亚等国的智能农业发展显示出信息时代的特色，其农业设施技术完善、设备先进成套、生产过程规范，保证了农作物产量稳定、质量可靠。在美国加利福尼亚州著名的农业区萨利纳斯山谷，美国一流的科技公司、农业企业、高等院校、风险投资公司共同合作一个利用先进传感器和移动技术打造“智能农场”的“斯坦贝克创新集群”项目。农场主可以通过土壤传感器，在数百千米外就可以利用平板电脑随时监控土壤水分含量，还能利用各种设备跟踪蔬菜从田地到超市货架的过程，识别潜在的污染源。艾奥瓦州的先锋种子公司开发了“土地360软件”，农场主通过智能手机、平板电脑就可得到田间数据、实时农艺、气象信息等，随时监控田间情况，并能与种子公司技术人员互动交流。

2013年4月，农业农村部办公厅印发了《农业物联网区域试验工程工作方案》，以加快推进农业物联网应用发展，促进我国农业生产方式的转变。2016年中央“一号文件”《关于落实发展新理念加快农业现代化 实现全面小康目标的若干意见》指出，大力推进“互联网+”现代农业，应用物联网、云计算、大数据、移动互联网等现代信息技术，推动农业全产业链改造升级。我国众多地区投巨资发展智能农业，农业农村部2013年选择天津、上海、安徽开展农业物联网区域试点试验工作，天津市建设设施农业与水产养殖物联网试验区，上海市建设农产品质量安全监管试验区，安徽省建设大田生产物联网试验区。2024年中央一号文件发布《中共中央 国务院关于学习运用“千村示范、万村整治”工程经验有力有效推进乡村全面振兴的意见》，这是党的十八大以来第12个指导“三农”工作的中央一号文件。文件指出，提升乡村产业发展水平，做好“土特产”文章，坚持产业兴农、质量兴农、绿色兴农，把农业建成现代化大产业。促进农村一、二、三产业融合发展，推动农产品加工业优化升级，推动农村流通高质量发展，加快构建农林牧渔并举、产加销贯通、农文旅融合的现代乡村产业体系。

《中华人民共和国国民经济和社会发展第十三个五年规划纲要》强调“推进农业信息化建设”，推动信息技术与农业生产管理、经营管理、市场流通、资源环境等融合；实施农业物联网区域试验工程，推进农业物联网应用，提高农业智能化和精准化水平。推进农业大数据应用，增强农业综合信息服务能力。鼓励互联网企业建立产销衔接的农业服务平台，加快发展涉农电子商务。发展“智慧农业”，实施“互联网+”现代农业，对大田种植、畜禽养殖、渔业生产等进行物联网改造，支持电商、物流、商贸、金融等企业参与涉农电子商务平台建设，建设农业信息监测分析预警体系。

《中华人民共和国国民经济和社会发展第十四个五年规划和2035年远景目标纲要》指出，增强农业综合生产能力，加强大中型、智能化、复合型农业机械研发应用，农作物耕种收综合机械化率提高到75%。加强种质资源保护利用和种子库建设，确保种源安全。加强农业良种技术攻关，有序推进生物育种产业化应用，培育具有国际竞争力的种业龙头企业。完善农业科技创新体系，创新农技推广服务方式，建设智慧农业。

2015年，杭州市出台了《杭州市智慧农业发展“十三五”规划（2016—2020年）》，大力发展智慧农业。

2016年8月，《全国农业农村信息化发展“十三五”规划》提出，通过大幅提升农业生产智能化水平、经营网络化水平、管理数据化水平、服务在线化水平，2020年“互联网+”现代农业建设取得明显成效，农业农村信息化水平明显提高，信息技术与农业生产、经营、管理、服务全面深度融合，信息化成为创新驱动农业现代化发展的先导力量。

2016年10月，《全国农业现代化规划（2016—2020年）》提出，发展智慧农业引领工程。对大田种植、畜禽养殖、渔业生产等进行物联网改造，建成10个农业物联网应用示范省、100个农业物联网应用示范区、1000个农业物联网应用示范基地。建设村级益农信息社，2020年基本覆盖所有行政村。建设全球农业数据调查分析系统，改造升级国家农业数据中心。建设基于卫星遥感、航空无人机、田间观测一体化的农业遥感应用与研究中心。

2021年11月《“十四五”推进农业农村现代化规划》指出，发展智慧农业，建立和推广应用农业农村大数据体系，推动物联网、大数据、人工智能、区块链等新一代信息技术与农业生产经营深度融合；建设数字田园、数字灌区和智慧农（牧、渔）场。

智能农业是走向生态文明社会的基础，是保证经济和社会持续发展的先决条件。

（二）智能农业的特点

智能农业是传统农业技术、现代工业技术和信息技术在农业领域的综合应用，与传统农业相比，具有鲜明的时代特征。

1.精确科学

在农业生产环节，通过实时监控监测功能系统获取土壤温度、土壤水分、空气温度、空气湿度、气压、光照强度、植物养分含量等植物生长环境信息和其他相关参数，经过综合服务平台、数据中心的大数据处理，利用终端设备精准地自动控制灌溉、调温、施肥、喷药等，保障农业生产环境的最佳适宜度。智能农业的科技服务和电子商务网络，可以使从业人员随时随地通过网络学习咨询，了解最新农业技术和市场行情，专家通过网络传授知识和指导生产，保证农业生产的科学性。

2.节约资源

智能农业的系统集成了土壤信息采集、定位、遥感监测、环境监测、智能化农机、专家等系统，在农业生产中可以根据实际需要投放生产资料，合理地使用土地，使资源投入最小化，减少对不可再生资源的利用，对于改善生态环境、节约有限资源、调动土壤生产力有巨大的作用，可以实现农业的生态效益、经济效益、社会效益的有机统一。

3.低碳持续

智能农业中采用了大量的现代化智能机械，使单位产出所需要的能源消耗不断下降，提高了能源的使用效率，同时也使能源消费的碳排放比重下降，减少了二氧化碳的排放，降低温室效益对农业生产的影响，实现农业的持续发展。

4.绿色透明

智能农业既强调农业生产，又关注生态环境保护，精准用料、节约水资源、循环利用农业废弃物，生产绿色农产品的同时也保护了绿水青山。同时，智能农业的信息系统记录农产品生产过程中的环境、气候、农事记录、农残监测，以及农产品的加工、配送等环节的信息，使消费者通过扫描农产品的二维码追溯到其全部信息，给消费者提供了透明的追溯农产品质量安全的渠道，保证了食品安全。

（三）智能农业的作用

智能农业符合农业生态化的发展方向。

首先，发展智能农业可以保护农业和农村的生态环境，智能农业重视复合农业生态系统的重要性，将农田、林地、养殖场作为生态环境的一个组成部分，用现代科学技术定量施肥、排污，防止面源污染，节约资源，提高资源利用率和产出率，保护生态环境。

其次，发展智能农业可以保障食品安全，智能农业通过对农业生产过程中水、土、气的实时监测，保证农作物的品质不受污染，在流通过程中的农产品追溯系统实现农产品质量跟踪、溯源和管理。

再次，发展智能农业可以促进规模生态效益农业，利用物联网技术提高传统农业管理水平和农业生产经营效率，增强农业生产对自然环境风险的应对能力，推动生态农业向规模效益农业发展。

复次，发展智能农业大大拓展了农业的深度和广度，实现农田、林地、养殖场、微生物培植场与农业生产者、技术研发人员、营销人员、消费者的有机互联，同时信息化的农业科技和电子商务网络服务体系提高了传统农业的科技含量，随时可获取各种科技知识和农产品供求信息，实现传统农业向信息化农业的发展。

最后，发展农业智能推动农业电商的普及，促进传统农业的转型。农产品的买卖通过互联网交易平台，可以减少中间环节，增加农民收益，增强农业和农村发展的后劲。

二、智能农业的运营

（一）智能农业的生产

多年来我国在物联网、大数据、空间信息、移动互联网等信息技术在农业生产的在线监测、精准作业、数字化管理等方面得到不同程度应用。

在大田种植上，遥感监测、病虫害远程诊断、水稻智能催芽、农机精准作业等开始大面积应用。在设施农业上，温室环境自动监测与控制、水肥药智能管理等加快推广应用。在畜禽养殖上，精准饲喂、疫情监测、自动挤奶等在规模养殖场实现广泛应用。在水产养殖上，水体监控、饵料自动投喂等快速集成应用。国家物联网应用示范工程智能农业项目和农业物联网区域试验工程深入实施，在全国范围内总结推广了几百项节本增效农业物联网软硬件产品、技术和模式。

1.智能种植业

智能种植业就是用现代信息技术和生物技术改造传统种植业，保证粮、棉、油、麻、丝、茶、糖、菜、烟、果、药和其他农作物产量的稳步增长和食品安全。传统种植业生产过程中，大自然的环境和种植者的经验对农作物的收成起了决定性的作用。在很大程度上，传统农业靠天吃饭，农作物生长过程中水分的补充、肥料的添加、农药的采用基本以经验为主，工业化的种植业不仅造成了有限生产资料资源的浪费，增加农产品成本，还造成了面源污染，带来严重的食品安全问题。实行种植业生产的智能化，通过采用智能传感、现代通信、大数据处理、自动和智能控制等先进技术，动态监测温度、土壤温湿度、土壤水分、光照度、二氧化碳、基质养分等环境参数，通过生产现场的自动化设备的智能控制，科学合理地用水、施肥和用药，远程诊断病虫害，使植物生长环境达到最佳状态，实现对农作物的精准管护，使种植业生产低耗高效、农产品优质高产。

《“十三五”全国农业农村信息化发展规划》提出，充分利用土地承包经营权确权登记成果，在高标准农田、现代农业示范区等大宗粮食和特色经济作物规模化生产区域，构建“天—地—人—机”一体化的大田物联网测控体系，加快发展精准农业。大力推广水稻智能催芽、测土配方施肥、水肥一体化精准灌溉、航空施药和大型植保机械等智能化技术和装备。加强遥感技术在监测土壤墒情、苗情长势、自然灾害、病虫害、轮作休耕和主要农产品产量等方面的应用。加快基于北斗系统的深松监测、自动测产、远程调度等作业的大中型农机物联网技术推广。在设施农业领域大力推广温室环境监测、智能控制技术和装备，重点加快水肥一体化智能灌溉系统的普及应用。加强分品种温室作物生长知识模型、阈值数据和知识库系统的开发与应用，不断优化作物的最佳生产控制方案。加强果蔬产品分级分选智能装备、花果菜采收机器人、嫁接机器人的研发示范，应用推广智能化的植物工厂种植模式。

《“十四五”全国农业农村信息化发展规划》提出，发展智慧种植。推进智慧农场建设，加快信息技术与农机农艺深度融合，推动智能感知、分析、控制等技术和装备在大田种植和设施园艺领域集成应用，实现生产全程机械化、投入品施用精准化、田间管理在线化。加快发展遥感监测、物联网测控、大数据分析等技术，提升墒情、苗情、虫情、灾情等“四情”监测能力和气象预测预报能力。加快建设农作物病虫害信息化监测网络，实现重大病虫害智能化识别、调度和分析展示。充分利用第三次土地普查、耕地质量监测评价有关数据，持续推进测土配方施肥。完善农药数字监管平台，提升农药数字化监管手段，推进农药质量追溯体系和生产企业诚信体系建设。

2.智能林业

智能林业是利用现代信息技术，通过林业生产的立体感知、管理的协同高效、服务的内外一体，实现林业的感知化、物联化和智能化，凸显林业的生态价值，推进林业高效高质量发展。林业生产占地面积大、受地理环境制约强，而且周期长、见效慢，传统的造林、管护、抚育、木材生产消耗大量的资源和人力，已经不能适合生态保护、经济发展的要求和应对全球气候变化的重任。

2013年8月，国家林业和草原局印发的《中国智慧林业发展指导意见》提出，2020年我国的智慧林业框架基本建成，泛在化的信息基础设施高端完善、智能化的管理服务系统协同高效、最优化的生态价值全面显现、一体化的综合保障体系完备有效，生态经济社会价值大幅提升，有力支撑林业改革发展。实行林业生产的智能化，通过云计算、物联网、大数据、虚拟现实、移动互联网、3S及北斗导航等先进技术的应用，实现林业立体化感知体系全覆盖。建成完备的林区无线网络及林木感知、林区环境感知、林业管理智能感知等方面林业物联网，全面加强各种传感设备在林业资源监管、林产品运输等方面的布局应用，为动态监测植物生长生态环境、有效管理林业资源提供支撑。

2019年，国家林业和草原局发布了《关于促进林业和草原人工智能发展的指导意见》，标志我国林草人工智能建设进入新时代，形成了以新一代林业信息技术为支撑的现代林业信息化顶层设计体系。

2020年，国家林业和草原局调查规划设计院研发的“国家森林资源智慧监测和数字管理平台”发布，为我国森林资源智慧监测和管理提供了智能化服务，完善了我国智慧林业综合管理平台架构。

3.智能畜牧业

智能畜牧业就是用现代信息技术和生物技术改造传统畜牧业，实现畜牧业生产管理的任务化、实时化、无纸化和精细化，保证动物产品的安全。传统畜牧业养殖规模小、单产水平低、人工投入大、卫生条件差、管理技术落后、对环境污染大，无法有效地保证动物产品的安全。实行畜牧业的智能化，采用物联网技术，通过传感器获取养殖场的空气温度和湿度、二氧化碳、氨气、硫化氢等信息，通过智能终端远程监控现场情况，及时调整温湿度、通风、光照，精准饲喂、自动清粪、自动挤奶和取蛋，监测疫情，从而大大降低人工成本、节能降耗、健康科学养殖。在欧盟、北美和澳大利亚等国家和地区，将动物电子耳标（RFID标签）技术应用于畜类追溯管理系统，为每头牛羊建立永久性的数码档案，对每头牛羊进行监控与管理，实现了养殖的数字化和精细化管理。

《“十三五”全国农业农村信息化发展规划》提出，以猪、牛、鸡等主要畜禽品种的规模化养殖场站为重点，加强养殖环境监控、畜禽体征监测、精准饲喂、废弃物自动处理、智能养殖机器人、网络联合选育系统、智能挤奶捡蛋装置、粪便和病死畜禽无害化处理设施等信息技术和装备的应用。加强二维码、射频识别等技术应用，构建畜禽全生命周期质量安全管控系统。加强动物疫病监测预警，提升重大动物疫病防控能力。

《"十四五"全国农业农村信息化发展规划》提出，推进智慧牧场建设，加快规模养殖场数字化改造，推进环境感知、精准饲喂、粪污清理、疫病防控等设备智能化升级，推动生产全过程平台化管理。加强肉蛋奶产能监测，开展行业运行态势分析和预警。加强动物疾病监测、诊断和防控信息化建设，完善重大动物疫情测报追溯体系，实现重大动物疫情实时监测、风险研判、早期预警和态势预报。升级完善国家畜牧兽医综合信息平台，推进养殖场数据直联直报，强化饲料、兽药监管追溯，实现畜牧业生产、流通、屠宰各环节信息互联互通。

4.智能渔业

智能渔业就是用CIS技术、组网监控技术、智能图像识别技术、智能报警联动技术等信息技术改造传统的渔业生产，实现密度合理、高产值和高效益的标准化养殖模式，不断提高水产品的产量和质量。传统的养殖模式技术落后，缺乏必要的基础设施，养殖水域二次污染严重、环境趋于恶化，养殖品种单一常规，不能有效地利用水产资源。实行智能化的水产养殖，可以对养殖环境、水质、鱼类生长状况、药物使用、废水处理等进行全方位监测和管理，通过智能化控制系统远程控制和管理，降低养殖风险，提高养殖效益。

《"十三五"全国农业农村信息化发展规划》提出，加快渔业物联网示范应用，在水产养殖重点区域推广应用水体环境实时监控、饵料自动精准投喂、水产类病害监测预警、循环水装备控制、网箱升降控制等信息技术和装备，加强陆基工厂、网箱、工程化池塘养殖的信息技术应用，开展深远海养殖平台的研发与应用，努力实现水产养殖装备工程化、技术精准化、生产集约化和管理智能化。大力推广北斗导航技术在渔船监测调度和远洋捕捞中的应用，为海洋渔船配备卫星通信、定位、导航、防碰撞等渔船用终端，升级改造渔业通信基站，完善全国海洋渔船渔港动态监控管理系统，升级改造中国渔政管理指挥信息平台，提高渔业生产信息服务水平，保障渔业生产安全。

《"十四五"全国农业农村信息化发展规划》提出，推进智慧渔场建设，加快池塘、工厂化循环水、深水网箱、鱼菜共生等养殖模式的数字化改造，推进水质在线监测、智能增氧、精准饲喂、尾水处理、疫病防控、水产品分级分拣等技术应用。推广渔船卫星通信、定位导航、鱼群探测、“插卡式AIS”、电子监控、电子渔捞日志等船用终端和数字化捕捞装备，开发电子观察员、捕捞机器人，实现远洋捕捞渔船实时监控和精准捕捞。推进海洋牧场信息化建设，开展深远海养殖平台、无人渔场等先进养殖系统试验示范。建设完善渔业渔政管理信息和公共服务平台，推进沿海和长江禁渔监管信息化能力建设和智慧渔港建设，提升渔业渔政管理信息化水平。

我国农业生产智能化的发展目标是：核心技术、智能装备研发与集成应用取得重大突破，大田种植、设施园艺栽培、畜禽水产养殖、农机作业、动植物疫病防控智能化水平显著提高，适宜农业、方便农民的低成本、轻简化、“傻瓜”式信息技术得到大面积推广应用，农业物联网等信息技术应用比例达到17%。

我国智慧农业发展目标是：智慧农业技术、产品初步实现产业化应用，农业生产信息化率达到27%，农产品年网络零售额超过8000亿元。建设100个国家数字农业创新应用基地，认定200个农业农村信息化示范基地。

（二）智能农业的管理

智能农业管理是应用物联网、云计算、大数据、移动互联网等现代信息技术，对农业生产总过程中生产、交换、分配与消费等经济活动进行计划、组织、策划、控制、协调，有效地使用人力、物力、财力和自然资源，改造升级农业的全产业链。

“十二五”时期，我国的金农工程建设任务圆满完成并通过验收，建成国家农业数据中心、国家农业科技数据分中心及32个省级农业数据中心，开通运行33个行业应用系统，视频会议系统延伸到所有省份及部分地市县，信息系统已覆盖农业行业统计监测、监管评估、信息管理、预警防控、指挥调度、行政执法、行政办公七类重要业务。农村土地确权登记颁证、农村土地承包经营权流转和农村集体“三资”管理信息系统与数据库建设稳步推进。农业农村部行政审批事项基本实现网上办理，信息化对种子、农药、兽药等农资市场监管能力的支撑作用日益增强。农产品质量安全追溯体系建设快速推进。建成中国渔政管理指挥系统和海洋渔船安全通信保障系统，有效促进了渔船管理流程的规范化和“船、港、人”管理的精准化。农业各行业信息采集、分析、发布、服务制度机制不断完善，创立中国农业展望制度，发布《中国农业展望报告》，市场监测预警的及时性、准确性明显提高。农业大数据发展应用开始起步。

“十四五”期间，农业农村部在农业信息技术学科群，布局建设了22个部级重点实验室，开展农业信息获取技术、农业监测预警技术、农业大数据、智慧农业、物联网技术集成与应用等领域的科技创新和应用研发；在农业遥感学科群，布局建设了6个部级重点实验室，开展耕地利用、草地生态、农业灾害、渔业等领域遥感技术研发，为大数据应用实践提供科研支持。

从宏观层面看，利用大数据的智能分析，及时调整农业政策，指导农业合理有序地发展，建设农产品追溯体系、价值体系、营销策划体系、监督管理体系；从微观层面看，使农业生产管理、经营管理、市场流通管理、资源环境管理科学化、标准化，促进农业经营主体保护生态环境，节约资源，提供更多的优质农产品。

智能农业的管理将现代信息技术，引入农业的产前经营预测、计划制订、物资管理、生产中的空间和时间管理、农产品分类包装管理、农产品加工储运管理、农产品质量安全管理与产品溯源、农产品销售组织管理、农业科学技术管理、农业科技项目管理、土地资源利用与管理、土地规模经营的风险管理、土地整治和水土保持管理、农业环境管理、农业自然资源开发利用与管理等。

实现农业管理的智能化，在保证农产品安全和提高产量的同时，节约资源、保护生态环境，把我国的劳动密集型农业产业发展为智能化、生态化的农业产业，进一步提高农民收入，发展农村经济，振兴乡村，增强农业的基础地位。

我国农业管理数据化的发展目标是：农业农村大数据建设取得重大进展，全球农业数据调查分析系统初步建成，国家农业数据中心完成云化升级，“互联网+”政务服务建设任务全面完成，农业行政审批、农产品种养殖监管和农资市场监管、土地确权和流转管理、渔政管理等信息化水平明显提升，国家农产品质量安全追溯管理信息平台建成运行。

（三）智能农业的服务

农业服务业是农业的重要内容，也是现代服务业的组成部分。随着农业农村发展进入新的历史阶段，互联网的普及和物联网技术在农业服务领域的应用，给传统农业服务业注入了新活力。

“十二五”时期，“三农”信息服务的组织体系和工作体系不断完善，形成政府统筹、部门协作、社会参与的多元化、市场化推进格局。农业农村部网站及时准确发布政策法规、行业动态、农业科教、市场价格、农资监管、质量安全等信息，日均点击量860万人次，成为服务农民最有权威性、最受欢迎的农业综合门户网站，覆盖部、省、地、县四级的农业门户网站群基本建成。12316“三农”综合信息服务中央平台投入运行，形成部省协同服务网络，服务范围覆盖全国，年均受理咨询电话逾2000万人次。启动实施信息进村入户试点，试点范围覆盖26个省份的116个县，建成运营益农信息社7940个，公益服务、便民服务、电子商务和培训体验开始进到村、落到户。基于互联网、大数据等信息技术的社会化服务组织应运而生，服务的领域和范围不断拓展。

“十二五”时期，农业农村电子商务在东中西部竞相迸发，农产品进城与工业品下乡双向流通的发展格局正在形成。农产品电子商务进入高速增长阶段，2015年农产品网络零售交易额超过1500亿元，比2013年增长2倍以上，网上销售农产品的生产者大幅增加，交易种类尤其是鲜活农产品品种日益丰富。农业生产资料、休闲农业及民宿旅游电子商务平台和模式不断涌现。农产品网上期货交易稳步发展。农产品批发市场电子交易、数据交换、电子监控等逐步推广。国有农场、新型农业经营主体经营信息化的广度和深度不断拓展。

“十二五”时期，我国行政村通宽带比例达到95%，农村家庭宽带接入能力基本达到4兆比特每秒（Mbps），农村网民规模增加到1.95亿，农村互联网普及率提升到32.3%。农业信息化科研体系初步形成，农业信息技术学科群建设稳步推进，建成2个农业农村部农业信息技术综合性重点实验室、2个专业性重点实验室、2个企业重点实验室和2个科学观测实验站，大批科研院所、高等院校、IT企业相继建立了涉农信息技术研发机构，研发推出了一批核心关键技术产品，科技创新能力明显增强。先后两批认定了106个全国农业农村信息化示范基地。政府引导、市场主体的农业信息化发展格局初步建立，农业互联网企业不断涌现。农业监测预警团队和信息员队伍初具规模。农业信息化标准体系建设开始起步，启动了一批国家和行业标准制订项目。农业信息化评价指标体系研究取得新进展，框架构建基本完成，主要指标通过测试。

“十四五”时期推动农村千兆光网、5G、移动物联网与城市同步规划建设，提升农村宽带网络水平。全面推进互联网协议第六版（IPv6）技术在农村信息基础设施、信息终端、技术产品、应用软件中的广泛应用。推广大田作物精准播种、精准施肥施药、精准收获，推动设施园艺、畜禽水产养殖和渔船渔港智能化应用，实施农业农村大数据应用行动。

在大力培育新型农业经营主体的形势下，一大批一、二、三产业融合、适度规模经营多样、社会化服务支撑、与“互联网+”紧密结合的各类新型经营主体大量涌现，大力推进农业服务业的智能化，是促进智能农业发展的重要支撑。

智能农业的服务将现代信息技术广泛应用于农业服务业，以智能化技术提升和改造农业技术发明与推广服务、农业信息服务、农资供应服务、农业病虫害防治和动物疫情防治服务、农产品质量评估服务、农业废弃物资源化利用服务、农机专业与维修服务、农产品运输销售加工服务、农业支持与风险服务、农业保险服务、农业金融服务、农业休闲旅游等行业。当前，尤其发展农业电子商务服务、农业农村大数据服务，大力推进智能农业基础设施建设、美丽乡村建设，依赖互联网搭建的共享平台，发展农业农村共享经济，避免因为农业季节性、区域性带来的农业服务从业者、农业机械等使用效率低的现状，提高资源的使用效率。

《“十三五”全国农业农村信息化发展规划》提出，加快建立以农作物品种DNA身份鉴定制度、标签标示信息代码制度和种子委托生产代销备案制度为基础的种子生产、经营、流通可追溯体系，全面提升种业数据采集、分析能力和信息化水平。完善农产品产地初加工补助政策管理信息系统，探索建立粮食烘干、果蔬贮藏、采后商品化处理等初加工设施大数据平台，加强农产品产地贮藏、加工情况监测。鼓励农产品加工企业推进信息化建设，积极发展智能制造，加强拣选、加工、包装、码垛机器人等自动化设备的研发应用，推广普及智能报警的安全生产风险控制系统，利用大数据实现精准生产、精准营销，加快建立涵盖原料采购、生产加工、包装仓储、流通配送全过程的质量安全追溯体系。

《“十四五”全国农业农村信息化发展规划》提出，加快种业创新攻关、种质资源保护、市场监管等领域数字化应用。开展种质资源表型与基因型精准鉴定，构建全国统一的农业种质资源数据库和DNA分子指纹数据库，强化育种创新基础。引导科研院所、高校、互联网企业与种业龙头企业协同攻关，构建数字化育种平台，探索“表型+基因型”的智能育种技术体系，加快“经验育种”向“精确育种”转变。推进数字化动态监测、信息化监督管理。推进现代信息技术在农产品加工领域的深度应用，研发一批集自动测量、精准控制、智能操作于一体的绿色储粮、生鲜贮藏、快速预冷、节能干燥、品质调控等初加工技术装备。推进农产品智能加工，推广应用智能分拣、无损检测、包装机器人等自动化设备，提高加工成套装备信息化水平。加强农产品加工信息动态监测，探索品种专用、生产定制、产销对路的精深加工引领生产发展的新模式。

我国农业经营网络化的发展目标是：运用互联网开展经营的农民和新型农业经营主体数量大幅上升，农业电子商务快速发展，推动农业市场化、倒逼标准化、促进规模化、提升品牌化的作用显著增强，带动贫困地区特色产业发展取得明显成效，农业生产资料、休闲农业电子商务加快发展，农产品批发市场信息化应用取得新进展，农产品网上零售额占农业总产值比重达到8%。

我国农业服务在线化的发展目标是：农业农村信息化服务加快普及，信息进村入户工程及12316“三农”综合信息服务基本覆盖全国所有行政村，农民手机应用技能大幅提升，农业新媒体建设取得积极进展，信息进村入户村级信息服务站覆盖率达到80%，推动乡村及偏远地区宽带提升工程实施，农村互联网普及率达到52%。

我国农业农村大数据体系发展目标：建成国家农业农村大数据平台，政务信息资源开放共享全面实现，农业农村数据资源“一张图”基本形成，大数据应用场景不断丰富，数据要素价值逐步显现。

我国农业农村信息化创新发展目标：农业农村信息化创新体系进一步健全，自主创新能力不断提升，关键核心技术与产品取得新突破。建成60个以上国家数字农业农村创新中心、分中心和重点实验室。

三、大力开展智能农业建设

（一）完善智能农业的系统架构

智能农业管理系统是集互联网、移动互联网、大数据、云计算和物联网技术于一体，通过在农业生产现场设置的传感器和通信系统，实现农作物生产环境的智能感知、实时数据监测、智能预警、数据查询、智能分析、智能决策、远程控制、在线远程指导、供应链管理、农产品追溯等的庞大系统。

要完善智能农业的系统架构，必须加强信息技术与农业生产融合应用。《“十三五”全国农业农村信息化发展规划》提出，通过突破大田种植业信息技术规模应用瓶颈、推进设施农业信息技术深化应用、强化畜禽养殖业信息技术集成应用、推动渔业信息技术广泛应用、引导农产品加工业信息技术普及应用，加快物联网、大数据、空间信息、智能装备等现代信息技术与种植业（种业）、畜牧业、渔业、农产品加工业生产过程的全面深度融合和应用，构建信息技术装备配置标准化体系，提升农业生产精准化、智能化水平。

《“十四五”全国农业农村信息化发展规划》提出，通过发展智慧种业、发展智慧农田、发展智慧种植、发展智慧畜牧、发展智慧渔业、发展智能农机、发展智慧农垦，发展智慧农业，提升农业生产保障能力。

1.数据采集

数据采集系统是通过在现场设置温湿度传感器、土壤温度传感器、光照传感器、水质分析传感器和视频采集器等，采集空气温度、空气湿度、土壤温度、土壤湿度、土壤pH值、土壤含水量、二氧化碳、光照等数据和视频。

2.信息传输

信息传输系统是利用有线和无线两种方式，通过Zigbee、Wi-Fi、5G、NB-IoT等通信技术，将传感器获得的数据传输到应用系统和数据中心。

3.分析和数据存储

通过传输系统得到的数据，通过土壤、水质、气候等分析系统的分析，在网络终端以直观的形式向人们提供生产现场的状况，供管理者决策使用，同时将采集的数据存储到数据库中，供随时进行处理和查询，并提供日报、月报等历史报表。

4.自动控制和远程控制

自动控制系统根据分析系统的结果和人们设定好的参数，自动控制卷帘、风机等空气调节设备和喷淋、滴灌等喷水设备等，调节温度、湿度、光照等各种环境参数，如自动补充人造光线加强农作物光合作用、启动浇灌设备给农作物浇水以及调配农肥成分比例增加土壤肥力；管理者通过网络终端随时可以看到生产现场的实际影像，根据分析系统提供的数据和方案，对现场的各种设备进行远程控制，保证农作物的生长有最佳的生态环境。

5.信息化管理

从政府管理层面看，搭建统一的农业信息化管理平台，实行农业电子政务、土地承包管理、农村合作经济管理、农林牧副渔各业质量监管、农业综合执法、农业监测等的数字化集成与管理，推行数据资源共享和利用，提升农业数字化决策管理水平；从农业生产经营主体层面看，实行农作物生产管理（如地块档案、种植养殖标准和计划、作业任务、疫情预防、设备管理、数据管理、供应链管理、生产资料管理、质量管理、绩效管理、生产报表管理、预警防控等）、资源综合管理（采购计划、库存管理、销售管理、财务管理、人力资源管理等）、商务管理（成本分析、利润分析、经营分析等）的信息化。

6.信息化服务平台

智能农业的发展必须搭建一个高效采集、加工、整合各类涉农信息资源的集聚平台，主要向用户提供农业政策法规、农产品交易、劳务信息、价格查询、农业科技、市场动态、气象信息等内容和服务，同时实现信息互动，通过现代通信手段搭建用户和专家的桥梁，用户在农业生产方面遇到的问题实时求助专家，并获得及时的农业生产信息。

7.在线贸易服务平台

运用互联网开展农业生产经营是智能农业的重要内容，通过在线贸易服务平台服务农业经营主体，通过农产品的网上宣传、推广，网上在线实物展示、交易、配送，加快发展农业农村电子商务的创新流通方式，重构农业农村经济产业链、供应链、价值链，促进农村一、二、三产业融合发展。

8.追溯管理

追溯管理系统可以保证农产品的质量安全和农产品信息透明，利用物联网技术，实现一物一码产品身份标识管理，通过普通数码、一维条码、二维条码、RFID标签等方式给每个农产品唯一追溯码（ID号），实行农产品全生命周期管理，保证农产品质量安全，使消费者随时掌握农产品的产品名称、生产日期、生产厂家等信息。

根据《“十四五”全国农业农村信息化发展规划》的要求，推动全产业链数字化，提升农产品供给质量和效率。

1.推进农业生产经营主体互联网融合应用

推动农业产业化龙头企业、规模生产经营主体加强数字化管理，快速响应市场需求、动态调整生产计划、精准管理资源库存、智能分析预警决策，打造数据驱动的生产经营管理体系。鼓励涉农企业推广供应链体系和网络化组织平台，打造符合中小规模生产经营主体、小农户需求的农场管理系统、集成解决方案、信息化产品和服务，带动中小规模生产经营主体、小农户数字化能力提升。促进农业生产经营主体管理系统与电商平台、采购商系统等对接，强化产业链、供应链协同，提高产销对接效率。支持农业生产经营主体积极探索应用互联网新技术新产品新模式，发展互联网与一、二、三产业深度融合的现代农业生产经营模式。

2.推进农产品加工信息化

推进现代信息技术在农产品加工领域的深度应用，研发一批集自动测量、精准控制、智能操作于一体的绿色储粮、生鲜贮藏、快速预冷、节能干燥、品质调控等初加工技术装备。推进农产品智能加工，推广应用智能分拣、无损检测、包装机器人等自动化设备，提高加工成套装备信息化水平。加强农产品加工信息动态监测，探索品种专用、生产定制、产销对路的精深加工引领生产发展的新模式。

3.推进农产品电子商务

深入推进“互联网+”农产品出村进城工程，优化提升产业链供应链。积极拓展农产品网络销售渠道，完善农产品现代流通体系，构建工业品下乡和农产品进城双向流通格局。鼓励多样化多层次的农产品网络销售模式创新，发展直播电商、社交电商、县域电商等新模式，综合利用线上线下渠道促进农产品销售。推动农产品电商规范有序发展，加强农产品网络品牌建设、品质管控和售后服务，引导农产品电商企业逐步从价格竞争向品质竞争转变。继续发挥农产品电商在助农增收致富的重要作用，推动脱贫地区农产品上网销售。

4. 推进农产品仓储物流信息化

加快农产品仓储物流信息化建设，建立从田间到餐桌的农产品全链条智能物流体系。鼓励农产品产地专业市场、农产品仓储物流企业开展数字化改造，加大传感器、记录仪、电子标签及自动识别终端、监控设备等应用，实现对进出库、运输、交易等全程数字化管理。建设农产品产地仓储保鲜冷链物流数字化服务平台，促进信息互联互通、实现物流供需匹配、提升设施运营效率。

5. 推进农产品质量安全信息化

大力推动农产品质量安全智慧监管，探索部省市县四级风险监测在线化、数字化管理，提升风险预警、专项整治、执法监管的信息化水平。完善国家农产品质量安全追溯管理信息平台功能，推广应用“承诺达标合格证+追溯码”模式，努力推动实现从田间到餐桌的全程可追溯。推广使用农产品生产者经营者电子诚信档案，开展信用动态测评和分等分级，提升农产品质量安全信用信息化能力。鼓励运用大数据、物联网、区块链等现代信息技术，探索推进“阳光农安”，开展农产品产前产中产后全过程的质量安全控制，全面提升农产品质量安全管理水平。

（二）做好智能农业发展的基础性工作

当前，大力发展智能农业，必须夯实智能农业发展的基础。

第一，通过云技术突破信息网络与资源建设瓶颈，深入挖掘大数据技术实现农业生产管理精准智能化服务，建设农业大数据中心，搭建综合服务云平台，汇总信息、管控生产、创新管理，实现多方农业信息资源和系统数据融合与共享。

第二，构建统一的智能农业标准体系，由于智能农业涉及的部门、行业众多，汇集了农业文明、工业文明和信息文明的成果，没有统一的标准就会各自为战，统一农业物联网传感器技术标准、数据传输通信协议标准、软硬件技术标准、数据标准、信息采集和加工标准等，规范平台建设、运营和管理，将有助于推动智能农业的良性发展。

第三，通过统筹推进农业农村电子商务发展、破解农业农村电子商务发展瓶颈、大力培育农业农村电子商务市场主体，加快发展农业农村电子商务，创新流通方式，打造新业态，培育新经济，重构农业农村经济产业链、供应链、价值链，促进农村一、二、三产业融合发展。

第四，通过大力推进政务信息资源共享开放、加快推动农业农村大数据发展、强化农业政务重要信息系统深化应用、加强网络安全保障能力建设，提升农业信息服务体系，加强农业政务信息化建设，深化农业农村大数据创新应用，全面提高科学决策、市场监管、政务服务水平，建立云服务、一体化发展的农业信息服务新模式。

第五，通过全面推进信息进村入户、加强农民信息化应用能力建设、促进农业信息社会化服务体系建设，加快建立新型农业信息综合服务体系，集聚各类信息服务资源，创新服务机制和方式，大力发展生产性和生活性信息服务，提升农村社会管理信息化水平，加快推进农业农村信息服务普及。

第六，通过加强农业信息技术研发创新、培育壮大农业信息化产业、加强农业农村信息化基础设施建设，加大科技创新与应用基地建设力度，大力培育农业信息化企业，支撑农业农村信息化跨越发展。

（三）抓好智能农业发展的重点工程

推进“互联网+农业”进程，打造“智能农业”，是实现我国农业增长方式转变的重要途径，有助于形成农业农村发展的新动能，促进农业农村经济提质增效，推进农业的转型升级。根据《“十三五”全国农业农村信息化发展规划》的要求，通过实施一系列重点工程，推动我国智能农业的发展，实现农业农村的信息化。

1.农业装备智能化工程

加速传统设施装备的智能化改造，研发和推广传感器、采集器、控制器等，提高大田种植、品种区域试验与种子生产、设施农业、畜禽、水产养殖设施和装备的智能化水平。

2.农业物联网区域试验工程

推广节本增效农业物联网应用模式，开展农业物联网技术集成应用示范，构建比较完善的理论、技术、应用和标准体系，提高农业产出率、劳动生产率、资源利用率，在全国建成10个试验示范省、100个农业物联网试验示范区，建设1000个试验示范基地。

3.农业电子商务示范工程

开展电子商务试点和相关设施设备建设，建立健全质量标准、统计监测、检验检测、诚信征信等体系，完善市场信息、品牌营销、技术支撑等配套服务，强化农业电子商务示范，开展电子商务技能培训，开展农产品电商对接行动。

4.全球农业数据调查分析系统建设工程

加快建设全球主要农业国农业数据采集、分析和发布系统，加强海外农业数据中心建设，推动国家农业数据中心云化升级，加强全球农业数据分析研究应用，改造提升国家农业信息集中发布平台，完善农业对外合作公共信息服务平台。

5.农业政务信息化深化工程

加强农业部门政务信息系统互联互通和农业数据共享开放建设，推进农业行政审批信息等资源共享，建设农业应急管理综合指挥大厅，构建全国统一的农业执法信息平台和农业电子政务综合运维管理平台。

6.信息进村入户工程

2020年建成配备12316电话、显示屏、信息服务终端等设备益农信息社48万个以上，服务基本覆盖全国所有县、国有农场和行政村，建设信息进村入户全国平台，以智能手机和信息化基础理论、示范应用、典型案例为主要内容，开展农民手机应用技能培训。

7.农业信息化科技创新能力提升工程

增建农业信息化学科，新增农业物联网、大数据、电子商务、信息化标准、农业信息软硬件产品质量检测、农业光谱检测技术、农作物系统分析与决策、农产品信息溯源技术、牧业信息技术、渔业信息技术10个专业性重点实验室和西北、东北、黄淮海、华南、西南、热作地区6个区域性重点实验室，增列一批农业信息化科技攻关项目，加大农业信息化领军人才和创新团队培育力度。

8.农业信息经济示范区建设工程

建立一批示范效应强、带动效益好的农业信息经济示范区，全面推进信息技术和系统的综合应用与集成示范，完善互联网基础设施，推进互联网特色村镇建设，构建区域综合信息服务体系，对接农业生产、经营、管理、服务、创业。

第二节　智能工业

智能工业是信息时代绿色经济的一个全新产业。智能工业把制造业引入了智能制造的新阶段，成为经济增长的新动能。发展智能工业，是抢占未来经济和科技发展制高点的战略选择，有利于促进制造业数字化网络化智能化，走创新驱动的发展道路，构建绿色制造体系，为建设制造强国奠定扎实的基础。

一、智能工业的内涵

（一）智能工业的概念

智能工业是融合具有环境感知能力的各类终端、基于无所不连的新一代互联网络、人脑智慧三位一体的生态化的新型工业。它将传统制造业提升到智能化的新阶段，大幅度降低生产成本、减少资源消耗、改善产品质量、提高制造效率。随着数字、可视、网络、虚拟、协同、集成、智能、绿色、安全的制造业企业信息化关键技术的不断发展，设计数字化、制造装备数字化、生产过程数字化、管理数字化和企业数字化已成为制造业信息化技术的主要内容，新一代信息技术与制造业深度融合，正在引发影响深远的产业变革。现代电子信息技术为制造业的新发展带来了条件，制造业不断增长的需求也推动了数字技术的不断发展和进步，智能装备、智能工厂等智能制造正引领制造方式变革，新的生产方式、产业形态、商业模式和经济增长点正在形成，全球制造业格局面临重大调整。要提高综合国力，塑造国际竞争中的新优势，必须不断拓展制造业新领域，促进制造业的转型升级。

当前，制造业以德国为最强，美国的互联网世界领先，中国是全球制造业第一大国、互联网第二强国，都非常重视智能工业发展对经济发展的巨大作用，重视虚拟网络与实体的对接。智能制造业是互联网经济的命脉，没有以技术创新为基础的制造业的发展，互联网经济终将难以为继。德国拥有强大的机械制造技术和先进设备的制造能力，关注的是生产过程的智能化和虚拟化，把智能工业称为“工业4.0”；美国信息技术最为发达，大数据和云计算世界领先，关注设备互联、数据分析以及在此基础上对发展趋势的分析，把智能工业称为“工业互联网”；中国则选用了德国标准，结合国情，把智能工业称为“中国制造2025”。

随着科技的进步，人工智能的黄金时代已经向人类招手，人工智能将部分取代重复性劳动和部分人类智能，它也促进了计算机工业和网络工业的发展，带来了产业结构的巨大变革，同时也造成社会结构的剧烈变化，也将改变人类生活，为人们的文化生活提供新的模式。

（二）美国的“工业互联网”和德国的“工业4.0”

1.美国的“工业互联网”

2012年，美国通用电气公司提出并倡导“工业互联网”。“工业互联网”是把全球的工业系统与互联网连接，应用大数据、高级计算、分析和感应技术，通过智能机器间的连接将人机连接，开创机器与智慧、物理世界与数字世界的融合，激发新的生产力，重构全球工业。

2014年，AT & T、思科、通用电气、IBM和英特尔在美国波士顿宣布成立工业互联网联盟，定位于服务全球市场和跨国企业，制定通用标准，打破技术壁垒，促进物理世界和数字世界的融合，更便利地连接和优化资产、操作及数据，释放所有工业领域的商业价值。工业互联网的元素包括：智能机器（通过先进的传感器、控制器和软件应用程序将机器、设备、团队和网络连接起来）、高级分析（用物理分析法、预测算法和自动化、材料科学、电气工程等学科的知识理解机器与大型系统的运作方式）、工作人员（建立工作人员之间、各种工作场所人员的实时连接）。工业互联网强调生产设备的智能化，以CPS为核心实现生产系统的有机整合，横向集成产品与生产设备、工厂与工厂，实现生产过程的智能化与效率的提升，目的是形成全球化的开放型工业网络，实现通信、控制和计算的集合，注重物联网、互联网、大数据等对生产设备管理与服务性能的改善，提高设备安全性与可靠性，减少资源消耗，降低劳动力成本，提高生产过程的柔性与智能化水平。

美国很早就将重振制造业作为最优先发展的战略目标。2009年12月，美国出台了《重振美国制造业框架》，2011年6月启动“先进制造伙伴计划”，2012年2月推出“先进制造业国家战略计划”，2012年3月提出建设“国家制造业创新网络”，2013年1月发布了《国家制造业创新网络初步设计》。2012年8月，美国政府和私营部门联合出资8500万美元成立“国家3D打印机制造创新研究所”，2013年1月投资10亿美元组建“美国制造业创新网络”。2013年5月美国政府提供2亿美元成立“轻型和当代金属制造创新研究所”、“数字制造和设计创新研究所”和“下一代电力电子制造研究所”，2014年2月成立了“复合材料制造业中心”。

通用公司预测，工业互联网能使美国的生产率每年提高1%—1.5%，未来20年会为全球GDP增加10万亿—15万亿美元，2020年全球在工业互联网方面的支出达5000亿美元。通用公司已推出了涵盖石油天然气平台监测管理、铁路机车效率分析等24种工业互联网产品。威尔逊中心的《全球先进制造业趋势报告》称，美国研发投资量世界第一，3/4的资金投向制造业，在合成生物、先进材料和快速成型制造等领域领先世界。以无线网络技术全覆盖、云计算大量运用和智能制造大规模发展为标志的新一轮技术创新浪潮将在美国出现。

2016年8月，IBM宣布了世界首个“人造神经元”研究完成，可用于制造高密度、低功耗的认知学习芯片，模拟人类大脑的工作方式进行信号处理，奠定了人工智能的底层硬件基石。

通用电气公司通过Predix平台已开发了近40款工业互联网应用程序。作为专为工业数据的采集和分析而开发的服务，Predix可以同步捕捉机器运行时产生的海量数据，对数据进行分析和管理，实时监测、调整和优化机器。可以预见，数字技术与工业生产力密切结合，新型数字化工业生态圈开始形成。

2019年2月，美国发布了《未来工业发展规划》，重点关注人工智能、先进的制造业技术、量子信息科学和5G技术，确保美国能主宰未来工业，推动美国的繁荣和保护国家安全。

2.德国的“工业4.0”

2013年4月，在汉诺威工业博览会上，德国提出了“工业4.0”的概念。

“工业4.0”是继蒸汽机的应用、规模化生产和电子信息技术第三次工业革命后，以信息物理融合系统（CPS）为基础和生产高度数字化、网络化、机器自组织为标志的第四次工业革命，它将生产中的供应、制造、销售的信息数据化、智慧化，达到快速、有效、个人化的产品供应。

“工业4.0”已上升为德国的国家级战略，联邦政府投入高达2亿欧元，德国科研机构和产业界竭力推动，目的是使德国成为新一代工业生产技术的供应国和主导市场，使德国继续保持全球制造业的领先地位和提升其全球竞争力。

“工业4.0”项目包括：智能工厂（智能化生产系统及过程和网络化分布式生产设施）、智能生产（整个企业的生产物流管理、人机互动以及3D技术在工业生产过程中的应用）、智能物流（通过互联网、物联网、物流网，整合物流资源）。

“工业4.0”强调生产过程的智能化和虚拟化，借助现代电子信息技术的发展将德国原有的“刚性”先进工业模式通过大数据和虚拟化等工具增强其产品的“柔性”，制订和推广新的行业标准，推进生产或服务模式由集中式控制向分散式增强型控制转变，实现高度灵活的个性化和数字化生产或服务，以打造“智能工厂”和“智慧生产”。“工业4.0”在全球范围内引发了新一轮的工业转型——制造业向智能化转型。

2019年2月，德国经济和能源部发布《国家工业战略2030》，一个目标是到2030年，逐步将工业在德国和欧盟的增加值总额（GVA）中所占的比重分别扩大到25%和20%，将钢铁铜铝、化工、机械、汽车、光学、医疗器械、环保技术、国防、航空航天和3D打印10个工业领域列为“关键工业部门”，保证德国工业在欧洲乃至全球的竞争力。

（三）中国智造推进制造强国战略

中国智造是在三维打印、移动互联网、云计算、大数据、生物工程、新能源、新材料等领域取得重大突破的形势下，集众人之智，将新一代电子信息技术与传统制造业深度融合，基于信息物理系统的智能装备、智能工厂的全新制造方式。通过实现中国制造向中国创造的转变、中国速度向中国质量的转变、中国产品向中国品牌的转变，完成中国制造由大变强的战略任务。

德国的“工业4.0”主要是“制造业+互联网”，美国的“工业互联网”更多是“互联网+制造业”，中国智造是发展先进工业技术和紧盯信息产业发展动向，推进二者的深度融合以实现共同发展。

通用电气已与华为建立了战略合作伙伴关系，通用电气的工业互联网发展规划与华为成熟的信息通信技术（ICT）结合，将加速工业互联网创新应用的开发，极大地支持中国的工业转型。

2011年11月，工业和信息化部印发的《物联网行业“十二五”发展规划》中规定了，智能工业应用示范工程为生产过程控制、生产环境监测、制造供应链跟踪、产品全生命周期监测，促进安全生产和节能减排。

2015年5月，国务院印发了《中国制造2025》，部署全面推进实施制造强国战略，通过实现中国制造向中国创造的转变、中国速度向中国质量的转变、中国产品向中国品牌的转变，完成中国制造由大变强的战略任务。

《中华人民共和国国民经济和社会发展第十三个五年规划纲要》提出，深入实施《中国制造2025》，以提高制造业创新能力和基础能力为重点，推进信息技术与制造技术深度融合，促进制造业朝高端、智能、绿色、服务方向发展，培育制造业竞争新优势；瞄准技术前沿，把握产业变革方向，围绕重点领域，优化政策组合，拓展新兴产业增长空间，抢占未来竞争制高点，使战略性新兴产业增加值占国内生产总值比重达到15%。

《中华人民共和国国民经济和社会发展第十四个五年规划和2035年远景目标纲要》提出，聚焦新一代信息技术、生物技术、新能源、新材料、高端装备、新能源汽车、绿色环保以及航空航天、海洋装备等战略性新兴产业，加快关键核心技术创新应用，增强要素保障能力，培育壮大产业发展新动能。着眼于抢占未来产业发展先机，培育先导性和支柱性产业，推动战略性新兴产业融合化、集群化、生态化发展，战略性新兴产业增加值占GDP比重超过17%。

2016年5月，国务院印发的《关于深化制造业与互联网融合发展的指导意见》提出，到2018年底，制造业重点行业骨干企业互联网“双创”平台普及率达到80%，初步形成跨界融合的制造业新生态，制造业数字化、网络化、智能化取得明显进展。到2025年，制造业与互联网融合发展迈上新台阶，融合“双创”体系基本完备，融合发展新模式广泛普及，新型制造体系基本形成。

2016年8月，工信部等四部门联合发布了《绿色制造工程实施指南（2016—2020年）》，全面推行绿色制造，加快构建高效、清洁、低碳、循环的绿色制造体系，实现《中国制造2025》的绿色发展目标。

2016年9月，工业和信息化部、财政部印发的《智能制造发展规划（2016—2020年）》提出，2020年，智能制造发展基础和支撑能力明显增强，传统制造业重点领域基本实现数字化制造，有条件、有基础的重点产业智能转型取得明显进展；到2025年，智能制造支撑体系基本建立，重点产业初步实现智能转型。

2021年12月21日，八部门印发的《“十四五”智能制造发展规划》提出，到2025年，规模以上制造业企业大部分实现数字化网络化，重点行业骨干企业初步应用智能化；到2035年，规模以上制造业企业全面普及数字化网络化，重点行业骨干企业基本实现智能化。

《“十三五”生态环境保护规划》强调促进绿色制造和绿色产品生产供给。建设绿色工厂，发展绿色工业园区，打造绿色供应链，开展绿色评价和绿色制造工艺推广行动，全面推进绿色制造体系建设。2020年，创建百家绿色设计示范企业、百家绿色示范园区、千家绿色示范工厂，绿色制造体系基本建立。

《“十三五”国家战略性新兴产业发展规划》提出，促进高端装备与新材料产业突破发展，引领中国制造新跨越。顺应制造业智能化、绿色化、服务化、国际化发展趋势，围绕“中国制造2025”战略实施，加快突破关键技术与核心部件，推进重大装备与系统的工程应用和产业化，促进产业链协调发展，塑造中国制造新形象，带动制造业水平全面提升。2020年，高端装备与新材料产业产值规模超过12万亿元。打造智能制造高端品牌，实现航空产业新突破，做大做强卫星及应用产业，强化轨道交通装备领先地位，增强海洋工程装备国际竞争力，提高新材料基础支撑能力。

2016年12月，生态环境部印发了《环境保护部推进绿色制造工程工作方案》及分工方案，以贯彻落实《中国制造2025》和《绿色制造工程实施指南（2016—2020年）》，2020年，基本实现我国环境管理从末端治理向全过程管理转变，促进大气、水、土壤污染防治行动计划所涉及的重点污染行业中的企业实现绿色化、清洁化改造，打造一大批具有核心竞争力的绿色制造企业和清洁生产工业园区，推动绿色供应链建设，全面提高工业企业的清洁生产水平，减少重点行业的污染物产生量和排放量，促进环境质量明显改善。

2017年10月，科技部、国家发改委、财政部印发的《“十三五”国家科技创新基地与条件保障能力建设专项规划》提出，2020年，形成布局合理、定位清晰、管理科学、运行高效、投入多元、动态调整、开放共享、协同发展的国家科技创新基地与科技基础条件保障能力体系。

2017年10月，工业和信息化部印发的《高端智能再制造行动计划（2018—2020年）》提出，2020年，突破一批制约我国高端智能再制造发展的拆解、检测、成形加工等关键共性技术，智能检测、成形加工技术达到国际先进水平；发布50项高端智能再制造管理、技术、装备及评价等标准；初步建立可复制推广的再制造产品应用市场化机制；推动建立100家高端智能再制造示范企业、技术研发中心、服务企业、信息服务平台、产业集聚区等，带动我国再制造产业规模达到2000亿元。

2017年11月，国务院办公厅印发了《关于创建"中国制造2025"国家级示范区的通知》，全面部署国家级示范区创建工作，鼓励和支持地方探索实体经济尤其是制造业转型升级的新路径、新模式，推动制造业转型升级，提高实体经济发展质量，加强制造强国建设。

2017年11月，中共中央办公厅、国务院办公厅印发的《推进互联网协议第六版（IPv6）规模部署行动计划》提出，用5—10年时间，形成下一代互联网自主技术体系和产业生态，建成全球最大规模的IPv6商业应用网络，实现下一代互联网在经济社会各领域深度融合应用，到2025年末形成全球领先的下一代互联网技术产业体系。

2017年11月，国务院印发的《深化"互联网+先进制造业"发展工业互联网的指导意见》提出，通过夯实网络基础、打造平台体系、加强产业支撑、促进融合应用、完善生态体系、强化安全保障、推动开放合作，到2025年基本形成具备国际竞争力的基础设施和产业体系，到2035年建成国际领先的工业互联网网络基础设施和平台，形成国际先进的技术与产业体系，到21世纪中叶，工业互联网网络基础设施全面支撑经济社会发展，工业互联网创新发展能力、技术产业体系以及融合应用等全面达到国际先进水平。

2017年11月，国家发改委印发的《增强制造业核心竞争力三年行动计划（2018—2020年）》提出，加快发展先进制造业，推动互联网、大数据、人工智能和实体经济深度融合，突破制造业重点领域关键技术，实现产业化，增强制造业核心竞争力。

2017年11月，工信部等八部门印发的《海洋工程装备制造业持续健康发展行动计划（2017—2020年）》提出，2020年，我国海洋工程装备制造业国际竞争力和持续发展能力明显提升，产业体系进一步完善，专用化、系列化、信息化、智能化程度不断加强，产品结构迈向中高端。

2018年10月，工业和信息化部、国家标准化管理委员会制定的《国家智能制造标准体系建设指南（2018年版）》发布，进一步加强了标准体系构成要素及相互关系的说明，着重体现了新技术在智能制造领域的应用，为智能制造产业健康有序发展起到指导、规范、引领和保障作用。

德勤中国的《中国智造，行稳致远—2018中国智能制造报告》显示，中国的智能制造发展成效明显，进入了高速成长期。工业企业数字化能力素质提升，智能制造对企业的利润贡献率提高，中国是工业机器人第一消费大国。工业企业智能制造五大部署重点依次是数字化工厂（63%）、设备及用户价值深挖（62%）、工业物联网（48%）、重构商业模式（36%）和人工智能（21%）。

二、中国制造2025

（一）“中国制造2025”开创中国智能工业新时代

2015年5月，国务院印发的《中国制造2025》开辟了中国工业发展的新起点，这是中国实施制造强国战略第一个十年行动纲领。

对于“中国制造2025”，李克强指出：一是要明确“互联网+”是对“中国制造2025”的重要支撑，要推动制造业与互联网的融合发展；二是“中国制造2025”不能只搞装备制造业，而要用消费者的选择，倒逼工业消费品提质和“中国制造”升级；三是实施创新驱动发展战略，推动大众创业、万众创新，进一步发展服务业、高新技术产业、中小微企业，大力实施《中国制造2025》，提高实体经济竞争力；四是“中国制造2025”突破的重点，主要放在与“互联网+”的融合发展上，加快推动中国工业的“浴火重生”；五是中国有完备的工业体系和巨大市场，德国有先进技术，应推进“中国制造2025”和“德国工业4.0”战略对接，共同推动新工业革命和业态，达成双赢；六是“互联网+双创+中国制造2025”，彼此结合起来进行工业创新，将会催生一场新工业革命；七是促进中国制造上水平，既要在改造传统制造上“补课”，同时还要瞄准世界产业技术发展前沿；八是“集众智者成大事”，要通过大众创业、万众创新，用亿万人层出不穷的新鲜点子，激发市场活力，真正推进中国制造的智能转型；九是传统的“中国制造”还要做，但“中国制造2025”的核心，应该是主打“中国装备”。

对于“中国制造2025”，国际社会也表现出对工业转型的期望。联合国官员认为，《中国制造2025》路线图正在引导中国的工业现代化进程；世界经济论坛主席施瓦布认为，得益于智能制造业的发展，“中国将成为第四次工业革命的领军者”；《福布斯》杂志认为，实施“中国制造2025”将助力中国制造业保持国际竞争力。

（二）“中国制造2025”的战略方针、目标和任务

《中国制造2025》是我国实施制造强国战略第一个十年行动纲领，明确了基本方针、基本原则和战略目标。

1.基本方针

创新驱动。坚持把创新摆在制造业发展全局的核心位置，完善有利于创新的制度环境，推动跨领域跨行业协同创新，突破一批重点领域关键共性技术，促进制造业数字化网络化智能化，走创新驱动的发展道路。

质量为先。坚持把质量作为建设制造强国的生命线，强化企业质量主体责任，加强质量技术攻关、自主品牌培育。建设法规标准体系、质量监管体系、先进质量文化，营造诚信经营的市场环境，走以质取胜的发展道路。

绿色发展。坚持把可持续发展作为建设制造强国的重要着力点，加强

节能环保技术、工艺、装备推广应用，全面推行清洁生产。发展循环经济，提高资源回收利用效率，构建绿色制造体系，走生态文明的发展道路。

结构优化。坚持把结构调整作为建设制造强国的关键环节，大力发展先进制造业，改造提升传统产业，推动生产型制造向服务型制造转变。优化产业空间布局，培育一批具有核心竞争力的产业集群和企业群体，走提质增效的发展道路。

人才为本。坚持把人才作为建设制造强国的根本，建立健全科学合理的选人、用人、育人机制，加快培养制造业发展急需的专业技术人才、经营管理人才、技能人才。营造大众创业、万众创新的氛围，建设一支素质优良、结构合理的制造业人才队伍，走人才引领的发展道路。

2.基本原则

市场主导，政府引导。全面深化改革，充分发挥市场在资源配置中的决定性作用，强化企业主体地位，激发企业活力和创造力。积极转变政府职能，加强战略研究和规划引导，完善相关支持政策，为企业发展创造良好环境。

立足当前，着眼长远。针对制约制造业发展的瓶颈和薄弱环节，加快转型升级和提质增效，切实提高制造业的核心竞争力和可持续发展能力。准确把握新一轮科技革命和产业变革趋势，加强战略谋划和前瞻部署，扎扎实实打基础，在未来竞争中占据制高点。

整体推进，重点突破。坚持制造业发展全国一盘棋和分类指导相结合，统筹规划，合理布局，明确创新发展方向，促进军民融合深度发展，加快推动制造业整体水平提升。围绕经济社会发展和国家安全重大需求，整合资源，突出重点，实施若干重大工程，实现率先突破。

自主发展，开放合作。在关系国计民生和产业安全的基础性、战略性、全局性领域，着力掌握关键核心技术，完善产业链条，形成自主发展能力。继续扩大开放，积极利用全球资源和市场，加强产业全球布局和国际交流合作，形成新的比较优势，提升制造业开放发展水平。

3.战略目标

第一步，力争用十年时间，迈入制造强国行列。2020年基本实现工业化，制造业大国地位进一步巩固，制造业信息化水平大幅提升。掌握一批重点领域关键核心技术，优势领域竞争力进一步增强，产品质量有较大提高。制造业数字化、网络化、智能化取得明显进展。重点行业单位工业增加值能耗、物耗及污染物排放明显下降。到2025年，制造业整体素质大幅提升，创新能力显著增强，全员劳动生产率明显提高，两化（工业化和信息化）融合迈上新台阶。重点行业单位工业增加值能耗、物耗及污染物排放达到世界先进水平。形成一批具有较强国际竞争力的跨国公司和产业集群，在全球产业分工和价值链中的地位明显提升。

第二步，到2035年，我国制造业整体达到世界制造强国阵营中等水平。创新能力大幅提升，重点领域发展取得重大突破，整体竞争力明显增强，优势行业形成全球创新引领能力，全面实现工业化。

第三步，新中国成立100年时，制造业大国地位更加巩固，综合实力进入界制造强国前列。制造业主要领域具有创新引领能力和明显竞争优势，建成全球领先的技术体系和产业体系。

4.主要指标

《中国制造2025》提出了中国2020年和2025年制造业的主要指标。

创新能力。规模以上制造业研发经费内部支出占主营业务收入比重，2020年达到1.26%，2025年达到1.68%；规模以上制造业每亿元主营业务收入有效发明专利数，2020年达到0.7件，2025年达到1.1件。

质量效益。制造业质量竞争力指数，2020年为84.5，2025年为85.5；制造业增加值率2020年比2015年提高2个百分点，2025年比2015年提高4个百分点；制造业全员劳动生产率增速，2020年达到7.5%左右，2025年达到6.5%左右。

两化融合。宽带普及率，2020年达到70%，2025年达到82%；数字化研发设计工具普及率，2020年达到72%，2025年达到84%；关键工序数控化率，2020年达到50%，2025年达到64%。

绿色发展。规模以上单位工业增加值能耗2020年比2015年下降18%，2025年比2015年下降34%；单位工业增加值二氧化碳排放量2020年比2015年下降22%，2025年比2015年下降40%；单位工业增加值用水量2020年比2015年下降23%，2025年比2015年下降41%；工业固体废物综合利用率2020年比2015年下降73%，2025年比2015年下降79%。

5.任务

《中国制造2025》提出，实现制造强国的战略目标，加快制造业转型升级，必须完成九大任务，包括提高国家制造业创新能力、推进信息化与工业化深度融合、强化工业基础能力、加强质量品牌建设、全面推行绿色制造、大力推动重点领域突破发展、深入推进制造业结构调整、积极发展服务型制造和生产性服务业、提高制造业国际化发展水平。

（三）“中国制造2025”的关键领域

《中国制造2025》提出，瞄准新一代信息技术、高端装备、新材料、生物医药等战略重点，引导社会各类资源集聚，推动优势和战略产业快速发展。

1.新一代信息技术产业

主要是集成电路及专用装备、信息通信设备、操作系统及工业软件，形成关键制造装备供货能力，掌握核心技术，开发安全领域操作系统等工业基础软件。

2.高档数控机床和机器人

开发一批精密、高速、高效、柔性数控机床与基础制造装备及集成制造系统，积极研发汽车、机械、电子、危险品制造、国防军工、化工、轻工等工业机器人、特种机器人、服务机器人。

3.航空航天装备

研制大型飞机、宽体客机、重型直升机，推进干支线飞机、直升机、无人机和通用飞机产业化，建立发动机自主发展工业体系，形成自主完整的航空产业链。发展新一代运载火箭、重型运载器，加快推进国家民用空间基础设施建设，形成长期持续稳定的空间信息服务能力，推动载人航天、探月工程、深空探测，推进航天技术转化与空间技术应用。

4.海洋工程装备及高技术船舶

大力发展相关装备、关键系统和专用设备，推动深海空间站、大型浮式结构物的开发和工程化，形成海洋工程装备综合试验、检测与鉴定能力，突破豪华邮轮设计建造技术，掌握重点配套设备集成化、智能化、模块化设计制造核心技术。

5.先进轨道交通装备

加快新材料、新技术和新工艺的应用，重点突破新技术，研制先进可靠适用的产品，研发新一代轨道交通装备系统，建立现代轨道交通产业体系。

6.节能与新能源汽车

支持电动汽车、燃料电池汽车发展，掌握核心技术，提升核心技术的工程化和产业化能力，形成完整的汽车工业体系和创新体系。

7.电力装备

推动大型高效超净排放煤电机组产业化和示范应用，提高超大容量水电机组、核电机组、重型燃气轮机制造水平，推进新能源和可再生能源装备、先进储能装置、智能电网用输变电及用户端设备发展，突破大功率电力电子器件、高温超导材料等关键元器件和材料的制造及应用技术。

8.农机装备

重点发展大宗粮食和战略性经济作物生产所需的先进农机装备，加快发展高端农业装备及关键核心零部件，形成面向农业生产的信息化整体解决方案。

9.新材料

加快研发新材料制备关键技术和装备，发展军民共用特种新材料和促进新材料产业军民融合发展，提前布局和研制战略前沿材料，加快基础材料升级换代。

10.生物医药及高性能医疗器械

发展针对重大疾病的化学药、中药、生物技术药物新产品，重点发展高性能诊疗设备、高值医用耗材、移动医疗产品，实现生物3D打印、诱导多能干细胞等新技术的突破和应用。

（四）“中国制造2025”的重大工程

《中国制造2025》明确，通过政府引导、整合资源，实施国家制造业创新中心建设、工业强基、智能制造、绿色制造、高端装备创新五项重大工程，实现长期制约制造业发展的关键共性技术突破，提升我国制造业的整体竞争力。2016年4月，工业和信息化部、国家发改委、科技部、财政部印发了《关于印发制造业创新中心等5大工程实施指南的通知》（包括5大工程实施指南的附件），推进制造强国建设。

1.制造业创新中心建设

《中国制造2025》提出，完善以企业为主体、市场为导向、政产学研用相结合的制造业创新体系。围绕产业链部署创新链，围绕创新链配置资源链，加强关键核心技术攻关，强化知识产权运用，加速科技成果产业化，加强标准体系建设，提高重点领域和关键环节的创新能力。围绕重点行业转型升级和新一代信息技术、智能制造、增材制造、新材料、生物医药等领域创新发展的重大共性需求，形成一批制造业创新中心（工业技术研究基地），重点开展行业基础和共性关键技术研发、成果产业化、人才培训等工作。制定完善制造业创新中心遴选、考核、管理的标准和程序。2020年重点形成15家左右制造业创新中心（工业技术研究基地），力争到2025年形成40家左右制造业创新中心（工业技术研究基地）。

《制造业创新中心建设工程实施指南（2016—2020）》提出，2020年国家制造业创新体系核心初具规模，掌握一批重点领域前沿技术和共性关键技术，部分战略必争领域实现与发达国家同步发展，优势领域竞争力进一步增强；到2025年，进一步完善国家制造业创新体系。在《中国制造2025》确定的十大重点领域，形成一批创新中心，打造一批具有较强国际竞争力的跨国公司和产业集群，在全球产业分工和价值链中的地位明显提升。

2. 工业强基

《中国制造2025》提出，统筹推进核心基础零部件（元器件）、先进基础工艺、关键基础材料和产业技术基础的发展，加强“四基”创新能力建设，推动整机企业和“四基”企业协同发展。开展示范应用，建立奖励和风险补偿机制，支持核心基础零部件（元器件）、先进基础工艺、关键基础材料的首批次或跨领域应用。组织重点突破，针对重大工程和重点装备的关键技术和产品急需，支持优势企业开展政产学研用联合攻关，突破关键基础材料、核心基础零部件的工程化、产业化瓶颈。强化平台支撑，布局和组建一批“四基”研究中心，创建一批公共服务平台，完善重点产业技术基础体系。2020年，40%的核心基础零部件、关键基础材料实现自主保障，受制于人的局面逐步缓解，航天装备、通信装备、发电与输变电设备、工程机械、轨道交通装备、家用电器等产业急需的核心基础零部件（元器件）和关键基础材料的先进制造工艺得到推广应用。到2025年，70%的核心基础零部件、关键基础材料实现自主保障，80种标志性先进工艺得到推广应用，部分达到国际领先水平，建成较为完善的产业技术基础服务体系，逐步形成整机牵引和基础支撑协调互动的产业创新发展格局。

《工业强基工程实施指南（2016—2020年）》提出，经过5~10年的努力，部分核心基础零部件（元器件）、关键基础材料达到国际领先，产业技术基础体系较为完备，“四基”发展基本满足整机和系统的需求。2020年工业基础能力明显提升，40%的核心基础零部件（元器件）、关键基础材料实现自主保障，先进基础工艺推广应用率达到50%，产业技术基础体系初步建立，基本满足高端装备制造和国家重大工程的需要。

3. 智能制造

《中国制造2025》提出，研究制定智能制造发展战略，深化互联网在制造领域的应用；推动新一代信息技术与制造技术融合发展，把智能制造作为两化深度融合的主攻方向；发展智能装备和智能产品，推进生产过程智能化，培育新型生产方式，全面提升企业研发、生产、管理和服务的智能化水平。紧密围绕重点制造领域关键环节，开展新一代信息技术与制造装备融合的集成创新和工程应用。支持政产学研用联合攻关，开发智能产品和自主可控的智能装置并实现产业化。依托优势企业，紧扣关键工序智能化、关键岗位机器人替代、生产过程智能优化控制、供应链优化，建设重点领域智能工厂/数字化车间。在基础条件好、需求迫切的重点地区、行业和企业中，分类实施流程制造、离散制造、智能装备和产品、新业态新模式、智能化管理、智能化服务等试点示范及应用推广。建立智能制造标准体系和信息安全保障系统，搭建智能制造网络系统平台。2020年制造业重点领域智能化水平显著提升，试点示范项目运营成本降低30%，产品生产周期缩短30%，不良品率降低30%。到2025年，制造业重点领域全面实现智能化，试点示范项目运营成本降低50%，产品生产周期缩短50%，不良品率降低50%。

《智能制造工程实施指南（2016—2020）》提出，"十三五"期间通过数字化制造的普及、智能化制造的试点示范，推动传统制造业重点领域基本实现数字化制造，有条件、有基础的重点产业全面启动并逐步实现智能转型；"十四五"期间加大智能制造实施力度，关键技术装备、智能制造标准/工业互联网/信息安全、核心软件支撑能力显著增强，构建新型制造体系，重点产业逐步实现智能转型。

2016年12月，工业和信息化部和财政部印发的《智能制造发展规划（2016—2020年）》提出，2020年智能制造发展基础和支撑能力明显增强，传统制造业重点领域基本实现数字化制造，有条件、有基础的重点产业智能转型取得明显进展；到2025年，智能制造支撑体系基本建立，重点产业初步实现智能转型。

4.绿色制造

《中国制造2025》提出，加大先进节能环保技术、工艺和装备的研发力度，加快制造业绿色改造升级；积极推行低碳化、循环化和集约化，提高制造业资源利用效率；强化产品全生命周期绿色管理，努力构建高效、清洁、低碳、循环的绿色制造体系。组织实施传统制造业能效提升、清洁生产、节水治污、循环利用等专项技术改造。开展重大节能环保、资源综合利用、再制造、低碳技术产业化示范。实施重点区域、流域、行业清洁生产水平提升计划，扎实推进大气、水、土壤污染源头防治专项。制定绿色产品、绿色工厂、绿色园区、绿色企业标准体系，开展绿色评价。2020年建成千家绿色示范工厂和百家绿色示范园区，部分重化工行业能源资源消耗出现拐点，重点行业主要污染物排放强度下降20%。到2025年，制造业绿色发展和主要产品单耗达到世界先进水平，绿色制造体系基本建立。

《绿色制造工程实施指南（2016—2020年）》提出，2020年绿色制造水平明显提升，绿色制造体系初步建立。企业和各级政府的绿色发展理念显著增强，与2015年相比，传统制造业物耗、能耗、水耗、污染物和碳排放强度显著下降。节能环保产业大幅增长，初步形成经济增长新引擎和国民经济新支柱。绿色制造能力稳步提高，形成一批具有核心竞争力的骨干企业，初步建成较为完善的绿色制造相关评价标准体系和认证机制，创建百家绿色工业园区、千家绿色示范工厂，推广万种绿色产品，绿色制造市场化推进机制基本形成。制造业发展对资源环境的影响初步缓解。

5.高端装备创新

《中国制造2025》提出，组织实施大型飞机、航空发动机及燃气轮机、民用航天、智能绿色列车、节能与新能源汽车、海洋工程装备及高技术船舶、智能电网成套装备、高档数控机床、核电装备、高端诊疗设备等一批创新和产业化专项、重大工程。开发一批标志性、带动性强的重点产品和重大装备，提升自主设计水平和系统集成能力，突破共性关键技术与工程化、产业化瓶颈，组织开展应用试点和示范，提高创新发展能力和国际竞争力，抢占竞争制高点。2020年上述领域实现自主研制及应用。到2025年，自主知识产权高端装备市场占有率大幅提升，核心技术对外依存度明显下降，基础配套能力显著增强，重要领域装备达到国际领先水平。

《高端装备创新工程实施指南（2016—2020年）》提出，2020年基本掌握一批高端装备设计制造关键核心及共性技术，自主研发、设计、制造及系统集成能力大幅提升，产业竞争力进入世界先进行列。形成一批具有中国技术特色的全球品牌，大型飞机、民用航天、先进轨道交通装备、核电装备、海洋工程装备及高技术船舶等进入国际市场，节能与新能源汽车、智能电网成套装备以及先进农机装备实现规模化应用，航空发动机及燃气轮机、高档数控机床以及高性能医疗器械国产化程度大幅提升。到2025年，全面具备高端装备的自主研发、设计、制造及系统集成能力，各领域开发出一批标志性、带动性强的成套装备，核心技术对外依存度明显下降，基础配套能力显著增强，重要领域装备达到国际领先水平。形成覆盖研发设计、装备制造、技术服务的完整产业体系和持续创新发展能力，国际竞争力和国际品牌影响力进一步增强。

三、发展智能工业的路径

（一）制定智能工业发展的良好政策

《中国制造2025》提出，建设制造强国，必须发挥制度优势，动员各方面力量，进一步深化改革，完善政策措施，建立灵活高效的实施机制，营造良好环境。

1.深化体制机制改革

全面推进依法行政，加快转变政府职能，创新政府管理方式，加强制造业发展战略、规划、政策、标准等的制定和实施，强化行业自律和公共服务能力建设，提高产业治理水平。要简政放权，适时修订政府核准的投资项目目录，完善政产学研用协同创新机制，加快生产要素价格市场化改革，推行节能量、碳排放权、排污权、水权交易制度改革和加快资源税从价计征，完善公司治理结构，推动军民融合深度发展，健全产业安全审查机制和法规体系。

2.营造公平竞争市场环境

深化市场准入制度改革，实施负面清单管理，加强事中事后监管，全面清理和废止不利于全国统一市场建设的政策措施。实施科学规范的行业准入制度，制定和完善制造业准入标准，加强监管、监督检查和统一执法，加快发展技术市场，完善淘汰落后产能工作涉及的职工安置、债务清偿、企业转产等政策措施，进一步减轻企业负担，推进制造业企业信用体系建设，强化企业社会责任建设。

3.完善金融扶持政策和加大财税政策支持力度

深化金融领域改革，拓宽制造业融资渠道，降低融资成本。积极发挥政策性金融、开发性金融和商业金融的优势，健全多层次资本市场，引导风险投资、私募股权投资等支持制造业企业创新发展，鼓励符合条件的制造业贷款和租赁资产开展证券化试点，支持重点领域大型制造业企业集团开展产融结合试点，探索开发适合制造业发展的保险产品和服务，加大对制造业企业在境外开展资源勘探开发、设立研发中心和高技术企业以及收购兼并等的支持力度。

加强财政资金对制造业的支持，重点投向智能制造、“四基”发展、高端装备等制造业转型升级的关键领域，为制造业发展创造良好政策环境。要善于运用政府和社会资本合作（PPP）模式，创新财政资金支持方式，深化科技计划（专项、基金等）管理改革，完善和落实支持创新的政府采购政策，完善和落实使用首台（套）重大技术装备等鼓励政策，实施有利于制造业转型升级的税收政策。

4.完善中小微企业政策

落实和完善支持中小微企业发展的财税优惠政策，优化中小企业发展专项资金使用重点和方式。加快设立国家中小企业发展基金，支持符合条件的民营资本依法设立中小型银行等金融机构，加快构建中小微企业征信体系，建设完善中小企业创业基地，鼓励大学、科研院所、工程中心等对中小企业开放共享各种实（试）验设施，加强中小微企业综合服务体系建设，完善中小微企业公共服务平台网络。

5.进一步扩大制造业对外开放

深化外商投资管理体制改革，营造稳定、透明、可预期的营商环境，全面深化外汇管理、海关监管、检验检疫管理改革，进一步放宽市场准入，加强对外投资立法，探索利用产业基金、国有资本收益等渠道实施海外投资并购，建立制造业对外投资公共服务平台和出口产品技术性贸易服务平台，完善应对贸易预警协调机制。

（二）创新智能技术和加速智能工业发展

《智能制造发展规划（2016—2020年）》提出，加快发展智能制造，是抢占未来经济和科技发展制高点的战略选择。

1.加强关键共性技术创新

突破先进感知与测量、高精度运动控制、高可靠智能控制、建模与仿真、工业互联网安全等一批关键共性技术，研发智能制造相关的核心支撑软件，布局和积累一批核心知识产权，为实现制造装备和制造过程的智能化提供技术支撑。

智能制造关键共性技术创新方向是建设若干智能制造领域的制造业创新中心，开展关键共性技术研发，组建智能制造创新联盟，推动创新资源向企业集聚，加快研发智能制造支撑软件、业务管理软件、数据管理软件。

2.加快智能制造装备发展

推进产学研用联合创新，攻克关键技术装备，推进智能制造关键技术装备、核心支撑软件、工业互联网等系统集成应用，集成开发一批重大成套装备，推进工程应用和产业化，推动新一代信息通信技术在装备（产品）中的融合应用，促进智能网联汽车、服务机器人等产品的研发、设计和产业化。

智能制造装备创新发展重点是创新产学研用合作模式，研发相关的关键技术装备，重点突破核心产品，在机床、机器人、石油化工、轨道交通等领域实现集成应用。开展智能制造成套装备的集成创新和应用示范，加快产业化。促进智能网联汽车等的研发和产业化，开展远程无人等智能服务。

3.加大智能制造试点示范推广力度

开展智能制造新模式试点示范，形成有效的经验和模式。围绕设计、研发、生产、物流、服务等全生命周期，遴选智能制造标杆企业，在相关行业进行移植、推广。2020年建成300个以上智能制造试点示范项目，遴选确定150个以上智能制造标杆企业。

4.推动重点领域智能转型

围绕《中国制造2025》十大重点领域，试点建设数字化车间/智能工厂，加快智能制造关键技术装备的集成应用，加快产品全生命周期管理、客户关系管理、供应链管理系统的推广应用，推广应用数字化技术、系统集成技术、智能制造装备，推动产业间绿色循环链接，提升重点制造技术绿色化水平。

重点领域智能转型重点是推进智能化、数字化技术在企业研发设计、生产制造、物流仓储、经营管理、售后服务等关键环节的深度应用，支持智能制造关键技术装备和核心支撑软件的推广应用，开展数字化车间/智能工厂的集成创新与应用示范，支持地方、园区、龙头企业等建设一批公共服务平台并开展服务。

5.促进中小企业智能化改造

开展管理信息化和数字化升级试点应用，建立龙头企业引领带动中小企业推进自动化、信息化的发展机制，建设云制造平台和服务平台，服务中小企业智能化发展。2020年有基础、有条件的中小企业生产自动化程度大幅提高，管理信息化和数字化水平明显提升。

（三）夯实智能工业基础

《智能制造发展规划（2016—2020年）》提出，加快发展智能制造，对促进制造业向中高端迈进、实现制造强国具有重要意义。

1.构筑工业互联网基础

研发新型工业网络设备与系统，推动制造企业开展工厂内网络升级改造，开展工业云和大数据平台建设，研发安全可靠的信息安全软硬件产品，搭建面向智能制造的信息安全保障系统与试验验证平台，建立健全工业互联网信息安全风险评估、检查和信息共享机制。

工业互联网建设重点是研发工业网络设备与系统，构建试验验证平台及标识解析系统、企业级智能产品标识系统，开发核心信息通信设备、工业级信息安全产品及设备，支持工业企业改造工业现场网络，进行现有公用电信网的升级改造，推进新技术、产品及系统在重点领域的集成应用。

2. 建设智能制造标准体系

开展基础共性标准、关键技术标准、行业应用标准研究，搭建标准试验验证平台（系统），加快标准制（修）订和推广，构建满足产业发展需求、先进适用的智能制造标准体系。

组织开展关键技术标准的研究制定，探索制定重点行业智能制造标准，推进智能制造标准国际交流与合作。2020年国家智能制造标准体系基本建立，制（修）订智能制造国家标准200项以上，建设试验验证平台100个以上、公共服务平台50个以上。

3. 培育智能制造生态体系

形成以智能制造系统集成商为核心的“专精特”企业深度参与的智能制造发展生态体系，加快培育系统解决方案供应商，发展龙头企业集团，做优做强“专精特”配套企业。

支持以技术和资本为纽带，组建产学研用联合体或产业创新联盟，鼓励发展成为智能制造系统解决方案供应商。2020年主营业务收入超10亿元的智能制造系统解决方案供应商达到40家以上，基本满足制造业智能转型的需要。

4. 推进区域智能制造协同发展

积极推动智能制造装备产业集群建设，完善产业链协作配套体系，打造智能制造装备产业集聚区；大力推进制造业发展水平较高的地区率先实现优势产业智能转型，积极促进制造业欠发达地区加快制造业自动化、数字化改造，促进区域智能制造差异化发展；加快区域间创新资源、设计能力、生产能力和服务能力的集成和对接，推进制造过程各环节和全价值链的并行组织和协同优化，加强区域智能制造资源协同。

5.发展服务型制造

《中国制造2025》提出，加快制造与服务的协同发展，促进生产型制造向服务型制造转变，大力发展与制造业紧密相关的生产性服务业，推动服务功能区和服务平台建设。

2016年7月，为贯彻落实《中国制造2025》，工业和信息化部、国家发改委、中国工程院发布的《发展服务型制造专项行动指南》提出，通过进一步增强创新设计引领作用、提高协同融合发展水平、拓展网络化服务支撑能力，经过3年的发展，服务型制造水平明显提升。

（四）加速智能工业人力资源开发

1.打造智能制造人才队伍

《智能制造发展规划（2016—2020年）》提出，要构建多层次人才队伍，大力弘扬工匠精神，加强智能制造人才培训，培养一批高层次领军人才、复合型人才、专业技术人才、高技能人才。健全人才培养机制，促进企业和院校成为技术技能人才培养的“双主体”，鼓励有条件的高校、院所、企业建设智能制造实训基地，支持高校开展智能制造学科体系和人才培养体系建设，建立智能制造人才需求预测和信息服务平台。

2.健全多层次人才培养体系

《中国制造2025》提出，加强制造业人才发展统筹规划和分类指导，组织实施制造业人才培养计划，加大专业技术人才、经营管理人才和技能人才的培养力度，完善从研发、转化、生产到管理的人才培养体系，培养造就一批优秀企业家和高水平经营管理人才，打造高素质专业技术人才队伍，形成一支门类齐全、技艺精湛的技术技能人才队伍，培养制造业急需的科研人员、技术技能人才与复合型人才，完善各类人才信息库，建立人才激励机制，健全人才流动和使用的体制机制，探索建立国际培训基地，加大制造业引智力度。

第三节　智能环保

智能环保是信息时代绿色经济的全新服务业，是当代信息技术在生态环境保护领域的运用给传统环境管理带来的革命性转变，为走向生态文明时代的生态环境保护提供了新的方法路径。大力发展智能环保，可以发挥生态环境管理对各产业生态化的引领作用，有助于优化经济增长方式，打造绿色经济体系，对生态文明建设起到保驾护航的作用。

一、智能环保的内涵

（一）智能环保的概念

智能环保是用互联网技术、物联网技术、云计算技术、智能地理信息技术、一体化遥感监测技术、大数据技术、环境模型模拟技术，在各种环境监控对象或物体中嵌入传感器和装备，通过超级计算机和云计算将环保领域物联网整合起来，在大数据处理基础上以更加精细和动态的方式，使环境监测、环境应急、环境执法和科学决策更加有效，实现全天候的实时监测、全面监控、应急预警、高效指挥，保证对生态环境的管理及时有效。

《物联网“十二五”发展规划》中规定了智能环保的应用示范工程为：污染源监控、水质监测、空气监测、生态监测，建立智能环保信息采集网络和信息平台。2015年7月，国务院办公厅印发的《生态环境监测网络建设方案》提出，推进全国生态环境监测数据全国联网和共享，开展监测大数据分析，实现环境监测事权的国家考核、国家监测，2020年初步建成陆海统筹、天地一体、上下协同、信息共享的生态环境监测网络。

2016年1月，国家发改委发布的《“互联网+”绿色生态三年行动实施方案》提出，通过加强资源环境动态监测、大力发展智慧环保、完善废旧资源回收利用和在线交易体系，以完善污染监测及信息发布系统，形成覆盖主要生态要素的资源环境承载能力动态监测网络，实现生态环境数据的互联网互通和开放共享，充分发挥互联网在逆向物流回收体系中的平台作用，提高再生资源交易利用的便捷化、互动化、透明化，促进生产生活方式的绿色化。

2016年3月，生态环境部办公厅印发的《生态环境大数据建设总体方案》提出，未来5年内生态环境大数据建设要实现生态环境综合决策科学化、生态环境监管精准化、生态环境公共服务便民化的目标，把全国、省、市、县所有相关的环境质量监测数据、污染物排放数据、环境风险评估数据以及自然生态数据、环境执法监察数据等全部整合汇总，推进大数据在生态文明建设中的作用。

2016年12月，工业和信息化部印发的《信息通信行业发展规划物联网分册（2016—2020年）》在重点领域应用示范工程的智慧节能环保中提出，推动物联网在污染源监控和生态环境监测领域的应用，开展废物监管、综合性环保治理、水质监测、空气质量监测、污染源治污设施工况监控、进境废物原料监控、林业资源安全监控等应用。

2017年9月，阿里云推出“青山绿水”计划，全面开放ET环境大脑的智能技术，提供全景生态分析、智能综合决策、智能环境监测等服务。阿里云飞天的环境大脑有强大的计算能力和丰富的人工智能算法，能发现卫星图像、气温、风力、气压等各类信息背后的环境密码，并快速做出决策，如数字地球集成了全球各类自然环境信息，通过分析全球植被绿化变迁、自然灾害监测、极端天气预警等，协助生态环境机构监督环境变化及政府执法。内蒙古环保厅加入了“青山绿水”计划，以人工智能保护生态环境。江苏省环保厅早已引入ET环境大脑，实现对水、气、土、污染源的智能感知，管理了近2.5万家企业，固废处理已实现全链路监管，从减量化、资源化、无害化等5个维度的200个指标建立企业综合评估模型，提前发现异常的废物申报。

2021年11月1日，工业和信息化部印发的《“十四五”信息通信行业发展规划》指出，推进行业节能减排和绿色发展。鼓励利用SDN/NFV、人工智能等多种技术手段，积极推进网络设施智能化改造和绿色升级，降低数据中心、移动基站等设施功耗。鼓励能耗高、能源利用率低的在用数据中心开展节能改造，加快现网老旧高耗能传统设备退网或升级22改造，新建信息基础设施全面采用节能减排新技术和节能设备。积极推广风能、太阳能等可再生新能源的使用。加速信息技术赋能社会各领域节能减排，构建“智能+”绿色生态体系，降低社会总体能耗。

当前，在江苏省无锡市、黑龙江省哈尔滨市、浙江省衢州市、湖南省湘潭市等城市，智能环保项目的建设取得了较好成绩。

（二）智能环保的特点

1.高科技性

以互联网、物联网、云计算、大数据、人工智能、区块链等为代表的现代信息技术已广泛应用于经济与社会发展的各个领域，在生态环境保护领域中信息技术也发挥了越来越大的作用，极大地提高了管理效率，成为生态环境管理向生态化、科学化、现代化的重要手段，自动识别技术、定位技术、传感器技术、无线通信技术、有线通信技术、移动互联网、无线传感网、数据处理和管理技术、云计算、数据挖掘等高科技推动着生态环境管理智能化的步伐。

2.实时性

智能环保通过3个步骤实现对生态环境的实时管理：首先由传感器和相关装备在实施管理的现场采集污染源数据、水环境质量数据、空气环境质量数据、噪声数据、辐射数据等各种环境数据，将数据传输到数据中心，然后对数据进行存储、分析、汇总，一旦采集到的数据超出系统设置的阈值时，系统自动报警并通过声光报警器、手机短信和弹出窗口等形式通知管理人员，同时启动或者关闭相关设备调节现场环境指标。

3. 监管全程性

生态环境保护的一项重要工作就是对污染源的监管，智能环保通过建设项目审批管理系统进行建设项目的源头防治，通过烟气和污水污染排放过程（工况）监控系统监管治理过程，通过污染源管理系统、排污许可管理系统和生态环境行政处罚、信访投诉、移动执法系统等实行日常监督管理，通过污染源在线监控、排口视频在线监控系统监控排污末端，从而建立了污染源“源头防治、过程监管、日常监管、末端监控”的全过程监管体系。

4. 公开性

智能环保利用物联网技术实现对污染排放的全过程监控和溯源，整个过程公开，使得违法排污和数据作假的成本越来越高、难度越来越大，一定程度上保证了污染排放数据真实，同时依靠地图网络的任务分派、任务执行的全过程跟踪功能，监察人员的执法轨迹和流程被自动记录，实现生态环境督察的阳光化。

智能环保的生态环境保护政务系统和生态环境教育与公众参与系统，可以宣传国家的生态环境保护法规和政策，公开生态环境信息，及时公示相关项目的信息，接受信访投诉，从而保障公众的生态环境知情权，积极参与到生态文明建设的进程中；智能环保的在线办事系统，使用户可以通过网络办理咨询、申报、查询等工作，极大地提高办事效率，实现行政许可项目的在线申报、后台办理、在线公布和查询。

（三）智能环保的作用

智能环保是未来生态环境管理的全新管理手段。从国家和全球角度看，智能环保通过海量的环境数据收集，经过分析处理，使决策者依据大数据正确判断经济发展和环境保护的现状和发展趋势，制定正确的环境政策，使资源和环境得以持续发展，进而保障经济、社会的持续发展。

从生态环境管理角度看，智能环保在污染源监控、大气污染防治、水污染防治、土壤污染防治、生态环境质量监测、自然生态保护、生态环境应急管理、核与辐射安全管理、生态环境污染举报和投诉、生态环境信息披露等方面为生态环境行政管理部门提供真实的数据支撑，移动通信技术还可为管理人员提供移动监测污染源，实现移动执法、移动审批，第一时间掌握生态环境管理的情况，大幅度提高管理的效率，避免因信息不灵带来的管理失误。

从企业管理的角度看，智能环保可以使企业准确和及时地掌握生产过程中产生的废气、废水、固体废物的数量，及时调度生产，把污染物排放产生的潜在风险扼杀在萌芽之中。

从公众角度看，智能环保为保障公民的环境权利提供了一条有效的渠道，使公民的环境知情权、环境参与权、环境请求权落到实处，使公众有了一个参与生态环境保护的更好的平台。

二、智能环保的内容

（一）智能环保的感知信息采集层

感知信息采集层的功能是智能环保监测监控数据的采集，利用各种传感设备实现对水气辐射源等环境因子实时监测监控，并通过设备和网络将数据汇聚上传到数据中心平台。数据中心也有监管功能，可以控制感知层设备。下面是感知信息采集层要采集的数据。

1.污染监测数据

主要包括监测数据和视频图像，其中监测数据主要是废水和废气，视频图像包括排污口、重点建设工地、区域环境等。

2.治理过程和生产数据

主要包括电厂、污水处理厂、垃圾处理场、工业污染源治理设施等。

3.生态环境质量监测数据

主要是空气质量、地表水、大气复合污染的监测数据和气象数据。

4.危废监测数据

主要包括危废产生、收集、运输、贮存、处理全过程数据。

5.移动终端数据

主要包括现场执法内容、调查笔录、取证材料、移动办公数据等。

6.机动车相关数据

主要是机动车尾气检测数据、现场视频图像和冒黑烟违法车辆等数据。

（二）智能环保的网络传输层

网络传输层是连接感知层和应用支撑层，承载监测数据、视频数据、业务数据、控制信令的重要通道。网络传输层通过3G/4G、移动网、光纤网、WLAN等现代网络通信技术，实现“智能感知层”数据高效、安全、准确地传输。如空气质量自动监测数据、治理设施监控数据、危废RFID信号等采用GPRS无线网络传输，危险废物收取、运输贮存、处理现场视频图像采用光纤传输。

（三）智能环保的智能应用层

智能应用层是智能环保的核心，下接感知层的监测监控数据，上承公众服务层的数据支撑服务，智能环保的所有数据建模、存储、检索、分析、发布和管理在智能应用层实现统一，并提供不同业务之间的数据共享交换平台，还为公众服务层提供数据访问服务、全文搜索服务、地理信息服务、工作流服务、统一权限管理服务及视频解码服务等。

1.业务支撑构建平台

业务支撑构建平台对公共服务和通用业务服务进行归纳和封装，为应用系统提供多种公共服务，将系统各类公用的服务功能按照一定的形式进行封装，形成独立的子模块，各子模块对外提供可供访问的服务接口，对内通过相应的机制形成一体化的基本服务层，为构建在平台上运行的各应用系统提供各类通用功能。业务支撑构建平台的服务，能构建良好的生态环境保护的信息化应用系统。

2.环境地理信息共享平台

环境地理信息共享平台是依托测绘部门现有地理信息生产、更新与服务架构的广域网物理链路，联通相关环境地理信息资源，实现在全国范围内跨时空的环境地理信息资源服务，形成分建共享、协同服务和联动更新的高效运维机制，可以实现跨地区多尺度地理信息数据资源集成应用，促进环境地理信息资源共享，实现生态环境保护管理的“一张图”。共享平台可以为用户提供相关的地图服务、功能服务和专题定制服务，业务应用系统通过平台能建立环境地理信息系统模块的应用系统。

3.环境数据中心平台

一般来说，环境数据由于收集和存储面广，极为分散，而且周期长、数据量大、格式不统一，难以统一、规范地使用。建立环境数据中心平台，就是要通过各种不同数据源之间的数据传递、转换、净化、集成等功能，实现环境数据的统一采集、统一存储、统一管理、统一分析、统一展现，避免“一数多源”和“数出多门”，保证环境数据库的一致性和完整性，实现多业务处理以及管理决策层的数据共享，从而破除“信息孤岛”，使环境信息资源全局互联互通，推动智能环保业务的有效开展。

4.智能监管系统

污染源综合管理系统主要包括污染源在线监控系统和烟气、污水治理设施运行监管系统。前者实现对污染源在线数据的实时监控、查询、统计和分析，及时反映污染排放状况，有效监督企业的排污行为；后者通过对企业生产数据、治理设施运行状态数据、污染排放数据的采集，利用智能分析技术全过程监管污染排放。

生态环境质量管理系统主要包括生态环境质量自动监测系统和生态环境视频在线监控系统。前者是以GIS平台为依托，以空气、水质、噪声等自动监测仪器为核心的自动测控系统，系统自动采集、存储、分析、处理生态环境质量信息，全面反映和客观评价生态环境质量现状，为生态环境质量管理提供依据；后者是通过设置在生态环境重要节点的摄像机、经有线或无线网络传输采集的高清晰图片和现场视频图像的监控系统，即时拍摄监控现场视频录像以及启动即时抓拍检测现场图片，将远程无人值守或观察人员无法及时到达现场情况的图文信息数据等及时传送至监控中心，实现现场即时图片信息数据采集、通信、分析、处理和应用一体化，为生态环境管理决策和执法提供依据，提升监督能力和监管效率。

危废在线监控系统是针对危险废物全生命周期，进行全程信息动态实时采集，实现业务信息资源的优化整合与智能处理的系统。系统利用现代物联网技术，集成RFID、GPS定位、视频监控、无线通信等技术，实现危废产生单位、运输车辆、利用处置单位的唯一电子标识码，进而对危险废物产生、转移、贮存、利用、处置全过程进行可视化实时行为监管，实时掌握危险废物运行状态，并对利用处置单位工艺流程进行运行监控，确保利用处置工艺合规运行，实现危险废物的日常规范化管理。

生态环境事故应急监测系统是基于生态环境应急管理平台、利用现代信息技术建立的应对突发性生态环境事故的系统，能判明污染物种类、可能的来源和扩散范围，将应急监测数据实时同步到应急指挥系统中，能实现应急管理的信息共享、统一资源、高效调度、精准决策，为应急指挥的决策分析、指挥调度提供依据。

机动车尾气监督管理系统是一个集数据采集、网络通信和控制、数据传输处理、统计查询、信息共享、环保标志管理等为一体的机动车排气管理数据库信息系统，能够实现对各种机动车检测数据的实时采集传输、查询、统计、分析以及机动车日常业务的信息化管理，实现了车辆的综合信息管理、检测业务管理、环保标志管理、决策支持管理。

5.生态环境综合执法监察管理系统

生态环境保护移动执法系统是运用现代管理理论和现代信息技术，为规范执法流程、提高现场执法效率而开发的管理系统，使执法人员能够随时随地掌握污染源信息、处理执法业务、上报执法进程，监管部门可以监督执法过程。系统由指挥调度软件和移动执法应用（App）组成。指挥调度软件可以进行现场数据收集管理、综合评判、业务规则制定与分发、通用数据管理、终端信息安全管理、统计分析以及与其他系统对接；移动执法终端可以进行接受指令或任务、现场数据采集、位置定位、数据上传、数据查询等。

生态环境信访管理系统是按照信访处理流程实现信访案件登记、受理和对信访信息进行交办、呈办、督办与查询、管理、分析、结案归档等相结合的管理系统，系统能使管理部门和信访当事者都在网上协同处理信访事件，极大提高了信访工作的效率和生态环境管理水平。

生态环境行政处罚管理系统是以现代信息技术为基础建立的生态环境行政处罚工作从立案、调查、听证、审查、结案、归档的相关文件在线填写、审核、审批所有程序的过程信息化的系统，能使行政处罚更为规范、合法和公正，提高了行政处罚的效率。

生态环境限期治理、整改管理系统是为督促排污单位限期治理现有污染源和对生态环境造成损害的单位限期纠正违法行为恢复原有状况，或发现相关单位违反生态环境保护的法规和政策，监察部门和监管部门以及当事单位在网上办理限期治理和整改决定、提交治理和整改方案、跟踪检查、治理整改完成申报、验收的信息化系统，可以使限期治理和限期整改行为更为规范，提高限期治理和整改的效率。

6.日常办公系统

OA办公自动化系统，是运用现代信息技术使生态环境管理人员通过网络和终端方便快捷共享信息、高效协同工作，实现迅速、全方位的信息采集和处理，极大提高办事效率的信息化系统。OA系统使办公环节更快捷、办公体验更畅快、办公过程无纸化、移动办公方式多样化，减轻工作人员的工作强度，减少无效工作，提高工作效率。

排污权储备交易系统，主要包括排污权储备交易电子竞价拍卖系统和排污权储备交易信息发布系统。排污权储备交易信息发布系统通过排污权储备交易中心的电子大屏幕和网站对排污权储备交易信息进行实时和不定时发布及查询，企业以此获得排污权储备交易信息。对生态环境管理部门而言，对外实现面向企业的排污权交易信息的发布与排污权有偿使用和二级市场交易，对内实现管理人员对排污权交易的全过程监管。

通过该系统，可按管理区域、时间和污染物指标等对企业排放超标情况进行查询。

污染源“一厂一档”管理系统，将所有排污单位污染源信息全部录入信息管理系统，为所有污染源企业建立档案专区，有序管理污染源生命周期中的环境监测和环境管理的信息，形成“一厂一档”数据库，与排污收费、环评管理、总量控制、信息公开和排污许可证管理等数据互通互联，有助于实现生态环境管理数据一体化、生态环境监管精准化、生态环境信息公开化，为移动执法创造了条件，提升了整体的生态环境管理水平。

生态环境保护审批监管系统是利用现代信息技术建立的审批监管系统，主要是与生态环境保护相关的事项通过网上申报及审批管理、建设项目网上审批、试生产网上审批、项目验收网上审批、环境影响评价管理、建设项目审批管理、总量控制指标管理等，提高了审批效率，加强了监管规范化和公正性。

排污许可证监督管理系统是采用现代信息技术建立的一套管理系统，能够实现对排污许可证申请、发放、变更、换证、年检、注销、吊销等业务的全过程统一管理，可使生态环境管理部门实时掌握辖区内排污许可证的发放情况，及时监控总量年度分配指标使用情况，从而通过信息化手段促进污染减排工作。系统可以使企业在网上申报、业务办理、许可证档案管理、查询统计分析，管理部门实现全流程网上审批，大大提高排污许可证业务办理流程的规范化、高效化。

固体废物管理系统是利用物联网等现代信息技术使生态环境管理部门实时掌握固体废物和危险废物产生、贮存、利用、处置的实际情况的信息系统，使固体废物和危险废物的申报更为可靠、数据更为准确，管理部门的监管更为全面和更有效率，提高生态环境的管理水平。

辐射源管理系统是利用先进的物联网技术、自动控制技术、通信技术、传感技术、GIS技术、GPS技术、图像识别技术等，将辐射源安全管理建立了以GPS定位及剂量率为检测单元的数据监测同时辅以视频技术为基础的在线监控系统。实现了辐射源使用单位、项目审批、台账、辐射工作人员、检测等信息以及辐射源的监控、使用许可和转移审批、转移GPS实时定位监控、监察巡检、移动监察及应急管理等一体化和信息化，从根本上提升监管水平和预警能力。

总量减排控制系统是利用信息化技术使生态环境管理部门进行区域总量管理工作、实现对辖区内排污总量的控制的信息化系统，主要包括总量控制管理和减排管理两大部分内容，通过统筹工业污染减排，明确主要污染物总量控制目标，将减排任务分解落实到区域、行业、企业和项目，使总量减排任务分解和细化，同时为减排工作的清算和核算提供工具和手段。

实验室信息管理系统，是严格按照国家相关规范和要求，为生态环境监测实验室设计的信息化平台，提供了实验室所有监测业务的全流程管理，实现了对实验室“人员、仪器、样品、方法、环境”的全面资源管理。管理主要包括实验室人力资源管理、质量管理、仪器设备与试剂管理、环境管理、安全管理、信息管理以及实验室设置模式与管理体制、管理机构与职能、建设与规划等，极大地提高了工作效率，实现了实验室管理的自动化和规范化。

7.决策支持系统

生态环境事故应急指挥系统，是集有线或无线通信技术、GIS地理信息、GPS、环境自动监测仪器、数据传输网络、数据处理和分析等于一体的生态环境应急管理的信息化平台，包括信息接报、影响评估、级别判断、上报通知、指挥调度、现场救援、事后恢复等内容，实现突发生态环境事故应急管理的信息共享、统一资源和高效调度，提高应急指挥效率，最大限度减少事故带来的生态环境和经济损失。

空气质量预测预报系统，是利用现代信息技术集成高性能集群方案、预报模式支撑系统等建立的气象与空气质量状况分析、未来空气状况预报预警功能的空气质量预警预报平台，能够准确、及时、全面地反映生态环境空气质量现状及未来的变化趋势，提升生态环境管理部门预测预报服务能力，为生态环境管理、制定生态环境政策、污染源控制、生态环境规划等提供依据。

（四）智能环保的公众服务层

1.生态环境内网

生态环境内网是生态环境管理部门实现部门信息发布和信息资源分类共享的系统，可以提供各生态环境信息化系统的统一入口，实现“一次登录，全网通行”，工作人员通过内网门户可以进入办公系统和业务系统处理相关的工作。

2.生态环境外网

生态环境外网是服务于生态环境管理需要的政务公用网络和综合性的业务应用系统，也是生态管理部门履行职能、面向社会提供服务的官方网站，是实现生态环境政务信息公开、服务企业和社会公众并互动交流的重要渠道，管理部门通过门户网站发布生态环境相关政策和信息，为企业和公众提供在线服务。

3.在线办事系统

在线办事系统是为方便企业和公众通过网上办理与生态环境相关事务建立的信息化平台，企业和公众可以通过门户网站，随时了解相关事项在生态环境管理部门办理进程的动态变化情况和在网上办理其他事宜，也可以与管理部门沟通交流。

4.生态环境质量信息发布系统

生态环境质量信息发布系统是依据国家标准和相关技术规定的要求发布空气质量实时数据及日报数据等生态环境相关数据的公众信息化平台，公众可以通过地图模式、数据列表模式查看各空气质量监测点的SO_2、NO_2、O_3、PM10、PM2.5、CO等检测因子的实时数据、历史数据、AQI/API评价数据，方便公众获取生态环境空气质量状况和防护信息。

三、大力发展智能环保

（一）智能环保综合服务体系建设

1.增加生态环境综合业务平台服务水平

升级现有综合办公平台，加强电子政务集约化、统筹化建设，推动跨部门、跨层级信息共享、资源共享和业务协同力度，不断提高工作效率和水平；完善优化综合办公平台技术架构，提升平台综合应用性能，提升系统性能；优化平台架构设计，重构平台用户管理、组织结构管理、权限角色管理等，实现单点登录方式重构并集成现有系统。

《“互联网+”绿色生态三年行动实施方案》提出，建设全国海洋生态环境监督管理系统。以海洋生态环境监管业务数据为基础，通过多元数据信息综合利用等手段，建立为国家和地方海洋生态环境监督管理与科学决策提供全面支撑的综合信息系统平台，实现数据集成与管理、分析评价与决策、行政审批与管理、政务公开与公众服务能力的全面提升。

2.提升生态环境数据综合服务能力

通过生态环境数据中心升级、信息资源共享、加强大数据分析、探索创新数据资源应用服务方式，进一步完善生态环境数据中心，积极推进数据中心向资源中心转化。深入推进生态环境信息资源开发、整合和利用，提高数据的准确性、及时性，拓展生态环境数据资源应用的深度和广度，推进生态环境数据库建设和完善，运用大数据技术加强生态环境监管。

《“互联网+”绿色生态三年行动实施方案》提出，加强企业环保信用数据的采集整理，将企业环保信用记录纳入全国统一信用信息共享交换平台。

3.提升移动服务能力

通过加强移动办公平台建设，提升信息沟通和办公效率，升级移动监察执法系统，改进生态环境执法模式、提高执法效率，从政务办公、监察执法以及生态环境应急等多个业务管理领域完善生态环境管理移动应用服务，拓展管理服务手段，提高业务管理的及时性、准确性，提升生态环境管理业务服务能力。

4.提高公众服务水平

完善生态环境网上服务大厅，为办事者提供一站式的网上服务，确保公众能够及时便捷获得在线服务，升级改造生态环境投诉举报网站管理系统，提高公众环保问题投诉服务水平。发挥门户网站在信息公开、在线服务、政民互动等方面的服务功能，加强网站建设和管理，打造更加及时、准确、公开、透明的政府信息发布平台，强化社会监督，促进环境监管。

《“互联网+”绿色生态三年行动实施方案》提出，健全完善网络环境监督管理和宣传教育平台。畅通公众参与渠道，鼓励公众利用网络平台对环境保护案件、线索、问题进行举报，构建政府引导、全民参与的监督管理机制。利用网络平台，宣传环保理念、普及环保知识，提高公众环保意识。

5.创新生态环境管理与公共服务手段

依托“互联网+”技术，加强基于互联网的生态环境管理体系建设，推动基于互联网的生态环境数据资源互联共享，创新基于互联网的面向公众的管理和服务，构建面向公众的在线公共服务体系，把互联网的创新成果与生态环境管理和公共服务等领域深度融合，推动管理效率提升和管理方式变革，提升生态环境治理能力现代化水平。

《“互联网+”绿色生态三年行动实施方案》提出，建立环境信息数据共享机制，统一数据交换标准，推进区域污染物排放、空气环境质量、水环境质量等信息公开，通过互联网实现面向公众的在线查询和实时发布。

6.加强生态环境科研信息化基础建设

建立生态环境科研信息化的基础环境，为生态环境管理技术需求部门、技术提供部门以及科学家群体的科技创新活动提供专业化、集成化、自助化的科研信息化服务平台。

（二）智能环保重点业务应用建设

1.生态环境大数据建设

生态环境大数据建设要充分利用政务云平台资源，采用集约化的管理模式，进一步提高资源利用率；建设生态环境大数据资源中心，制定大数据管理标准规范体系，完善大数据共享体系，推动大数据在生态环境管理科学决策的运用，实现“用数据决策”；利用大数据创新污染源监管模式，加大生态环境管理重点业务支撑力度，提升管理精细化能力；建立环境监测一体化平台，统筹生态环境业务建设，使业务管理精细化；统一管理生态环境质量数据、污染源数据和社会舆情数据等，应用大数据分析技术，提升决策能力。

《生态环境大数据建设总体方案》提出，推进数据资源全面整合共享，加强生态环境科学决策，创新生态环境监管模式，完善生态环境公共服务，统筹建设大数据平台，推动大数据试点。

2.生态环境监测网络建设

充分利用大数据技术，加强生态环境监测数据资源的开发与应用，为生态环境保护决策、管理和执法提供数据支撑；建设大气监测网络，不断加强生态环境遥感监测，为大气污染防治提供技术支撑，为空气质量预报预警及决策能力提供支撑，同时升级生态环境空气质量监测预警系统；建设地表水和地下水环境质量监测预警系统，提高水环境质量监测能力；扩展土壤环境质量监测点位，建设农村环境和土壤监测系统，提高土壤环境质量监测能力；建设声环境监测系统，提高声环境质量监测能力，进一步提升声环境数据管理水平；开展村庄环境空气质量、饮用水水源地水质、土壤环境质量、污染源、生态环境质量监测与评价，建设农村环境监测网络；升级污染源自动监控系统，建设污染源数据分析应用平台，完善污染源排放监测技术水平，提高污染源监管能力，充分发挥自动监控系统的综合决策服务能力；建设遥感卫星接收地面站和遥感监测管理系统，建立集大气、生态、面源等环境遥感监测信息采集、传输、存储、应用、管理与服务为一体的综合性平台，提升生态环境遥感监测信息综合服务能力水平；建设生态环境质量与污染源信息综合管理系统，实现生态环境监测和污染源监管“一张图”，为生态环境管理提供支持：建立更加完善的监测管理信息化系统，升级实验室管理系统，加强质量管理和内部控制管理，提高环境监测信息管理能力。

《生态环境监测网络建设方案》提出，通过全面设点完善生态环境监测网络，通过全国联网实现生态环境监测信息集成共享，通过自动预警科学引导环境管理与风险防范，通过依法追责建立生态环境监测与监管联动机制。

《“互联网+”绿色生态三年行动实施方案》提出，利用智能监测设备和移动互联网，完善污染物排放在线监测系统，增加监测污染物种类，扩大监测范围，形成全天候、多层次的智能多源感知体系。

3.环境管理体系升级

建设危险废物和固体废物监管系统，实现危险废物全过程监管，建立并完善固体废物环境管理数据库，实现固体废物数据的汇总和综合利用；升级辐射安全监管系统，建设辐射监察系统，加强对辐射安全现场检查工作的信息化管理，建设辐射安全监管平台，升级改造辐射安全许可证管理系统网络平台，巩固、完善、提高辐射应急管理体系，建设核与辐射应急管理系统，建立应急决策支持系统和应急指挥平台；升级车型目录管理系统，建立非道路机械数据库，建设油气回收监管系统，建设在用车辆监管系统，实现机动车综合管理信息化；建设污染源排放清单核算软件及数据库，强化排污监管信息化建设；围绕污染源全过程监管，进一步完善生态环境监察管理平台。

4.生态环境应急系统升级

建立空气重污染应急一体化信息平台、应急协同指挥调度系统、重污染天气应急数据交换平台、重污染天气应急模拟演练系统等；建立生态环境应急一体化信息平台，提升环境应急管理能力。

《“互联网+”绿色生态三年行动实施方案》提出，完善环境预警和风险监测信息网络，提升重金属、危险废物、危险化学品等重点风险防范水平和应急处理能力。

（三）智能环保基础支撑平台建设

1.整合优化运维管理平台

建设统一运维管理平台，整合现有的网络管理平台、安全管理平台、云资源管理平台、机房环境监控系统等，实现现有管理平台的优化整合、统一监管。提高运维工作效率，有效支撑日常运维管理工作，提高网络和基础设施服务保障能力。

2.加强智能环保资产及系统运行监管

加强对智能环保资产及系统运行的监管工作，提高精细化管理水平。对设备的工作状态进行实时监控，为高效管理和安全运营提供有力保证。建设应用性能监测平台，实现对系统运行状态的全面监控，实现对监控对象的智能分析，对潜在风险进行有效预警，及时发现系统故障并快速定位，实现对复杂多维度性能问题的实时监控与辅助解决，提高管理的精细化、智能化水平。

3.完善智能环保应用支撑平台

通过数据交换与共享、用户身份认证、地理信息系统、工作流引擎等项目的共性建设方式，不断提高信息系统集约化建设能力。提供统一的信息访问、传递、协作的集成化环境，并支持个性化业务应用的高效开发、集成、部署与管理，增强智能环保各应用系统之间的关联性，提高应用系统集成与整合能力。

（四）智能环保安全保障体系建设

1.完善信息安全保障体系

构建完善的等级保护工作机制，落实涉密信息系统分级保护制度，规范涉密信息系统使用管理。及时对原有信息安全设备及系统进行升级、更新和维护，保障政务信息系统安全，确保基础信息网络和重点信息系统安全。

2.提升信息安全防护能力

完善信息安全技术体系，全面落实物理安全、网络安全、主机安全、应用安全和数据安全等技术要求，保障各类重要信息系统平稳运行、安全可控，加强对无线网络、移动办公、虚拟化平台等新技术、新应用的安全保障。

3.加强信息系统安全运营能力

加强信息系统安全运营体系建设，有助于提升智能环保系统安全运营能力。建设安全运营平台，将现有安全技术体系、运维体系、管理体系融入运营平台，完善现有信息安全管理体系和制度，完善安全检查制度，优化现有安全工作流程，加强对信息技术外包服务的安全管理。

（五）智能环保标准规范体系建设

智能环保规范与制度是智能环保建设的基础，由一系列标准、协议、规范和制度组成。要建设智能环保标准规范体系，制定智能环保建设规范，对智能环保项目建设、信息资源建设与共享、智能环保管理等提出明确要求，为发展智能环保提供指导，为信息资源整合提供保障。

第五章

Chapter 5

我国绿色经济的实践

第一节　绿色企业的实践

绿色经济新时代下，绿色企业将是各个企业改造与转型的终极目标。9大产业形态、“5+3”的绿色空间布局、绿色经济的9大场景，将是企业践行绿色经济的重点。通过实践落地，打造绿色标签，使自身成为一家值钱的绿色企业。

一、企业家精神与绿色发展

小企业家靠精明，中等企业家靠管理，大企业家则要靠文化。“修身治国平天下”，修身在首位。企业要想在绿色经济的发展浪潮中取得竞争优势，首先需要企业家提高自身修养，发挥绿色经济时代的新企业家精神，促进绿色发展。

“创新、实干、坚韧、卓越、担当”是新时代企业家精神的核心，是能够助力企业绿色发展的精神所在。第一是“创新”。“创新”不论是在任何经济发展时代，都是企业家的灵魂。绿色经济背景中的创新，不仅是绿色理念的创新，更是绿色产品、绿色工艺、绿色运营模式、绿色市场、绿色管理的创新。只有保持创新精神，才能带领企业在绿色经济领域不断探索、实践，在实践的改进中寻找到最适合企业情况的绿色发展之路。

第二是“实干”。“纸上得来终觉浅，绝知此事要躬行”，脚踏实地做实事是企业家的核心精神要素。有些企业虽然一直都喊着绿色发展的口号，却在实际发展过程之中毫无作为，依旧沿袭着传统的高能耗、高污染的经济发展模式，这样的企业必将被绿色经济的时代浪潮所淘汰。企业的绿色发展要求企业家必须具备冒险的精神与实干的决心，带领企业坚定不移地推动绿色经济的发展。

第三是“坚韧”。绿色经济的发展处于兴起阶段，一切都需要企业自行摸索，这预示着企业的绿色发展之路不会一帆风顺。许多绿色项目都存在投资回报周期长、污染风险较大、经济收益不高的特点，这意味着企业在开展绿色项目时，会承担着较大的风险，会面临许多难以想象的困难与阻碍。如果企业家不具备坚韧的精神，将会使企业的绿色项目无法长期开展下去，有较大可能会使企业的绿色化改造与转型失败，无法在绿色经济发展过程中取得竞争优势。

第四是“卓越”。这是一种追求完美的精神，能够带领企业向着做强、做大、做优的方向前进，为企业的绿色发展在质量、品牌、竞争等方面制定明确的战略目标。具备卓越精神的企业家能够保证企业的绿色发展之路不偏离轨道。

第五是“担当”。不局限于绿色经济时代，任何时代成功的企业家应该是有情怀、有追求、有担当的人。只有这样的企业家才能凝聚企业的全部力量，将团队建设成绿色团队，共同致力于绿色发展。保护环境是对国家、对社会、对群众的责任与义务，有担当的企业家会主动承担起环保责任与义务，自觉开展绿色制造、绿色物流等绿色化工作，对推动企业的绿色化转型报以极高的热情，对企业的绿色化发展起到推动作用。绿色经济的发展虽然离不开政府的作用，但更离不开企业与企业家的作用。政府通过宏观调控，确保绿色经济的开展；而企业与企业家则是通过具体实践，补充绿色经济发展的细节，推动绿色经济的进一步发展。各个企业家应该充分发挥自身的绿色领导力，带领企业为绿色经济添砖加瓦，将自身企业打造成一个值钱的绿色企业。

除了发挥企业家精神的作用之外，企业还要构建自身的绿色企业形象、打造绿色标签，下面从产业形态与空间布局等场面，为各个企业的绿色发展提供一些新思路。

二、构建“绿色企业”的产业形态

“绿水青山就是金山银山”理念指导下的绿色经济将会成为未来经济体系的主要支柱，这是企业发展绿色经济的根本原因。企业要想成为“绿色企业”，提升自己的绿色竞争力，首要条件就是了解构建“绿色企业”的九大绿色产业形态（见图5-1）。

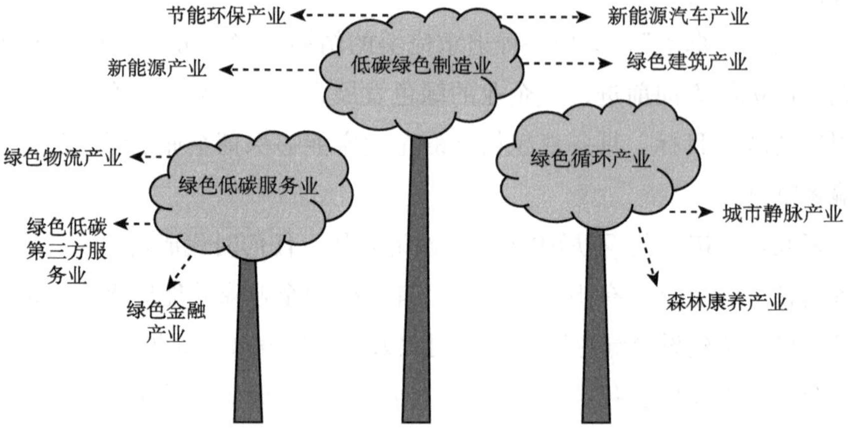

图5-1　构建绿色企业的九大产业形态

（一）做强绿色低碳制造业

低碳制造业包括节能环保产业、新能源产业、新能源汽车产业、绿色建筑产业这四大类。在这四大产业形态层面，要将做强绿色低碳制造企业作为目标，这要求企业要将新能源产业作为发展的重点。与此同时，还需要做强节能环保产业，建设国家节能产业基地，使节能产业变为企业发展的经济支柱。

在新能源汽车产业方面，要开展新能源汽车的全产业链条发展战略，车企可以以建设国家新能源汽车生产示范基地为目标，其他企业可以与车企合作，在物流环节实现绿色化。

在绿色建筑产业形态上，建筑材料企业需要研发生产绿色环保的建筑材料。建筑企业需要研发更加环保节能的建筑设计方案。例如，不断提升装配式建筑技术与工艺，缩短建筑工期，减少施工带来的噪声污染以及灰尘扬散，促进绿色城市的发展。

（二）壮大绿色低碳服务业

绿色低碳服务业主要包含绿色物流产业、绿色低碳第三方服务业以及绿色金融产业。构建绿色企业，就需要壮大绿色低碳服务业。

在绿色物流业层面，企业要推进物流各环节、全过程的绿色化、低碳化。增加可回收包装的使用，例如京东的可循环使用的快递盒。通过智能技术提升物流环节的绿色化，例如菜鸟网络的智能打包算法，提升了包装盒的空间利用率，减少包装材料的使用，实现了绿色节能的目标。

在绿色低碳第三方服务业层面，需要企业大力推进绿色环保理念的传递，主张碳交易，利用碳资产对企业进行更好的管理，增强自身的绿色生产力与服务能力。

在绿色金融层面，需要金融机构重点推动绿色信贷、绿色债券、绿色保险等绿色金融产品的发展，为企业的绿色发展提供多元化的融资渠道，降低企业的绿色发展风险。作为企业应该积极寻求政府的支持，提升自身环境信息的透明度，活用各种绿色金融工具，成功融资，为绿色项目的开展提供经济保障。

（三）培育绿色循环产业

绿色循环产业包括城市静脉产业与森林康养产业，这是构建绿色企业两个关键点，需要相关企业能够大力培育绿色循环产业。

在城市静脉产业层面，企业要大力开展绿色回收计划，提升资源的利用率。通过科学规划综合性、专业性较强的独立废弃物处理园区，研发节能环保的废弃物处理设备，并运用到实践过程之中，全面促进回收、循环利用工作的开展。

在森林康养产业层面，相关企业需要坚持生态保护与绿色旅行的结合，注重医养、康复层面，促进森林生态的健康与平衡，并将这作为旅游业的发展主题，打造康养综合体。

实现这九大产业形态的绿色化，是企业打造自己的“绿色标签”的根本途径，各个企业应该在发展绿色经济的过程之中，将这九大产业的绿色化落在实处，用行动说话。

三、企业发展绿色经济的空间布局

“窗含西岭千秋雪，门泊东吴万里船”，唐代诗人将大邑风光展示得淋漓尽致。大邑位于成都平原西部，由于风景优美，有“蜀之望县”的美称，聚集道教发源地鹤鸣山、中国佛教南传第一站雾中山、三国名将赵子龙敕葬地锦屏山等人文古迹。除此之外，大邑还是成都的第三大的水源地，其生态资源与旅游资源非常丰富。

为对大邑进行环境友好型的开发，通过控制生态保护红线、改善生态环境、落实生态环境建设要求，打造了大邑人文与生态相结合的全域旅游体系。

这一开发生态旅游的战略，是成都发展绿色低碳的第三服务产业的一部分。除此之外，成都为促进绿色经济的优化与可持续发展，依托产业功能区与园区，构建了“5+3”的空间布局，即5大重点发展区与3大产业聚集区。大邑的生态旅游开发就是为了响应空间布局战略，为推动绿色经济的发展贡献一份力量。

这一空间布局为其他企业发展绿色经济提供了相应的发展方向与要求。接下来，我们将从空间布局上去探索企业发展绿色经济的战略布局。

（一）企业绿色发展的重点产业

绿色化、智能化将是企业在未来发展的必然趋势。技术的创新在驱动智能化的同时，也会为企业绿色化提供了技术支持。再加上环保理念的深入，绿色环保的产业将会成为企业优先发展的对象。

在多方力量的共同促进下，使企业在推动绿色经济的过程之中，形成了5大产业重点发展区。即新能源产业、节能环保产业、新能源汽车产业、绿色金融产业、森林康养产业。

1.新能源产业

能源消耗造成的环境问题一直是企业绿色发展急需解决的重大问题之一。石油等化石燃料的运用使企业污染排放量增大，造成了大气污染。

这一环境污染问题，使企业开始转向新能源、清洁能源的开发与利用层面上来，通过利用太阳能、风能、电力等开发出污染低、利用率高的能源，从而为企业发展绿色经济提供能源动力。

2.节能环保产业

在绿色经济时代的大环境下，节能环保已经成为企业发展的重要原则与理念。各个企业开始通过智能化的管理，协调生产、运营、物流等各个环节，通过减少一些不必要的流程与行动，提升效率，减少碳排放量，实现节能减排的目的。以节能环保产业为主的企业也进入了发展的黄金时期。

3.新能源汽车行业

随着互联网时代的深度发展，人们的生活方式与购物习惯发生了翻天覆地的变化，越来越多的人选择网购。这一变化使企业物流快速发展的同时，对环境带来了较大的污染。物流运输所排放的二氧化碳加剧了城市的热岛效应，对居民的生活造成了较严重的影响。

严重的污染问题促使了新能源汽车的出现，这为企业开展绿色物流提供了工具，促进企业在运输过程中，实现节能减排，促进绿色化进程的推进。

4.绿色金融产业

绿色金融工具能够帮助绿色企业和绿色项目实现融资，为绿色发展提供经济支持。例如，企业可以通过绿色信贷、绿色债券等金融工具筹集开展绿色项目的资金，并通过购买绿色保险，与政府的部分补贴，降低绿色项目的风险。

这些绿色金融工具是促进企业大力开展绿色项目、推动绿色经济进程的有效工具。绿色金融产业的发展将会促进企业的绿色发展，企业在推动绿色发展的同时，对绿色金融工具的需求将会促进绿色金融产业的进一步发展，从而形成相互促进发展的局面。

5.森林康养产业

许多企业在发展绿色经济的过程中，会主动承担环境保护的责任，这使森林康养产业得以迅速发展。例如，支付宝的蚂蚁森林，通过全民绿色公益活动，在西北地区与荒漠化地区植树，建设防风固沙工程。

企业聚焦森林康养产业，不仅能够提升自身的社会影响力、打造自身良好的绿色形象，还能实现经济效益、社会效益与环境效益的“三效合一”，使企业的发展获得更多的支持。

（二）企业绿色发展的三大聚集区

除了5大重点发展区之外，企业绿色发展的空间布局还包括3大产业聚集区。

1.装配式建筑产业

装配式建筑就是由预制的建筑部件在工地组装装配而成的建筑，这样的建筑如同机器生产一样，可以实现成批成套的制造。

装配式建筑的制造周期短，受天气的影响较小，可以节约能源与材料，产生的建筑垃圾更少，与传统建筑制造相比更加环保。除此之外，装配式建筑在设计与制造过程中，充分考虑了抗震、防腐等各方面的因素，避免了未来的重复装修、维护，这极大地节省了维修材料与能源。

装配式建筑的制造将会成为建筑企业推动绿色经济发展的一大利器，实现高效节能的绿色建筑的制造。

2.绿色低碳的第三服务产业

绿色低碳的第三服务产业是指以低碳技术为核心，开发、利用当地生态资源，实现最小碳排放量的现代服务业。低碳旅游业就是典型代表。通过深入调查与全面的、科学的评估、规划，在开发旅游资源的同时，保障当地的生态环境，保证景区景观的整体性与统一性，将生态消费扼杀在摇篮。

相关企业在发展绿色低碳的第三服务产业时，需要将环境效益放在首位，避免因小失大，实现低排放、低能耗、低污染和可持续性，只有这样才能吸引更多的消费者。

3.城市静脉产业

城市静脉产业是指垃圾回收与资源再利用的产业。在绿色发展的路径之中，越来越多的企业开始进行回收计划，提升资源的利用率。例如，星巴克用可回收的材料制造饮品纸杯，并将使用过的纸杯回收，经过加工后进行二次利用。

回收计划在各行各业的开展使城市静脉产业得到迅猛发展，推动了企业资源的利用率，减少了对环境的污染与破坏。在未来，“5+3”的空间布局将会成为企业发展绿色经济的重点，也是各个企业实现产业转型与升级的重要战略布局。在这一布局上，衍生出了扩展绿色的9大场景，为企业的绿色发展提供了具体的发展路径。

四、企业扩展绿色经济的场景

实践出真知，任何理念的推广与普及光靠理论将会难以为继，只有不断地实践，才能发现问题，制定解决方案。企业的绿色发展也是如此，需要在众多理论的智力支持下，通过实践发现自身的问题。以下是企业在扩展绿色经济的规程之中，需要用实践促动发展的9大场景。

（一）场景一：能源阶梯利用工程

能源阶梯利用是实现能源合理利用的一种方式。按照品级逐级对一次能源、余能资源进行充分的利用。例如，中高温蒸汽能用来发电，而低温蒸汽则可以向住宅供热，从而对蒸汽实现充分的利用，避免能源的浪费。

企业在进行生产与运营管理过程之中，要将能源合理充分利用。例如，长春卷烟厂的应用地源热泵系统，通过锅炉延期预热回收、工艺过程预热回收等技术实现热能的阶梯利用，推动企业各个环节的能源利用效率。再如，北京经济开发区的多水源联合调度管理，合理配置了水资源，提升了水资源的利用效率，避免浪费的同时，减少了污水排放量（见图5-2）。

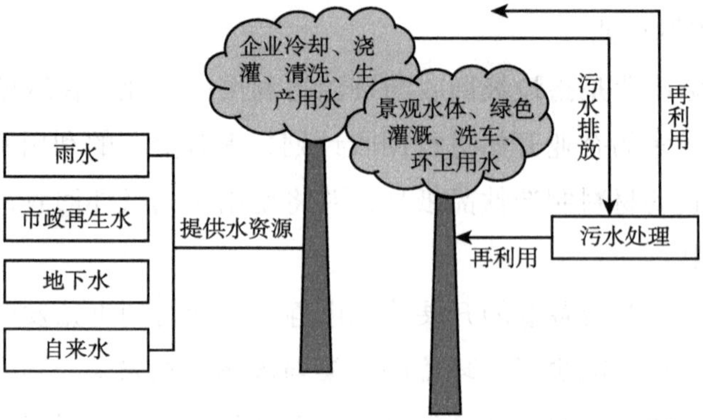

图5-2　水资源的联合调度与管理模型

能源的阶梯利用不仅可以在企业内部进行，也可以通过多方联合实现，共同实现资源的最大利用化，这是未来企业发展的必经环节。

（二）场景二：清洁能源替代工程

能源消耗产生低污染一直是企业绿色发展的重大问题。清洁能源的使用是从源头上减少污染排放的重要途径。例如，许多企业已经开始使用太阳能、风能发电，为自身的生产经营提供必要的能源，减少高污染能源的使用，减轻对环境的影响。

（三）场景三：产业绿色升级工程

企业产业的绿色升级是顺应时代发展的要求，是紧跟时代步伐的途径。在未来，不能实现绿色升级与转型的企业将会失去长远发展的机会，最终被众多新兴的企业淹没，直至消失。

例如，海尔集团通过生产绿色环保的家电产品，逐步提升绿色产品所占比例，实现绿色转型与升级。依托“一带一路”倡议，向沿线其他国家传递绿色发展理念的同时，参与到沿线地区的绿色基础建设中来，提升自己的国际影响力与绿色竞争力，在市场之中取得先机。海尔等大集团都在积极寻找并践行绿色转型升级之路，这为其他中、小、微企业的绿色发展树立了绿色转型的榜样，并用自身的实践为其他企业的绿色发展提供了可借鉴与参考的经验。

（四）场景四：资源循环利用工程

实施回收计划、提高生产运营各环节资源的协调，实现资源的循环利用，是企业绿色发展的重要手段。资源循环利用工程将会成为各个企业最常见工程与运行环节。

例如，苏宁的共享快递盒，当消费者签收包裹后，由快递员直接回收快递盒，并将快递盒投入到下一轮的物流环节之中。这样的回收计划，使苏宁能够循环使用快递盒，减少了纸箱快递盒的使用，节约了纸资源，减少了包装垃圾的产生，实现环保目标。

（五）场景五：绿色供应链构建工程

绿色供应链的构建包括绿色采购、绿色生产、绿色包装、绿色营销、绿色运输等各个环节，是企业推动绿色经济发展的根本途径。例如，沃尔玛通过绿色供应链的建设，在全链条上实现了绿色化，为自身树立了良好的企业形象，扩大了产品市场；通过链接各环节，减少了能源与原材料的使用，节约了生产成本，减少了污染治理的费用；通过提升效率，降低了最终产品的生命周期成本，使消费者能够以更优惠的价格获得更安全、高质的产品。绿色产业链的构建工程是企业发展绿色经济的必经之路。

（六）场景六：污染防治工程

在降低污染的排放量之后，还需要对已经产生的污染进行治理。目前许多企业都已经开始进行污染治理。例如，许多企业开始安装净水系统，通过净化污水，实现对水资源的循环利用，减少生产污水的排放，有效地保护了水资源。

（七）场景七：生态系统升级工程

生态系统升级工程适用于大多数企业绿色经济的发展，特别是生态农业与旅游业的结合，通过发展生态农业，保护环境，创造独特的人文景观，吸引旅客前来观光。

（八）场景八：绿色建筑示范工程

绿色建筑是发展绿色智慧城市的基础，这对绿色建筑企业提出了新要求。例如，瑞泽地产集团通过多渠道、跨行业的合作，实现产业转型。在与杭萧钢构合作中，建立了第一个民用建筑钢构件生产总部基地。这一举措，不仅推动了节能环保建筑材料的使用，还推动了遂宁地区的绿色城市化进程，为绿色建筑行业带来的新气象。

（九）场景九：绿色交通畅享工程

绿色交通工程主要包括新能源交通工具的研发与使用、智能化的交通路线的设计等。例如，共享单车的出现就是对绿色交通工具的一次创新。乘客可随时随地通过扫码使用共享单车，这不仅方便了没有车、不会开车的乘客，还在一定程度上缓解了交通压力，推动绿色出行。绿色交通畅享工程将会是以“共享经济”为核心的企业发展的常态，也是各个汽车生产商的转型渠道，实现生产汽车向提供汽车服务的转型与升级。

以上是企业扩展绿色经济最常见的场景，是企业实现绿色发展的重要途径。如果企业能够将这些场景与自身发展完美融合，将会真正实现绿色可持续发展。

第二节　绿色制造的实践

企业需要通过绿色制造，减少能耗，提升资源利用率，减轻对环境施加的压力，实现经济效益与社会效益的双赢。

一、从制造绿色到绿色制造

“靠山吃山，靠海吃海”是我们祖祖辈辈的生存方式，在山耕种、在海捕鱼已经成为最常见的生活形态。随着“绿水青山”发展理念的进一步传播，人们的环保意识也在逐渐增强，制造绿色已经开始成为人们生活的又一准则。例如，大别山主峰脚下的罗田县九资河镇就是制造绿色的代表之一。当地风景优美、自然资源得天独厚，当地人世世代代“靠山吃山”，以种植、售卖中药材谋生。

在市场经济掀起的狂澜之中，当地人们开始依靠砍伐树木，用粗放式的发展发家致富。该镇每年都会砍伐大量的树木做菌材，挖新土培新壤，种植茯苓、天麻等木本药材。虽然这一做法扛起了“天麻第一镇”的称号，但却是用生态环境换来的发展。近几年，在绿色环保政策的推动下，当地人民的绿色环保意识得到了加强，开始改种草本药材，摒弃了砍树取木、挖山取土的粗放式木本药材的种植方式。草本药材和种庄稼一样，较为环保，其市场前景较广阔，2020年，该县的草本中药材产值突破10亿元。

九资河镇的发展历程，就是转向制造绿色的过程。这里的“制造绿色”并不是单指植树造林这种真正意义上制造绿色，还指那些能够为绿色环境带来正面影响的行动与实践。

制造绿色的实践在“量”的不断积累中，必然会带来“质”的变化，这个变化就是绿色制造的出现。制造绿色是人们对环境质量的需求，当这种需求累积得足够大时，这将不再是人们自身可以自给自足的需求，需要通过其他渠道获得满足。

而绿色制造，能够将多个渠道绿色化，满足人们不断增长的对环境质量的需求。绿色制造的主体是企业、生产商等。他们通过绿色制造，向人们提供多元化的环保绿色产品，在不影响环境质量的前提下，实现经济的发展。例如，被列入高碳产业的钢铁行业，对环境的破坏较大，造成的污染较多。但在绿色环保理念逐步深入的情况下，开始在政府的支持下，寻找绿色制造的出路，打造绿色产业链，让钢铁企业逐步转型为环境友好型的企业。

宝山钢铁股份有限公司上海宝山基地就与想象中的不同，基地有浓浓的绿意。在生产的工艺环节，该公司一直在研发与使用低能耗、低污染、高效率的绿色制造工艺与环保技术，推动制造全流程的绿色化水平。目前，该公司在露天的原料厂封闭改造规划项目的投资商就已经达到了50亿元，从这些资金的投入，我们可以看见其开展绿色制造之路的决心。在环境保护层面，给该公司以守为攻，通过改善原料堆放方式，节省空间，并在节省下来的空间里植树绿化。这些空间的绿化将会带来相当于3个上海大宁绿地的景观绿色空间。相关数据显示，2011年至2016年期间，该公司总共投资了141个绿色节能项目，且效果显著。每年可节约5.79亿千瓦时的电量，每年增加的余热蒸汽回收量可以达到108吨，相当于减少了8334万立方米的消耗……该公司将制造绿色与绿色制造进行了有机融合，在整个产业链上寻求低碳解决方案，开创了一条从制造绿色到绿色制造的发展之路。

不仅是钢铁行业，其他行业的企业也开始走向绿色制造之路，将环保节能理念根植于制造的各个环节之中。让“绿色、环保、节能、高效”成为企业生产制造的新标签，成为各个企业发展的行动指南。

二、绿色产业法：绿色生产的中坚力量

“一个细小的、瞬息即逝的期望可以经常地从纯自然的环境中产生出来，而一个强烈而持久的期望，则只能来自法律。”这是英国法律改革运动领袖边沁对法律的看法与认知。绿色制造、绿色生产就是这样一个强烈而持久的期望，最初从生产带来的环境问题中产生模糊的概念，随着相关法律的问世，成为企业坚定不移的生产原则与方向。绿色产业法成了保障企业绿色生产的中坚力量。

（一）绿色产业法推动绿色产业实现绿色制造

绿色产业是法律法规引导而出现的产业，法律与政策通过“命令+控制”的方式，推动了以绿色产业为核心的企业的发展。绿色产业产生的根

源在于人民群众对环境质量的需求、对优质生活环境的追求。这些需求与追求，只有通过法律的途径，才能实现向市场需求的转化，让众多企业将绿色制造纳入自身的生产与运营准则中。

在全球范围内，绿色产业法越完善、环保法规标准越严格的国家与地区，其绿色产业越发达，当地企业会主动积极地开展绿色制造活动，将绿色化贯彻到生产与运营的全过程中。

随着环保观念的深入人心，绿色消费意识的普遍增强。企业的绿色制造，不再仅是法律政策“命令+控制”的结果，更多的是“命令+控制+市场需求+环保意识”的成果。由此可见，法律与政策对绿色制造的命令作用在弱化，逐渐从一个支配者形象转变辅助者形象，确保企业的绿色制造不受其他可控制因素的影响，保障了企业制造生产的绿色化进程。随着绿色经济的不断深入发展，绿色产业法将会不断地被完善与改进，使企业的绿色制造逐渐规范化、系统化，这对于企业而言，是一个有力的保障。

（二）绿色产业法推动经济与环境的“两手抓”

绿色产业法的本质是环境资源法的新子部门法，其体系建设是多维立体的。这是因为生态系统不是由单纯的“点”“线”组成，而是由“面”与“体”构成的多维系统。绿色产业法的立法点更加注重区域性，突破了“点”与“线”（末端治理）的局限，更加注重“面”与“体”，如流域治理、生态工业园、立体农业相关的法规。

在绿色产业法的支持下，我国已经建立了较多的生态园区、可持续发展示范区等。许多企业已经开始着手于生态生产园区的建设。如今绿色生产法已经不仅局限于环境与资源法，而是围绕绿色产业，制定出与清洁生产、清洁技术、生态工业园、生态恢复产业化、循环经济等相关的法律法规。从面到点，一一囊括，共同构建出保障企业绿色发展、绿色制造的法律体系。

绿色产业不仅包含环境、资源等层面，还将经济发展、社会等因素加入进来，在注重环境效益的同时，将经济效益提升上来。绿色产业是新的生产力的体现，而绿色产业法是保障这一生产力能够顺利发挥效用的保障，相关政策还为绿色制造项目提供经济补贴与税收优惠。各个企业在进行绿色制造之前，应该了解相关法律法规，依法行动，将法律作为自身发展的利器，而不是将其看作是监视、是眼睛。

三、绿色制造的实现途径

绿色制造需要综合考虑环境影响与资源效率的平衡，让产品在设计、生产、包装、运输、回收处理等各个环节，将对环境造成的负面影响降到最低，提升资源的利用率，帮助企业实现经济效益与环境效益的统一。下面是企业实现绿色制造的途径。

（一）增加技术创新投入，加速产品优化升级

创新是企业永葆青春与活动的源泉，是驱动企业可持续发展的动力引擎。企业应该针对产品制造较为薄弱的环节，加强自身的技术创新意识，用技术创新为产品带来升级。

以陶瓷机械设备制造企业为例，通过技术创新，在干法制粉等原材料设备、高效压机成型设备、节能环保窑炉烧成设备等层面，取得了较多成果。为该行业进军国际市场打下了基础。技术创新不仅能够促动产品升级，提升产品的附加价值，还能帮助企业解决能源供应不足、生产制造高污染的问题，推动企业的绿色改造与转型。

（二）建立完善的废旧设备回收计划

随着经济与技术的发展，各行各业的装置设备都在不断地升级，更新换代更是平常事。在更新过程之中，必然会有许多老旧的设备被替换，这些设备的处理也成了一个大问题。继续运转会造成更多能源的消耗与污染的出现，设备老旧又无法转手出售，闲置也会浪费仓储空间。

针对这一情况，企业应该建立完善的废旧设备回收计划。将部分可以

利用的设备进行升级改造，重新投入到绿色生产的流程中；与回收企业合作，将不能再次利用的设备进行更加合理的回收处理。这样不仅可以节约资源、降低成本，还能减少污染物、垃圾的增多，推动企业的绿色可持续发展。

（三）建立系统的绿色设计方法

绿色设计是指产品在各个环节的质量、功能、环境影响的系统设计方法。其囊括了产品的生产前期准备工作到报废回收的各个环节，设计因素包含产品的绿色原材料的选择、绿色结构设计、绿色制造工艺、绿色性能以及高效的回收处理等。

如今，在大数据、人工智能等技术的支持下，建立绿色设计方法更为容易。企业可直接通过技术设备对产品生产的全过程进行实时监控，并通过云计算等技术，分析运算数据，及时发现生产过程之中还有待提高效率、节能减排的环节，从而制定相关的解决方案，提升产品制造的绿色化水平。

绿色消费理念已经深入人心，消费者更愿意购买绿色产品，企业需要为消费者提供更多的绿色环保产品。绿色制造是企业在绿色经济时代中提升产品竞争力的重要途径。在绿色制造的过程中，各个企业的实践都取得了一些成效，这为其他企业在绿色制造层面提供了宝贵的经验。接下来，我们将从一些企业的绿色制造实践中，去探索绿色制造领域。

四、绿色制造可以私人定制

换季了不会买衣服，网购的衣服总是不能达到自己的期望，这是否是一直困扰你的问题？随着绿色制造的进一步发展，这已不再是问题。服装企业已经推出了私人定制服务，这不仅能够使消费者的个性化需求得到满足，还能让企业根据需求定制服装，避免出现服装囤积与浪费的情况。许多人可能一提到私人订制，就会联想到“贵”这一特点，实则是价格高低不等，并不是“贵”的代言词。

李晓是广东某家提供西装定制服务公司的管理者。他表示，目前的私人订制服装领域已经与大数据相结合，可以快速实现成批成套的私人定制。西装面料、制作工艺等的不同，会造成价格有高有低，价格的高低完全取决于消费者的选择。

该公司私人订制的后台智能系统，具有成千上万的人体数据，消费者可以输入自己的数据，匹配到最合适自己身形的西装；消费者也可以向人工智能表达自身的需求，从而设计出自己最想要的西装款式；除此之外，消费者还可以与在线人工客服聊天，进行更细化、高端的设计，满足自身的需求。

在消费者下单后，7天之内就可以制作出符合消费者个性化需求的西装，加上物流运输需要2—3天，消费者一般在10之内便能取得成衣。

人工智能、大数据与私人定制的有效结合，可以提升私人订制的效率，降低成本。与传统的消费者自行购买的方式相比，私人定制的产品更能够获得消费者的认可，从而减少退货、换货的情况，就这一点而言，减少了运输物流的能源消耗与污染排放，在一定程度上实现了绿色环保。

服装定制已经成为服装绿色设计、绿色制造领域中的“新贵”，各个服装品牌都开始推出私人订制服务。例如，耐克官网的NIKEiD专属定制；男装品牌报喜鸟成为网络定制品牌的股东之一，并在天猫旗舰店推出定制服务；e服私坊服装定制平台订单量不断增加等。

服装私人定制类APP也已经起步，在产品的定位、功能、结构、设计以及生产流程等环节中都有了一定的突破，但绿色化水平仍有较大的提升空间。

根据相关报道显示，中国的高级定制市场总容量突破了上亿元，私人订制市场的竞争仍旧处于蓝海状态。这对各个企业而言，是一个发展的重大机遇。

企业应该紧抓机会，将绿色制造与私人订制结合，提升自己的竞争优势，在私人定制领域中占得一席之地，并不断地扩展自身的市场份额，实现绿色可持续发展（见图5–3）。

优势（Strengths） 线上私人服装定制比传统定制更高效，耗能排污更少；用户参与设计，满足用户多样化和个性化的穿衣需求，减少退货、换货情况	劣势（Weakness） 与传统成衣相比，私人定制周期长，某些消费者可能会反复修改，导致成本高售价变高。消费群体定位相对较狭窄
挑战（Threats） 绿色服装定制市场不成熟，绿色技术还有待创新，私人定制平台的知名度无法与传统品牌服装商抗衡	机遇（Opportunity） 绿色私人服装定制领域尚无巨头，市场尚未饱和，竞争处于蓝海状态，其市场需求量大

图5-3　绿色私人服装定制的SWOT模型

除了服装的绿色私人定制，其他产品的绿色私人定制也开始成为新潮流。小到私人定制茶杯、私人定制鞋子等，大到私人定制汽车、私人定制飞机、私人定制游艇等。绿色私人定制领域的前景一片光明。

从私人定制的各个环节来看，该模式是企业实现绿色制造的最完美的手段与方式，通过线上定制服务与线下实体店服务，满足消费者的更多需求，减少不必要环节，实现节能环保。相关企业可以根据自身的实际情况，推出相应的私人定制服务，提升生产制造的绿色化水平。

五、绿色智造：日立在华发展的新动力

我国正处于绿色经济时代，应大力推广绿色制造的理念。日立也紧跟时代潮流，将绿色制造作为自身发展的新动力，并通过绿色技术赋能于绿色制造，打造绿色智造方案，为绿色环保产品增添市场活力与生命力。以下是日立在中国市场的一系列绿色智造方案，对许多致力于绿色生产与制造的企业具有借鉴与启发作用。

（一）大力生产并推广绿色环保产品

目前，社会对环境问题的解决与低碳化进程的重视程度逐渐加深，尤其是在水、空气等资源的节能上异常敏感。在这一背景之下，日立不仅掌

握了环保意识提高的大众对生产绿色环保产品的需求，同时还利用自身的技术优势，不断提升绿色环保产品的性能，让消费者能够感受到更优质的绿色消费体验与绿色服务，促进低碳化经济的发展。相关数据显示，日立的环保产品的销售比率已经达到了93%，且推动效果较为显著。

日立电梯是我们最为熟知的日立产品，也是一款落实绿色制造理念的典型产品之一。日立电梯在开发环保产品的具体实践有：将无机房、能量再生、永磁同步电机等技术运用到电梯的研发之中，减少电梯的能耗，达到环保目标。其中永磁电机与传统电机相比，可节约30%的能耗。

能量再生主要依托于能量反馈技术，根据载物轻重的不同，电机也会呈现不同的工作状态。当电梯载物较重且处于下行状态时，如果下行的速度超过电机的速度，电机就会进入发电状态，将电流输送给电网，从而达到能量再生、降低能耗的目的。

除此之外，日立电梯内部全部采用LED照明，实现节能目标。日立电梯还与废弃物处理厂携手，将污泥与涂装残渣进行二次加工，制造成砖块，在降低污染的同时，实现了资源的循环利用。通过资源与能源的节约，将制造电梯的碳排放量降低了四成。日立电梯中的每一个部件的制造几乎都离不开绿道节能环保运输，通过先进的技术，真正将绿色制造落到实处。

（二）医药领域的“智能制造”

根据《中国制造2025》的内容显示，目前中国实施的五大工程的核心便是智能制造工程。日立围绕智能制造工程提出了一些类绿色制造的解决方案及项目。

在医药领域，日立创建的医药生产管理系统“HITPHAMS”，可以对原药生产到药剂制造的整个生产链进行实时监控，在称量制药、包装等各种药品生产流程实现系统化，并严格按照药品生产指令与参数进行智能管理。这不仅可以提高生产制药的效率与管理效率，还能保障药品的高质量与可靠性。

在中国，人口增长与公共医疗保险的推广，使中国药品市场逐年扩展。

为了促进药品市场质量的提升，中国制药企业也应该按照标准提高药品的质量，保障药品安全。了解到日立在医药领域内的“智能制造”，目前这一系统已经被中国制药企业引进，并在其子公司——欧意药业的第五车间投入使用，极大地提升生产线的呈现效率，提升了药品生产的规范性。日立在医药领域的绿色制造，为中国医药企业带来了技术方面的支持，提升药品绿色生产与制造效率，促进药品市场的绿色化发展。

除了医药领域之外，日立还为食品加工领域的企业提供了一款数字综合监控系统——HIDIC-AZ，能够对食品生产加工的全过程进行实时监控，为食品行业的绿色化发展提供较为合适的解决方案。

（三）推广“共生自律分散”概念，创造新价值

在绿色制造与智造层面，日立还提出并推广了“共生自律分散”的概念，其内涵为：通过与各企业的合作，达到共生共赢的状态，从而促进整体的最优化调整。例如，日立在绿色智能采购做得颇为顺畅，通过与多个系统、机器、设备的连接，迅速实现价值的创造。在中国，这一概念将日立的零部件采购成本降低了10%至20%，效果显著。

在未来，这一概念将不会只在日立内部延伸推广，而是进入中国的各个领域与行业之中，为绿色经济的发展创造新的价值。例如，在汽车零件商与汽车生产商中，就可以依托这一概念，通过对双方数据的收集与分析，寻找双方对接过程之间还存在的问题，并及时解决，提高生产整车的效率与质量。

在绿色制造与绿色智造理念的驱使下，“产品——解决方案和服务——智能化平台”价值链条正在日立成型，并有着向其他企业辐射推广的趋势。日立的绿色制造与智造不是只顾一家之力，而是在自己取得成效后，将自身的应对环境问题、绿色制造的技术经验传授给更多企业，帮助他们解决难题，真正做到了“达则兼济天下”。作为外企尚且如此，作为中国本土企业应该以更宽广的心胸去践行绿色制造。

第三节 绿色零售的实践

绿色零售是零售企业的未来，是推动企业实现绿色发展的重要途径。零售企业可以通过建设绿色供应链，打造绿色市场，也可以通过开设绿色店铺，开展绿色营销，提升自己的绿色市场份额与绿色竞争力，在绿色零售领域，取得发展先机。

一、绿色零售的关键：全链条发展，推动上下游共同升级

有人认为，新零售未来的发展趋势是社交新零售，实则不然，新零售的“新”只体现在运用模式的“新”，当模式不再新之后，就会被更多新生的零售模式取代。而绿色零售是依托于人们对环境质量的需求而建立起来的，不仅是经济发展与运营模式的问题，更是一个社会问题，根基深厚，不会被轻易取代。在未来的很长一段时间中，绿色经济将是发展的主旋律。

（一）绿色零售是发展绿色经济的关键

我国经济在不断发展，带动人们的消费水平不断提高，这使零售业在我国经济发展中的地位也“水涨船头高”。

相关数据显示，社会消费中的零售总额在GDP所占的比例呈现上升趋势。2008年（2014年）零售总额所占比例只有36%（25.8%），而2017年（2020年）便已经达到44%（38.6%），这对经济发展具有十分强大的促进作用。而在如今的绿色经济时代，零售总额的比例依旧在不断攀升，因此对零售业的绿色化改造是发展绿色经济的重要途径，是拉动经济增长的关键所在。绿色零售将是零售企业在未来发展的必然趋势（见图5–4）。

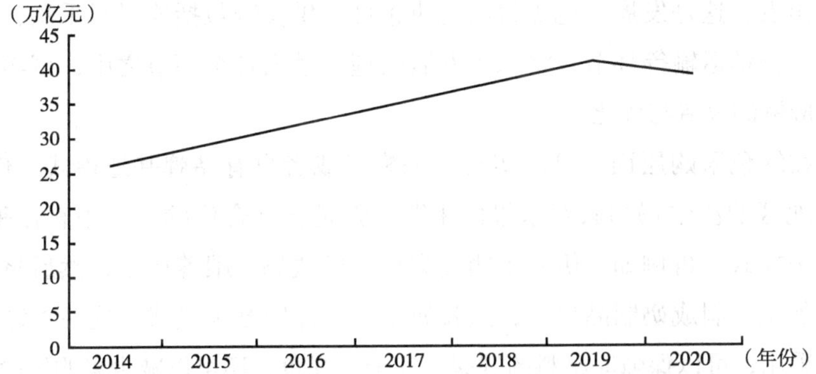

图5-4　2014—2020年社会消费品零售总额数据趋势

资料来源：中国统计年鉴。

零售业在市场环节中扮演着特殊角色，承担着特殊的责任。在生产环节，零售业是生产制造者与消费者连接的桥梁与纽带，起到沟通与连接的作用。对零售业的绿色化改造不仅是在零售业内部开展升级改造，更是创建绿色制造与绿色消费的驱动力，从而促进零售业的长久发展。

这一特殊角色与责任，使绿色零售将生产、制造、销售、消费等各个环节连接起来，构建绿色化的全产业链，在上游供应端与下游消费端实现共同改造与升级。在未来，绿色零售的重点将是在全产业链模式上，构建绿色供应链，开设绿色店铺，进行推广营销，从而引领绿色消费，这是各个零售企业发展绿色零售的重要路径与探索。

（二）发展绿色零售的关键

绿色化产业链向上下游延伸的“全链条发展”，是发展绿色零售探索路径、建立思维模式的根基。换言之就是从绿色产业链的角度出发，在供应链上实现绿色化改造；在消费者端，培育消费者的绿色消费观念，推动绿色消费的普及与深入人心。

1.优化供应链，实现绿色化改造

没有供应就没有消费行为的发生。因此，供应链的绿色化改造需要从源头出发，这是发展绿色零售的先决条件。供应链包括原材料采购、生产制造、分销运输等环节，将绿色发展的理念融入各个环节之中，可实现绿色供应链的改造与优化。

在绿色采购层面，可以实行直采模式或者自有品牌基地模式。例如，美国地区的沃尔玛的农蔬水果的采购，都是在其合作的农场中直接采购，是直采模式。再例如，伊利集团拥有自己的牧场，喂养奶牛，然后将牛奶进行加工，制成奶制品出售，这就属于自有品牌基地模式。这两种绿色模式的采用，可以保障原材料的健康、安全、绿色，还可以减少采购风险。

在绿色制造层面，可实行产品追溯制度，通过数字化的设备对产品生产制造的各个环节进行实时监控，追踪产品的制造状态，从而不断发现可优化之处，提升制造效率，减少能耗与污染排放，最终在生产制造上实现绿色化。

在分销运输环节层面，可以通过建立绿色物流网，将各个分销点与消费者网罗其中。通过合理分配的原则，将仓储环节的作用弱化，实现提效减能的目的。通过以上三个层面，可实现供应链的绿色化，为发展绿色零售奠定基础。

2.优化零售模式，打造绿色店铺

绿色店铺是零售企业实现分销的重要渠道，其中包括绿色店铺设计、绿色店铺的运营管理以及产品的保管。在店铺设计层面，最重要的就是将节能设施与技术运用到实处。例如，店铺照明可以采用天然光线照明，也可以采用节能灯照明；购买净水设备，提升水资源的利用率等。

在绿色店铺的运营管理上，可以通过建立智能化的能源管理平台或者绿色低碳监控中心，掌握各个环节的能源消耗情况，促进能源利用效率的提高。除此之外，还可以通过建设返品中心，将店铺销售的产品的废弃物进行回收利用，降低对环境的负面影响。

在产品保管上，可以通过引进相关技术与环保设施，减少产品的浪费。例如，通过大数据、云计算等技术，预估市场需求量，从而生产相应的产品，避免因产能过剩造成浪费。再例如，水果生鲜等店铺，可以引进先进的冷藏设备，保证产品的新鲜度，从而降低产品折损率。

从以上三个层面出发，打造绿色店铺，实现产业链中端的绿色化，通过节能减排推动绿色零售的发展。

3.开展绿色化营销，引导绿色消费

在绿色营销层面，各个零售企业都已经做了初步尝试。例如，定期或不定期地参与、举办环保节能宣传活动；在门店内设置固定的环保宣传栏；设置独立的绿色产品宣传与展示区域等，促进消费者的绿色消费行动。

绿色营销主要包括绿色产品销售与消费过程的绿色化。

在绿色产品销售层面，需要加大绿色产品在在销产品中的比例，可以通过会员卡、促销、组合折扣等方式引导消费者购买更多的绿色产品，提升绿色产品的销售量；还可以通过开设绿色产品专区，吸引一些消费者前来了解、购买。

在消费过程的绿色化层面，则可以激励消费者使用环保购物袋、向消费者发放绿色消费资料等方式，引导消费者形成绿色消费意识，养成绿色消费习惯。

从绿色供应链到绿色店铺，再到绿色营销，将供给端与消费端连接起来，促进产业链上下游的共同升级，构建出绿色全链条，促使绿色零售的实现。接下来，我们将从绿色供应链、绿色店铺以及绿色营销这三个层面具体分析，为企业发展绿色零售提供思路与具体方法。

二、绿色供应链：提升流通效率，节省资源能源耗费

当绿色供应链与“分钟级”的仓储配送体系结合后会产生怎样的化学反应？我的朋友张小姐的亲身体验想必能回答这个问题。

张小姐周末想在家里做饭，但因为天气炎热，不愿外出买菜，于是打开盒马生鲜APP。海鲜、鲜肉、蔬菜到水果、牛奶应有尽有。张小姐挑选出自己最想吃的菜，然后直接在APP上下单。之后，张小姐一边在空调房里刷手机，一边等待购买的菜品送上门。不到一小时，盒马生鲜的配送

员就已经将她购买的食材送到了家门口。张小姐发现这些食材都十分新鲜，做出来似乎更加好吃了。张小姐在家就能订购食材，与饿了么、美团外卖一样十分快捷，而且食材十分新鲜，盒马生鲜受到广大消费者的一致好评。

盒马生鲜在运营与流通等环节，建立起来了绿色生产链，通过快速高效的仓储配送体系，减少物流能源消耗成本，扩展经济效益提升的空间，从而获得更多的经济收益。绿色供应链就是在供应链管理的基础之上，将产品供应商、生产厂、零售企业、消费者全面链接，从而实现原材料加工生产、包装、仓储、运输、使用以及废物回收过程的良性循环，并对环境带来较小的副作用，提高资源效率。

创建绿色产业链是提升流通效率、节省资源能源消耗、降低成本的重要途径。作为零售企业，流通效率的高低与能源的消耗密切相关，流通速度也快，能源消耗越低，成本越低，在一定程度上可增加产品的经济效益。因此，在绿色供应链之中，零售企业为了实现绿色零售，通过认知升级与黑科技加持，重构了物流体系，形成绿色高效的运输体系，不断提升产品流通运输速度。

无本之木、无源之水注定不能长久，产品的绿色流通物流体系的更新换代也是如此。为了避免“速生速朽”的命运，“分钟级”物流体系的出现与迅猛发展有源可溯，为企业发展绿色产业链提供了坚实的理论基础。

这一体系能够突破物流速度上限，因其建立在一套稳定的哲学与逻辑体系之上，在周期绿色产业链之中形成了一个稳定的结构，即：打破传统仓储配送的“中心化仓配——下级配送站点——消费者”的模式，采用了去中心化的同城配送模式，实现即时配送的同时，降低了仓储、运输成本。而以区域中心仓为中心的传统仓储配送模式，花费的时间较长，配送速度较慢。

如今的“分钟级”绿色配送，则去除了中心化的特征，采用了前置仓（门店）模式，通过前置仓（门店）与消费者的直接对接，实现了点对点的同城即时配送。这样绿色仓储配送体系的升级模式缩短了配送的环节与距离，提升了整体配送的效率。例如，盒马生鲜就是点对点“分钟级”配送的示范，实现了即时配送，为消费者提供了高速的配送服务（见图5-5）。如今，精细化管理也成为绿色管理、绿色零售的又一重点，促进了绿色新零售消费升级的新热潮。这要求“分钟级”仓储配送也要与时俱进，顺势而为，将精细化管理融入绿色供应链的管理之中。

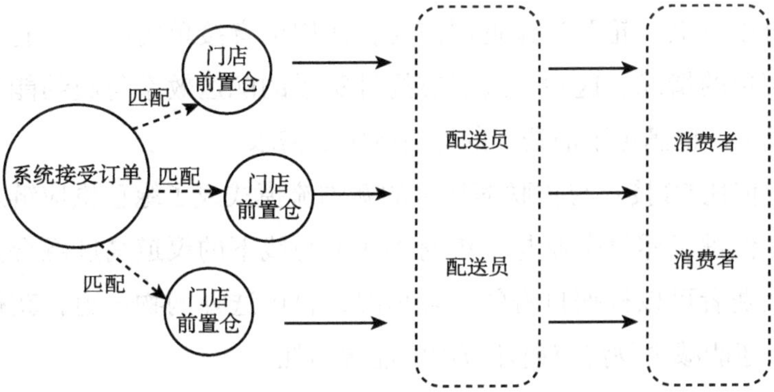

图5-5　绿色供应链中高效的仓储运输环节

在“分钟级”的绿色仓储配送体系中，门店作为前置仓，与中心仓的规模无法同日而语。因此在此种体系之中，仓储管理无法做到“大而全”，就应该转向“小而精”的绿色管理道路。例如，盒马生鲜从“供应”与“分拣”着手，实现“小而精”。在供应方面，盒马生鲜精选出消费者需求量最大的产品，这可以有效地减缓仓储的压力，避免产品过多而被挤压，保证了生鲜产品的质量，避免了产品在仓储过程之中的浪费；在分拣方面，产品到店后不会再次分拣，而是在订单配货的过程之中，进行订单拆分，这在极大程度上加速了产品的流通速度，减少运输消耗。

据估算，盒马生鲜与京东的配送成本相差无几，但盒马生鲜减去了仓储与分拣环节，节省了成本，使盒马生鲜的物流成本只有京东的一半。如今，仓储配送体系与模式升级是各个零售企业发展的大势所向，但这并非易事。例如，在特殊的节日会出现订单暴增的情况，在出行高峰期提交的订单会面临交通拥挤等情况，这是对门店发货、匹配骑手、产品准时送到的严峻考验。但大数据、人工智能等科技的发展，可以帮助零售企业实现绿色仓储配送体系的升级，实现即时配送，降低上述考验的难度。

仍以盒马生鲜为例，其通过后台系统将订单与最近的骑手匹配，与滴滴打车中的订单匹配的模式相似。随后AI收集该区域内的发货量、快递公司的物流速度、该条运送路线的具体情况，在此基础之上预测配送路线的交通情况，帮助骑手规避交通拥堵路线，从而快速送达。在此过程之中，骑手还可以在上一轮配送接近尾声时，使用语音接单的功能，避免出现需要等待订单的情况。这种方式能够提升骑手的配送效率与履约能力，降低了物流成本，也满足了消费者的即时收货的需求。

如今依托5G技术与物联网技术的新物流模式成了绿色供应链之中的重要一环，促进了零售企业与零售商将线上与线下的渠道高度融合。这不仅能够让消费者可以根据自身的实际情况，自由选择购物渠道，获得更优质的体验，还能减少物流流通环节中的能源消耗。

曾经，零售企业在物流配送上主要考虑到成本问题，如今消费者是其考虑的主要因素。在接收到消费者的订单之后，零售企业会将订单发送给距离消费者最近的门店、仓库，直接发货，缩短运送时间，为消费者提供最佳的绿色消费体验。这就是通过信息技术，搭建绿色供应链信息流，将零售企业与供应商可以在消费者需求、存货生产等方面实现信息共享，从而提升供应链产品的运输和流通效率，节省资源能耗。

除此之外，还可以通过逆向整合供应商，在产品包装设计、仓储、运输等方面达成共识，避免不必要的包装，造成资源浪费，并通过供应链技术的创新，推动绿色零售的可持续发展。这是发展绿色零售的重要一环，也是绿色零售企业可以快速提升自身的绿色竞争力的重要途径之一。

三、绿色店铺：智能化管理门店，设计行动路线和产品布局

如今，我们的生活中出现了越来越多的绿色店铺、智慧门店，例如TakeGo、周黑鸭无人智慧门店等，为我们的生活带来了极大的便捷。

2017年6月，娃哈哈创始人之一宗泽后对外宣布与深兰科技达成战略合作，签下了10万家TakeGo无人商店，预计总金额高达近百亿元人民币，并计划在未来十年间扩大到百万家的规模。

当顾客走进TakeGo无人零售门店并拿起产品时，不管产品是在顾客手上、怀中、口袋还是背包内，系统都能监测与识别，顾客离开商店时会收到对应的账单，并被系统自动扣款。TakeGo还有人店对话系统，通过定向声源原理和算法，TakeGo零售店还可以向顾客一对一进行语音产品推荐，根据顾客之前的购买记录判断出其喜好、偏向，向其推荐类似商品。

TakeGo的出现为各个零售企业发展绿色零售带来了更多的发展机会与机遇。在未来，物联网设备达到预计数量，将会使各个零售企业用途品牌商在降低成本、提升零售效益方面"更上一层楼"，从而实现产品的高智能化，让"货"跟随消费者的心而动，提升消费者的购物体验。通过更加高效的管理，实现绿色生产、管理、销售的"一条龙"。

当后台数据了解到某一会员消费者的消费倾向后，就可以为这位会员赠送她（他）可能会喜欢的产品样本，增强用户的体验；当某一热销产品的库存即将告罄之时，会被货架的传感器准确地感知，促进及时补货，而补货的整个过程也会被实时监控，提高了补货的速度与效率；当人工智能通过对后台数据的分析，发现粉底液与卸妆棉的销量之间存在超高的关联性后，就会自行将粉底液与化妆棉组合摆放，并将这一信息传送给仓储系统，实现同步跟进。这就是绿色店铺通过技术，实现绿色化的产品布局的实践。

万物互联对消费者的生活方式与消费习惯带来了巨大变化，促进了其绿色消费模式的产生。其智能化、人性化、数字化、高效绿色的服务，将消费者想要的产品准确、及时地送到眼前，与消费者的心理变化达成一致，可谓是"心有灵犀一点通"。在这方面的佼佼者有许多，TakeGo无人店就是其中一员。这些门店通过科学技术的升级与管理模式的变化，降低能源消耗，提升经营效率，从普通零售店铺转向为绿色店铺，将可持续发展融入了全面发展管理与发展过程之中，为进入绿色经济时代做好准备。

除此之外，绿色店铺可以通过设计消费者的行动路线，来提升各个店铺的运营效率。例如，你想在优衣库购买衣服时，可以根据自己的定位去最近的门店试衣服，然后选择产品直接购买；也可以在线下店铺试穿，然后在线上店铺购买，通过快递送回家。

在未来，绿色店铺的行动路线设计将会更加完美。你在逛街时，只需要将自己想要的产品需求输入至自己的终端，通过云计算与大数据，规划最合适的门店，并给出推荐。你在门店内试装后，可以直接购买，然后交由店铺的运输渠道。随后你可以继续去逛街，不用手里拿着大包小包。在逛完回家之后，购买的产品刚好送到。这样的消费体验难道你不向往吗？

绿色智能店铺的发展将会让这些消费场景变为现实，通过技术压缩消费过程之中的能源消耗，在门店管理、产品布局以及设计行动路线这三个层面上，提升销售效率，最终促进店铺与零售企业的发展。

四、绿色营销：激励顾客消费过程绿色化

“我们希望消费者说这真是一个好产品，而不是说这真是一个好广告”，这是京东京造对绿色营销的独特看法。绿色产品是零售企业开展绿色营销应该秉持的原则之一。

绿色营销将营销的重点从话术表现转向到产品本身。纵观文案界，几乎没有产品是仅靠文案包装便能成功获得市场份额的，例如江小白、方太等，都是在自身优质产品的基础之上，通过产品文案突出产品的功效，获得消费者的关注。

文案对于这些产品而言，只不过是打开市场的敲门砖，是锦上添花，并非核心。只有文案包装而无真正实力的产品是一场针对消费者的欺骗。在绿色经济大行其道的今天，有许多伪劣产品打着环保卫生的旗号，通过文字语言游戏，成功地走进了大众的视野，但这样的伪绿色产品注定无法长远。

绿色营销的第一步就是坚守自身的原则，这是刺激顾客消费过程绿色

化的前提，律人先律己，才能让企业自身的绿色理念更易被消费者接受。绿色营销的核心便是研发与生产绿色产品。

海尔就是将绿色营销贯彻到底的企业之一。海尔的绿色营销的源头不在于销售，而在于绿色产品的研发与生产，从而使海尔产品的绿色营销有真正的实力。例如，采用变频技术的海尔空调，通过产生健康负离子，预防“空调病”，还可以实现超静运转，减少噪声；在空调的包装设计上，尽量做到精简包装，减少产品使用后产生的废弃物；在空调的安装上，推出“无尘服务”，采用“无尘钻孔”的方式。这些都是为了实现绿色营销而进行的准备工作。

在绿色营销方式上，海尔采用绿色营销组合策略，通过将绿色产品、绿色销售渠道与绿色促销相结合，实现绿色营销。

在绿色产品层面，因产品含有绿色价值，其价格会高于普通产品；在绿色营销渠道层面，海尔会对代理商、批发商与零售商进行评估与筛选。那些信誉优良、社会形象好的渠道商将是优先选择的对象，除此之外，还可以创建绿色产品专柜、创建绿色流通网等；在促销层面，海尔则是通过绿色产品产销会、以旧换新等方式，提升绿色产品的销售额、扩大市场销售范围。

海尔的绿色营销策略为其他零售企业开展绿色营销做出表率，而如今海尔倡导的低碳产品的解决方案也是绿色营销概念的雏形，这对其他零售企业有较强的借鉴价值与现实意义。

根据海尔的绿色营销策略，我们可以更加明确地理解绿色营销的具体意义。在学术界，对绿色营销概念的解释为：通过营销策略与相关信息，将绿色产品特征告知消费者，并将绿色产品特征与消费者价值产生联系，将绿色产品的功能打造成为能够满足消费者环保与使用需求的“解决方案”。

这一概念很好地将激发消费者过程的绿色化，因为绿色产品本身就是为满足消费者的某种需求而产生的，不论是有意无意的消费，都能促进消费者对绿色产品的消费行为。当消费者在购买绿色产品后，感受到不一样的产品服务与体验，将会在今后的消费过程之中，提升对绿色产品的消费频次。这就是消费过程的绿色化。

其他零售企业应该以海尔为榜样，从源头与核心开始开展绿色营销行动，并将企业的绿色发展理念扩展到绿色营销的全范围之中，将一切浪费能源与资源的环节砍去，在绿色策略、绿色产品上实现“硬节能”，在绿色行动上实现“软节能”，从而实现绿色营销。

绿色供应链、绿色店铺、绿色营销构成的绿色零售是未来新零售的必然趋势。各个零售企业想要在绿色经济时代的竞争之中脱颖而出，就必须将这三个层面落到实处。接下来，将探讨具有代表性的零售企业是如何开展绿色零售的。

五、欧莱雅中国携手阿里巴巴推出“绿色新零售”

“兰蔻小黑瓶VS欧莱雅小黑瓶，你是否花了冤枉钱？”这是欧莱雅小黑瓶自问世以来，就一直占据热榜的话题之一。这两款产品虽然同宗同源，但综合来看欧莱雅小黑瓶较兰蔻小黑瓶性价比更高。不仅是小红书上有许多用户疯狂“种草”，还有许多微博大V广泛安利。直到今天，欧莱雅小黑瓶依旧没有淡出人们的视线。还会有人时不时地发帖求问“欧莱雅小黑瓶好不好用？”欧莱雅作为化妆品研发、生产、零售为一体的企业，不仅致力于将产品做到极致，还在环保层面也耗力甚重，推动绿色零售在全球范围内的推广与开展。

在2018年6月25日，原法国总理爱德华·菲利普访华，这是中法外交上的重大事件。在李克强及爱德华·菲利普的共同见证下，欧莱雅中国首席执行官斯铂涵与阿里巴巴集团天猫总裁靖捷，就“绿色新零售”项目在人民大会堂签署了意向书。该意向书的签署主要是为了减少物流对环境造成的负面影响，推动更多绿色环保包装材料在物流环节之中的运用。

欧莱雅会在物流环节中全部使用由FSC（森林管理委员会）认证的可持续纸张制成的包装快递盒，减轻对森林的破坏；在快递盒的设计上采用拉链式或者纸质封箱带，极大程度地减少封箱胶带的使用；在快递盒的填充物上，也会使用可降解的材料等。这些措施将会减少污染、减轻对环境的破坏。

2019年，在法国总统马克龙访华期间，欧莱雅与苏州工业园区管理委员会就“绿色生产”签订了意向书，在绿色生产上达成全面合作。欧莱雅对此信心十足，并承诺该项目将会实现100%的快递盒回收率，减少一次性塑料材料的出场机会。

实际上，欧莱雅作为全球范围内最大的化妆品集团，早在2013年就已在整个价值链的研发、生产、消费、企业发展的四大领域中制定了相当清晰的指标，旨在促进企业的绿色可持续发展，完成自身“美丽，与众共享”的承诺。

之后，欧莱雅在中国开启了可持续发展之路。在研发与生产环节，研发可再生原材料，提升资源的利用率，并通过改良包装，减少对环境的污染与资源的浪费；在消费层面，欧莱雅通过投身于保护环境的事业，向广大的消费者传递出绿色概念；在企业发展层面，制定可持续发展战略，并始终将绿色可持续放在发展的核心战略地位。

欧莱雅中国首席执行官斯铂涵先生表示：欧莱雅入华21年，在不断开放的、活跃的市场环境中，已经渐渐成为中国化妆品市场之中最知名的法国企业之一，这是与中国同呼吸，共命运的结果。作为化妆品零售领域的巨头之一，欧莱雅理应将绿色可持续的发展理念推广至全领域范围之内，共同促进行业的绿色零售与可持续发展。与阿里巴巴合作，也是为了用实际行动引领绿色零售，共同促进魅力中国的建设。

不仅是欧莱雅，许多企业都已经意识到绿色发展、绿色零售已经成为未来发展的必然趋势，是积极响应中国梦建设的重要途径。欧莱雅在“绿水青山就是金山银山”的号召下，将“让所有人拥有美”视为自身发展的使命，不断满足消费者对美丽的需求。

欧莱雅致力于美丽使命的历史已经超过100年，旗下拥有34个多元化的国际品牌。在2017年，欧莱雅共有82600名员工，在全球范围内创造的总销售额已经达到了260.2亿欧元。这样的成就取决于欧莱雅对绿色事业发展的重视与具体实践。

除此之外，欧莱雅的销售渠道实现了全渠道覆盖，在大众市场、百货公司、药妆店、药店、美容沙龙、零售企业、微商、电商平台等都会出现欧莱雅的身影。渠道的广范围与全覆盖，为欧莱雅推广绿色项目提供了便捷。在研发创新层面，欧莱雅专门设置了一支有3885个人的研发队伍与创新团队，以满足全球各地消费的需求为宗旨。

欧莱雅自1997年进入中国市场，经过20多年的洗礼，发展至今，在中国已有22个品牌、5个办事处、5个分销中心、2家工厂、1个研发与创新中心、1个培训中心，欧莱雅中国已经成为欧莱雅集团的第二大市场。

由此可见，欧莱雅将可持续性发展融入到整个价值链上，并设置了较为清晰的目标与发展路径。欧莱雅在中国的发展，是对可持续绿色发展的实践过程，是其他零售企业可以借鉴参考的对象。最终在各个零售企业的共同引领下，促进绿色零售在中国的推广与发展。

六、苏宁设计绿色快递盒，引领绿色零售

办公室的同事李小姐收到了在苏宁易购上购买的一箱小零食，但这次的收货过程却与平时大相径庭。李小姐发现，本次的快递盒没有胶带，掰开封箱扣就能打开。而且快递员在李小姐将零食拿出来后，直接将快递盒回收。李小姐说，平时收到的快递都会用胶带“五花大绑”，拆起来十分费劲儿，而且浪费胶布。今天是她第一次见到不用胶带封口的快递，拆快递就像拉开可乐易拉罐一样，十分快捷。李小姐收到的无胶快递盒是苏宁研发半年的产物，在普通快递纸箱上做出较多升级。无胶的设计，包装盒更为美观，且打开更加便捷；牢固的一次性环保封箱扣设，在最大程度上保障了产品的隐私与安全。

除此之外，快递员直接回收快递盒，可以进行循环利用。苏宁无胶快递盒的制作材质不易裂开，在正常情况下，最低可循环利用5次，其单价至

少比普通纸箱快递盒低出15%。苏宁每投入使用20万个无胶快递盒，每年至少可以节约上亿个纸箱。

苏宁无胶快递盒的使用，不仅可以提升消费者的开箱体验，还能减少浪费，真正做到零污染、零破坏、高利用率。苏宁作为电商平台，是产品零售的重要渠道，其无胶快递盒的使用，保障了绿色零售从生产端到消费端的环保性，这其实并不是苏宁发展绿色零售的唯一行动。在2018年，苏宁为了推动全球零售企业产品设计的绿色化，促进绿色消费升级，与工业和信息化部门达成合作共识，开办了“2018年绿色（生态）设计产品苏宁全球首发会”。在会议中，苏宁各方面的绿色环保措施获得了工业和信息化部的认可与赞赏，随后苏宁零售集团公共事务副总裁丁静，就绿色经济与绿色零售的发展这一主题，推出了“苏宁绿色（生态）设计产品全球推广计划”。

该计划的目的是：在工业和信息化部节能司的支持下，以绿色设计理念为核心，打造从产品渠道运输到消费端的闭环生态系统。苏宁的产品设计绿色化，主要体现在以下两个方面：一方面，苏宁携手一线知名品牌厂商，共同推出绿色（生态）设计产品的补贴优惠政策，并在不同时间段进行品牌大促销。承接品牌厂商线上与线下的营销活动，打造绿色设计产品标签。例如，三星、安吉尔、纳爱斯等著名品牌厂商都与苏宁达成合作。与三星的合作中，主要以线上线下渠道的合作为主，共同为消费者打造升级的体验，推动家电领域的可持续发展；与安吉尔合作开发绿色产品，将绿色产品送进千万家；与纳爱斯合作，将绿色零售的理念贯彻到底，通过生产售卖绿色产品，为消费群体提供更加优质的绿色产品与服务。另一方面，苏宁推出各种活动与方式，通过多层次、全方位地推广绿色产品设计理念，获得工信部的支持。例如，在线预约以旧换新活动、月度专场推广活动、绿色产品下乡扶贫活动、补助津贴等，全面推广绿色设计产品计划。

从以上两个方面苏宁将绿色设计产品的理念传递下去，将绿色打造成为苏宁自身发展的底色。苏宁零售集团副总裁范志军认为：绿色产品、绿色包装、绿色服务是零售企业转型升级的必然要求与不可避免的趋势。

作为智慧零售的领风者，苏宁将绿色产品与服务的理念贯彻到底，不断推广绿色技术、绿色制造与绿色产品，实现为消费者提供健康绿色产品的目的。苏宁的绿色产品设计计划打通了政府、企业、厂商三方的沟通要道，促进三方实现深度合作，共同为绿色零售业的未来贡献一份力量。

根据党的十九大报告相关内容显示：工业和信息化部已经制定了绿色（生态）设计产品评价标准43项，根据这些标准发布了两批绿色（生态）设计产品名单，总共包含246种。而名单中的113种都在苏宁平台操作，占总体的46%，毫无疑问苏宁成为中国绿色电商企业的魁首。

除此之外，苏宁在倡导绿色消费层面也进行了相关行动，例如，苏宁与钟南山院士携手，和美的、海尔等家电零售领域的巨头企业达成合作，以推广绿色空调产品为主，开展“净肺工程”。这一绿色项目总共投入了20亿元补贴资金，造福全球范围内的500万个家庭。这不仅为消费者带来福音，还在一定程度上促进了自身发展。

在绿色经济时代的浪潮之下，苏宁深入践行绿色零售行动，开展绿色产品设计，传递绿色消费理念，是在主动承担起自身的社会责任与义务。绿色产品设计是绿色零售行业发展的新蓝海，各个零售企业可以在苏宁的引领之下，深入绿色发展，追求环境效益、经济效益与社会效益的“三效合一”。绿色物流是与绿色零售相承接的环节，只有继续将绿色发展理念向下传递到绿色物流环节，才能促进绿色经济的正常开展。

第六章

Chapter 6

绿色物流与绿色出行

第一节 绿色物流的协同运作

绿色物流与大数据、云计算、人工智能的结合，不仅将更多人力从物流环节中解放出来，还减少了绿色仓储、绿色包装、绿色运输等各个物流环节的能源消耗，提升了物流运输效率。技术驱动下的绿色物流，实现了智能化发展。

一、绿色物流VS传统物流

你在网上购买产品，能够在一至两天就接收到产品，这就是物流在发挥巨大的作用。但随着物流行业的迅速发展与人们的网购需求、网购行为的增多，包装、仓储、运输等各个物流环节的资源消耗量与浪费量与日俱增，为环境带来了较大的压力。

相关数据显示，2016年仅在物流包装这一环节资源消耗量就十分庞大。例如，塑料袋的消耗量达到147亿个，快递运单的消耗量达到103亿张，编织袋消耗34亿个，封套消耗32亿个，包装箱消耗86亿个，封装胶带消耗3.3亿卷。其产生的废弃物与垃圾更是多不胜数。这就是传统物流模式中的各类资源的使用情况，在整体上呈现低利用率、高污染、高损耗、高耗能的状态。2022年，我国快递业务量完成1105.8亿件，快递业每年消耗的纸质废弃物超过1000万吨，塑料废弃物约200万吨，并呈逐年增长趋势。

传统物流在仓储上，仓库选址往往不尽人意，往往会有因选址不当造成物流运输成本的增加与运输距离的增加的情况出现；在包装上，过度包装的情况也屡见不鲜，难降解的包装不仅带来资源浪费，也带来了环境污染，不利于包装废弃物的回收；在运输过程中，会因为路线规划得不合理、运输工具的不合理，造成产品的损耗率上升，能耗与废气排放量的增加。

由此可见，利用技术与模式的创新，对物流环节进行优化与改造，提升资源的利用率，减少污染，发展绿色物流是必然趋势。绿色物流是传统物流的创新与升级，从仓储、包装、运输、回收各个环节入手，研发新技术，提升各个环节的资源利用，降低能耗，实现绿色化。例如，各个物流企业依托自动化技术开展的绿色物流，相较于传统物流，实现了高效节能促环保的目标，是绿色物流的有效践行。

申通在发展绿色物流的过程中，将100套自动化的分拣设备运用到新建仓库与改扩仓库之中，并使用了智能分拣机器人——“小黄人”。2017年，小黄人已经在郑州、天津、临沂等地得到推广，极大地提升了分拣效率，降低了分拣环节的能源消耗。同期，圆通在杭州运转中心投入了将近40套自动化设备、350台机器人，每天可分拣包裹超过50万个，每小时能分拣2.1万订单产品，分拣效率得到了极大的提高。2018年，德邦快递则是开始将AGV自动分拣系统“蓝精灵”引入分拣环节，已经正式在扬州、上海使用。该分拣系统每小时能够分拣10000个包裹，效率极高。以上这些物流企业都开始进行更加具体的绿色物流计划，不仅是分拣环节，其他各个环节也开始转向绿色化。

绿色物流在仓储层面，实现信息化、智能化管理，通过人工智能等技术，优化仓储选址，提升管理效率；在包装上，改造包装材料，使用易降解或者可循环利用的材料，通过智能化包装提升包装盒的空间利用率，从而减少资源的浪费；在运输层面，优化运输路线，采用环保的运输工具，减少污染与运输成本；在回收层面，发展逆向物流，推行回收计划，实现可循环发展。

高效是绿色物流的重要标志之一，相较于传统物流，绿色物流将高效发挥到了极致。在如今，高效的绿色物流体系，不再是一个缓慢运行的古老机器，而是由大型集装箱、大小仓库、自动化传送带、无人配送机器人构建起来的精密的物流网络。在各个环节通过数据的收集与估算，实现资源的最合理配置，从而实现绿色化。

在绿色物流这张网络中，囊括了横空出世的淘宝，风靡全国的美团、饿了么，甚至还有成百上千万的快递员等。构成绿色物流网的每一个组成部分，都在疯狂且快速地运转，货物送达由3天交付，慢慢缩减到次日达，甚至1日达。物流承诺由1小时缩短到30分钟。

绿色物流是电商的“风向标”。随着竞争的不断加剧，物流的时间标准也有了变化，这是绿色物流实现高效的重要举措之一。从“外地物流2、3天至1周送达”的标准，演变到“211模式”标准，即用户在上午11点以前提交订单可当日送达，晚上11点后提交的订单，承诺在次日15点前送达。外地物流送达的计量单位从“周”转变到“天”，而同城“最后一公里”的配送速度已经达到了“小时级”。缩短到以“分钟”为单位的“特快级”已经成为零售企业和商家竞逐的新常态。

2018年7月，美团的闪购业务追求“快”。用户在购买生鲜果蔬、鲜花绿植等多样化的产品时，都可以通过美团闪购，享受30分钟上门送达，全天候无间断配送服务。在家不想出门怎么办？打开美团外卖，选择闪购服务，下单支付，只需30分钟就可收到所购产品。

美团数据显示，美团外卖有53万骑手整装待阵，为2500个县市提供闪购服务。这样规模庞大的外卖配送体系，使美团外卖能够在外卖行业中一直保持其龙头企业的地位。菜鸟与阿里健康也不甘示弱，在同年8月，先后宣布：先在杭州推行送药上门的服务，承诺白天30分钟内、晚上1小时内送药上门，这使杭州成为全国首个提供全覆盖、全天候、分钟级的送药服务的城市。数据显示，用时最短的送药服务仅用了10分钟，可谓是“神速”。

除此之外，达达与京东联手推出了35分钟送达业务；盒马生鲜承诺周围三公里范围内订单可以在30分钟内完成；易果、每日优鲜也紧跟潮流，纷纷推出了“分钟级”的配送服务。为了解决“最后一公里”的难题，形成了包含智能快递柜、代收点等的定点模式，还有动态的、不定点的“行走模式”。其中，传统的物流配送、具有革命性意义的快递众包就是“行走模式”中的一种。

一般而言，不同平台的绿色“行走模式”的物流配送方式的侧重点不同。例如，“达达—京东”的重点在于生鲜快消等生活类产品的配送；人人快递、闪送、UU跑腿主打同城及时配送服务；美团、饿了么以配送到家为主要业务；菜鸟裹裹的“最后一公里”末端配送是其优势业务……传统的物流快递的目的仅仅是为了送达货物，只注重末端站点，而没有考虑到各个环节的资源消耗与利用情况。

而如今的绿色物流配送更加注重起始端（零售企业与零售商）与末端（用户）的联结，在及时送达的同时，也减少了产品的损耗率，实现了运输过程的绿色化。这种端对端的绿色物流配送，已经成为实现绿色物流O2O（线上到线下）的重要部分，使线上与线下的融合能够促成更高流量与最优服务的产生，提升物流效率。除此之外，传统物流的模式较为简单，只是按照物流的终点进行分拣工作，然后再分发给下一层的物流系统，自上而下，通过一层一层的分拣中心，才能将产品送到顾客手中，因此很难满足某些企业的配送需求。

而新一代的绿色物流模式中的众包模式，使供应端在接收到订单之后，会搜索距离用户最近的供应站，进行配送，极大地缩短了快递配送的时间，减少顾客等待时间，在溢价中收获价值，这不仅提升了物流的效率，还减少了仓储运输的能源消耗。相比于传统物流，绿色物流的速度更快，效率更高，且对资源的利用率更高，对环境更加友好。

接下来，我们将从更加具体的层面去了解绿色物流，从而为其他企业提供发展绿色物流的新思路。

二、人工智能助力绿色仓储

大部分人几乎都有过点外卖的经历，大家可以发现，在传统的外卖模式中，都是消费者在APP上下单，外卖商家接单后，由送餐骑手到商家取单，然后送达消费者。送餐骑手取餐时，极有可能遇到排队等位的情况。在30分钟必达的倒计时下，送餐骑手往往是等得心急如焚，为了在规定时间内送达，不得不在送餐路上分秒必争，安全隐患可想而知。同样，对于消费者而言，外卖骑手在商家等位的时间，无疑是延长了用餐时间。在快节奏的生活环境中，这种等待是难以忍受的。有没有一种办法能够缩短甚至消除骑手在商家的等位时间呢？解决这一问题的有效方法之一就是发展绿色仓储，开设前置仓与社区仓，实现仓储运营与管理的智能化、绿色化。

绿色仓储的落地实践包括仓库、物流园的建设与仓储管理的绿色化这两个方面。其中仓库、物流园的建设包含仓库选址、库区规划、节能环保、减少排放等；而仓储管理的绿色化则是通过技术对产品进行电子化、信息化、智能化的管理。通过这两个方面统筹仓储管理，优化资源的配置，从而达到环保节能的目的。

在仓库、物流园的建设中，使用绿色环保物流设备是实现绿色仓储的基础，也是绿色物流的突破口。在大仓库、物流园中，那些对人体危害小、对环境的负面影响较小，且效率高的智能化物流设备逐渐兴起，并取得了较好的收益，例如，清洁燃料的使用、自动仓储机器人的运用、电力驱动的运输车等。

这些技术的创新，为绿色物流设备的研发、使用创造了基础，也促进了企业、公众环保理念的深入，使传统物流仓储模式得到了创新，提升了物流的整体效益。在物流中心，这些智能化、绿色化的设备的使用，减少了产品入库、拣选、装卸、出库等仓储环节的损耗，减少了资源的浪费，避免了对环境造成更大的环境污染。

除此之外，智能仓储还可以通过大数据、人工智能等技术优化仓储配送流程，减少无效仓储与运输过程，再加上机械化、自动化设备的合理使用，确保绿色物流正常运行。其中，前置仓与社区仓的设立就是绿色智能仓储的重要实践。

所谓前置仓，其实就是仓库前置，在离消费者更近的地方建立仓库。比如仓库可以设在写字楼或者社区附近，当消费者有需要时，配送人员就可以在第一时间将商品送达给消费者。例如，苏宁小店的前置仓可以解决其覆盖半径范围内的所有苏宁小店的订单配送问题，同时还可以加快苏宁小店间商品的流转。

传统模式下的配送，需要快递员对接每一笔订单，挨家挨户地拿取商品，打包配送，然后再配送到对应的消费者手中，非常忙碌，时效性很差，无法保证送达的时间。前置仓模式下，覆盖半径范围内的所有订单已经预先分类整理，然后选择对应商品打包发货，快递员只需要面对一个前置仓，就能获得区域内的所有配送订单商品，直接配送，有更高的时效性。同时，前置仓还有仓店协同的功能。传统模式下，门店补货需要提前申请，次日送达，有时候补货量大还需要好几天。现在，这种困扰不会出现了，前置仓会根据大数据平台发布的信息及时备货。而且为仓储补货，可以加快苏宁小店的商品流转，满足小店的即时需求，提升实体门店的运营效率。

前置仓减少了无效的搬运工作，避免了这些搬运过程中产品的消耗，加快了物流流转速度，减少了仓储各个环节的能源消耗，达到环保目的。同样提高绿色物流效率的还有店即仓，也称为社区仓。社区仓以社区超市仓储中心为核心，覆盖周围一定范围内的社区业主，通过线上+线下+即时配送的模式，为社区提供服务。

其实，前置仓就是将仓库安放在消费者触手可及的地方，社区仓就是将仓库安放在社区。两者都是合理选择仓储位置，减少不必要的运输过程，从而实现绿色物流的措施。各个企业可以根据自己的营业范围、所在区域等实情，设置前置仓、社区仓，促进自身的绿色发展。绿色仓储是实现绿色物流的基础之一，而发展绿色物流的基础之二则是绿色包装。

三、改造包装材料，智能化包装

如今快递包装盒的胶带量明显变少了，而且封包胶带也变得更为狭窄。出现这一现象的根本原因在于随着电商的快速发展、人们环保意识的加强，电商物流包装的绿色化也逐渐成为人们关注的焦点之一。而实现包装材料的减量化，是减少材料浪费，提升资源利用率的重要途径。

电商的物流包装是开展绿色物流的重要一环，如今推行绿色包装，开展绿色物流，已经成为各个企业实现绿色发展的重要举措。绿色包装不仅是电商关注的话题，也是产业链上各个企业应该思考的问题。要解决绿色包装问题，需要供应链上下游合作，使品牌商、物流企业、包装材料供应商、消费者在绿色包装问题上达成一致，从而使产品在生产、打包、入库、出库等各个环节都实现包装的绿色化。

依照这一思路，企业开展绿色包装行动可以从以下两个方面进行，即包装耗材的减量化，用环保包装材料取代原来的材料。但在具体行动中，“如何检测和界定绿色包装、如何让绿色、环保、经济的包装解决方案得以推广和应用”，依旧是一个需要思考的问题，从产业和供应链的角度出发，这一问题为企业全面推动绿色包装的普及和发展带来了不小的挑战。

应对这一挑战，政策是支撑的动力来源。绿色包装不仅是行业问题，也是综合性的社会问题，需要在政府政策的引导下，企业才能开展有效的具体实践。《全国电子商务物流发展专项规划（2016—2020年）》《关于加快我国包装产业转型发展的指导意见》《关于协同推进快业递绿色包装工作的指导意见》等都是政府针对绿色包装问题，从信息技术、包装材料、印刷工艺、回收利用技术等方面，为企业提供的切实可行的政策建议。

绿色包装主要包含包装设备、包装方法、包装材料、包装的可回收性等方面的绿色化。其中充填、装箱、裹包、封口、捆扎、贴标、干燥、除菌杀菌、防震、集合包装等，都属于包装方法与包装设备。这一层面的绿色化主要是向减量化发展，通过减少包装材料，合理配置资源，实现绿色包装。

2010年以来，电商包裹的数量呈现疯长趋势，每年的物流包裹可超过500亿件，为了避免运输过程中的野蛮分拣、配送，对产品造成损害，对一件小产品也会进行层层包裹，放置较多填充物，特别是一些玻璃制品，这样的包裹方式造成了包装材料的浪费。而且这些包装材料，如胶带、塑料袋、泡沫填充物等材料，都无法循环利用，有些材料在高温等环境中还会产生一定的毒性，影响包装人员与仓储人员的健康。这些无法回收的材料，最终会通过填埋或者焚烧，对土地资源与空气造成大量污染，这已经成为一个严重的社会问题。而包装材料的绿色化措施主要包括采用清洁、可回收材料。包裹包装材料主要包括热缩塑料袋、卷缠泡沫带、皮带、标签、胶带、面单等。例如，电子面单已经在多家生产企业与物流企业开始采用，大量节省了纸质面单的使用量。再例如，用牛皮胶带替换传统的一次性胶带，实现资源的可回收利用。

包装减量化与绿色环保材料的使用提升了包装环节的绿色化水平，但进行绿色包装不仅与包装环节挂钩，也与产品的仓储、分拣、加工、运输等环节密切相关。这些环节中的拆箱、分拣、二次包装都与绿色包装有关。针对末端的绿色包装问题，各个企业都通过智能化的技术与手段，在末端环节避免过度包装、重复包装的问题。例如，菜鸟网络通过智能打包算法，根据产品的尺寸、重量等信息，匹配最合适的包装箱型进行定制包装，并通过优化产品在包装盒与运输车的排放方式，提升空间的利用率，减少包装的使用。菜鸟网络的智能包装算法至少能够节省15%的包装耗材。再例如，京东创建的包装实验室，通过自主研发并推广易降解、可回收的包装材料，实现生产端到末端包装的绿色化。

当智能化技术与绿色包装结合时，可以将包装减量化与包装材料的环保化贯彻到底，提升绿色化水平。京东与菜鸟网络在绿色包装的实践，为其他企业实现智能化的绿色包装提供了优质经验，带动了全行业内绿色包装技术的发展。改造包装材料，实现智能包装将是企业在实现绿色、可持续发展目的的手段之一。除了绿色包装，绿色运输也是企业实现绿色发展的必要环节。

四、绿色运输：优化运输路线，降低空载率

近日，京东对快递员的五险一金与底薪制度进行了调整，一度成为热门话题之一。而实行这一措施的原因令人十分无奈：京东物流在2018年亏损23亿。京东在自主研发智慧供应链、智能物流、无人货运飞机等项目中，投入了大量资金，仅在2018年京东的绿色申请量就已经达到3407件。

虽然京东对绿色物流的研发，暂时降低了经济效益，但从全局来看，京东的科研成果，推动了电商领域的绿色化发展进程。例如，无人车运输技术，提升了运输速度与效率，通过减少了运输过程的碳排放量，实现了环境友好、节能减排的目标。

不仅京东致力于研发绿色运输的智能化与绿色化技术，阿里巴巴集团、江苏天奇物流、中国神华、国家电网公司、珠海格力电器、湖北中烟工业、天津瀛德科技等企业都在绿色物流领域研发绿色物流新技术，构建自身的绿色物流体系，实现绿色发展（见图6–1）。

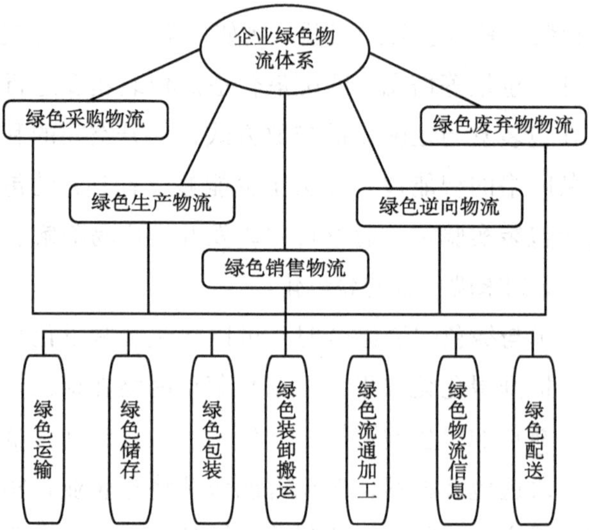

图6–1　企业的绿色物流体系

以上是企业发展绿色物流需建立的规范化、系统化的体系，其中绿色运输处于各个物流环节中的首要位置，绿色运输是绿色物流的核心。企业大力发展绿色运输的突破口是绿色配送模式与绿色运输装备。

（一）运输模式的绿色化

通过优化车辆装载，提高车辆空间的利用率，从而在保证业务量相同的基础上，通过减少配送次数，实现节能减排的目的。这一运输模式的绿色创新是共同配送与运输，共同配送是以物流大数据平台为依靠，实现统仓统配、集货共配、循环取货共配、智慧共配等绿色配送。以循环取货共配为例，在一定的范围内，通过大数据、云计算等技术，规划出最优路线，让一辆运输车可以到多个供应商处取货，并完成运输配送。与只在一家产品供应商处取货的模式相比，提升车载空间的利用率，最大程度上提升了运输效率，实现节能减排。

例如，京东的无人配送机器人，一台机器人负责一个区域的物流运输工作，它可以通过自身的定位系统、智能视觉系统等技术，在复杂的城市运输环境之中，规划出最合适的运输路线，并对路况进行实时监控，随时调整路线。除此之外，京东的物流机器人还能与管辖其他区域的配送机器人进行信息共享，有利于路线的规划，减少物流过程中的无效搬运，少走“弯路”，保障运输环节的顺畅运行。

智能技术的加盟，提升了运输模式的绿色化水平，通过路线的优化与车载空间利用效率的提高，推动绿色运输工作的开展。

（二）运输装备的绿色化

适应绿色环保运输工具是绿色运输的另一重点，在减少碳排放量、保护环境层面，发挥着巨大效用。

汽车尾气是城市污染的主要来源之一，使用低污染排放或者零污染的运输工具，是减缓城市热岛效应的有效途径之一。新能源汽车是目前绿色环保运输工具中较吃香的一种，如电动、LNG等新能源配送车辆。电动类型的新能源汽车虽然不能实现零污染与零排放（发电消耗的能源也会产生污染排放），但相较于传统的运输工具，在污染排放方面已经有了较大的进步。一方面，电动运输车在人口集中地区实现了零排放，降低了污染对人类居住空间的影响；另一方面，利用太阳能、风能等清洁能源发电的技术正处于研发与更新阶段，这为电动新能源汽车真正实现零排放奠定了基础。

例如，传化慧联搭建的智能车联网平台，提供绿色物流车定制服务，依托大数据等技术推动新能源汽车的使用，在节能减排的同时，提升了物流运输效率。除了新能源运输工具之外，一些对人体无害、对环境影响较小，但功能效用较好的环保绿色装备也被用于绿色运输之中，如节油卡车等。这些绿色设备与工具的使用，促进企业推进绿色货运计划的开展，全面推动绿色物流的发展。

综上所述，各个企业在开展绿色运输工作时，可以通过全面推动新能源汽车的研发与投入使用、推广轻型卡车、在传统货运车上增加节能减排装置等方式实现货运装备的绿色化，通过智能规划、多式联运等方式推动绿色运输模式的创新，实现更高效、绿色的运输。

在上述内容中，从绿色仓储、绿色包装、绿色运输的层面了解了企业发展绿色物流的举措，在下面内容中，我们将从绿色逆向物流的层面去深入了解绿色物流。

五、绿色逆向物流：推行回收计划，回收快递箱

菜鸟网络推出了“回箱计划”，开展纸箱的回收与循环利用；苏宁投放“共享快递盒”，提高快递盒的循环利用；京东打造“纸箱回收系统”，完善回收体系；1号店开展积分换产品的活动，倡导消费者参与到快递盒的回收活动中来……

各个企业都在致力回收计划的实施，通过提升资源的回收利用率，来推动绿色逆向物流的发展。在探讨具体举措之前，我们需要明确“何为绿色逆向物流？”这一问题。绿色逆向物流就是将一些失去了使用价值但还具备潜在的利用价值的废弃物（如消费后的产品包装、产品加工过程中的边角料等），通过回收系统实现回收，经过二次加工之后，重新回到企业的物流流程之中，因此我们可以简单地将绿色逆向物流理解成为回收利用计划，但不能将二者画上等号。回收利用计划只是开展绿色逆向物流的一个重要举措，并非全部。例如，快递包装回收计划、循环使用包装、将废弃的包装材料进行二次加工再利用等，都属于绿色逆向物流的范畴。

在对绿色逆向物流有了一个初步的了解之后，我们还需要了解发展绿

色逆向物流的重要性，才能对其形成一个完整的认知。2016年是电商发展的一个高峰时期，快递物流行业也呈现出欣欣向荣之态。仅在2016年，快递包裹总共消耗编织袋32亿个、包装箱37亿个、塑料袋147亿个、一次性胶带3.3亿卷、4600万吨瓦楞纸箱原纸，但根据相关报道，对这些材料的回收率不到10%，那么这些废弃未回收的材料去了何方？垃圾填埋场与焚烧场将是它们的最终归宿。特别是北京、上海这种一线重点城市，产生的快递包装垃圾已经成为垃圾增长的主力军。出现这种情况的根本在于回收体系与机制的不健全以及绿色包装未落在实处。

针对这一问题，国家邮政局等十部门联合出台了《关于协同推进快递业绿色包装工作的指导意见》，提出了绿色包装工作的相关意见与目标。例如，在2010年，推广中转箱、笼车等较为环保设备的使用，进一步减少编织袋与一次性胶带的使用，逐步构建快递物流包装回收体系，推动绿色逆向物流的发展。

深圳市丰合物联科技有限公司旗下的快递宝，推出的快递宝共享盒就是企业发展绿色逆向物流的一个典型实践。快递宝共享盒采用了拉链封包设计，取代了传统的胶带封包方式，减少了一次性胶带的使用；用电子面单取代纸质面单，减少纸张的使用；用束带固定产品，减少泡沫填充物的使用；采用环保可回收的材料制作包装盒，实现包装盒的回收与循环利用。一个快递宝共享盒的循环使用频次在数十次到数百次的区间，在最大程度上提升了包装盒的利用率。

2018年，快递宝与多家物流企业在绿色逆向物流层面达成合作协议，在物流环节租用快递宝的共享盒，在消费者完成签收后，由快递员当场回收共享盒，并将其投入到下一轮的运输中。快递宝共享盒是开展绿色逆向物流的一次成功的尝试，为其他企业开展回收计划提供了一个新的方向。降低快递物流企业的物料成本，这是快递宝推广共享盒的初衷，但可回收纸箱是否能够真正实现成本的降低还是一个未知数。如果将回收利用成本转移到消费者端，将会使部分价格敏感型消费者无法轻易接受。因此，企业发展绿色逆向物流，在考虑回收体系与逆向物流体系创建的同时，还需要考虑成本因素，否则绿色逆向物流的发展将会面临较大的阻碍。

在2017年10月，一波涨价浪潮袭来，中通、韵达宣布物流配送价格上调，主要原因是包装原材料与人工成本的上涨。根据相关数据表示，在2017年前三个季度，韵达的营业成本为47.3亿元，增长了43.56%，其成本的增长幅度比营业收入增长幅度高3%。韵达表示，快递服务、物料成本的上升是根本原因。而圆通在前三个季度的数据变化相似，其营业成本也呈现增长趋势，成本增幅高出营业增幅6%。由此可见，发展绿色逆向物流，需要技术的不断创新，研发出低成本的、可回收的、循环使用率高的包装材料，或者通过减少包装材料，降低成本，减少废弃物的数量，实现环保目的。

京东物流在2014年开始研究循环包装应用模式，并于2015年开始批量化投放运营，目前常态化使用的2C循环包装有2个类型，分别是循环保温箱和循环青流箱，已经累积投放超过2.2亿次。依托京东物流正逆向一体化物流网络，对循环包装在末端环节进行回收，逆向返还至园区或仓库进行重复使用。

循环保温箱是国内最早试点应用2C循环的包装模式，也是国内最成功的循环包装案例之一。保温箱采用特殊保温材料VIP真空板和帆布材质，结合可循环使用冰板，替代传统EPS白色泡沫箱和一次性冰袋，2015年，在京东生鲜业务中全面使用可折叠保温周转箱，代替一次性泡沫箱，通过京东逆向物流返回仓库循环使用。使用寿命超过1.5年，平均单箱使用130次，有效地减少了一次性泡沫箱和冰袋、干冰的使用，降低了成本，实现了节能减排、绿色环保。京东循环冷链箱目前在18个城市规模化投放，常态化投放70万个，已经累积投放超过2亿次，减少泡沫箱2亿个。

2017年12月，京东物流首发试点循环快递箱——青流箱。青流箱由可复用材料制成，箱体正常情况下可以循环使用50次以上；箱体破损后由生产厂家集中回收处理，碎片化处理后重新制板成箱。青流箱无须胶带封包，在循环使用的同时可做到不产生任何一次性包装垃圾，并配合自行研发的循环包装管理系统，借助唯一码和RFID管理技术，实现循环包装全流程监控。循环青流箱采用PP中空板材料制成，采用二代可套叠结构，仅依靠物流面单即可实现封箱，操作便捷且便于堆码存放。目前在30个城市常态化投放20万个，已累积投放2000万次。

依托京东物流正逆向一体化物流网络优势和循环包装管理平台，仓库打包作业时人员扫描箱体上的唯一条形码，箱码和运单号码进行绑定，实现了循环箱状态跟踪。京东快递小哥识别到循环箱订单，要求当面开箱，取出商品后完成签收顺便带走循环箱。循环箱到达快递网点后，统一扫描箱码进行解绑，完成空箱集包；经过逆向回程车返回分拨中心和仓库，入库扫码实现系统接收。

综上所述，发展绿色逆向物流，不仅是物流企业应该重视的问题，也是生产包装企业、包装耗材等企业思考的关键问题。各个企业同心合力，才能推动绿色逆向物流的快速发展，实现资源的回收利用，进而推动绿色经济在各行各业的全面融入。

六、菜鸟网络的“智能打包算法”与定制包装

菜鸟可以通过自身的“智能打包算法”对包装盒进行更为精巧的设计，让包装盒与产品能够紧密契合，避免包装材料的浪费，从而实现绿色包装。当消费者下单之后，菜鸟的“智能打包算法”技术就会发生作用，系统会根据消费者购买的产品的属性、数量、大小、体积等对产品进行综合计算，从而与最合适的包装盒大小进行匹配。这个计算与匹配过程全部由智能系统等技术实现，时间很短，不超过一秒钟。

菜鸟的“智能打包算法”与定制包装，都是绿色物流的落地实践，取得了较好的成果与环境效益。在资源节约层面，菜鸟智能算法可以在极大程度上降低成本。例如，一个日均10万单的仓库通过这样的算法技术，每年可节省1000万元的成本，这相当于节省10亿个标准大小的包装盒，与保护324万棵造纸树木的价值等同。

随着物流行业的高速发展，包装损耗问题也日益加剧。相关报道显示：

仅2015年，物流行业就消耗了塑料袋83亿个，一次性胶带也是使用得多不胜数。菜鸟网络为应对越来越高的包装成本，转向包装技术研发，想方设法降低包装的资源浪费。于是菜鸟网络的算法专家，在大数据技术和大规模优化技术的基础之上，推出菜鸟智能打包算法。与传统的人工包装相比，智能算法至少能够减少5%的包装消耗，且效率还遥遥领先于人工包装。

菜鸟网络的企业定位是物流平台，在实践中更侧重绿色物流在整个物流行业的普及性以及可实操性。因此，菜鸟网络推出的智能算法的目的并不是成为物流行业的独角兽，而是要推动整个物流行业绿色物流的发展。菜鸟网络希望智能算法能够帮助更多的零售企业、电商通过减量化，实现资源的再循环与再利用，实现全行业内包装的绿色化。菜鸟网络在这一社会责任的驱使下，立志在2020年实现产品包裹绿色化达到50%，实现减少362吨碳排放量的宏大目标。

菜鸟网络的“智能打包算法”是实现绿色物流的核心，在绿色包装与绿色物流的具体措施有：

第一，成立绿色物流联盟，将各个企业联合起来，共同促进绿色物流的发展。2016年，菜鸟网络已经与32家物流合作伙伴建立联盟关系，开启绿色物流行动计划，通过成立绿色物流基金，推动全行业的绿色物流相关工作的进行。

第二，通过菜鸟智能算法，全面推动减量化的实现。根据消费者的订单内容，推荐最合适打包解决方案，提升快递盒的空间利用率，减少快递盒内部塑料填充物的大量使用，从而实现减量环保的目的。在2017年“双11”期间，阿里爱丽电商平台的发货量突破10亿件。通过减量化，减少了4500多万个纸箱快递盒的使用。

第三，通过推行电子面单，减少纸质三联单的使用，在极大程度上减少纸张的消耗。“积小流，终成江海”，2018年初，阿里巴巴电商平台上已有80%的商家选择使用电子面单，每年节约下的纸张价值可达12亿元。

第四，推出生物降解袋，减少塑料袋等不可降解或者降解难度大的包装材料的使用，从而降低对环境的污染；推出无胶快递盒，提升快递盒的循环使用率，推动绿色物流向低消耗、低污染、高效能的方向出发。

第五，将绿色物流与公益项目联系起来，加强消费者的环保意识。例如，菜鸟网络与蚂蚁森林之间的合作。消费者在收到绿色包装的快递后，可以获取一定数量的蚂蚁森林绿色能量。当消费者的绿色能量达标之后，可以申请种树，公益组织将会种一棵真实的树。让消费者在这一过程之中，体验到因环保而产生的自豪感与成就感，从而将绿色环保的理念铭记在心。

第六，设计并开创标准化的绿色回收专区，加强包装的绿色回收。厦门是菜鸟网络打造的第一个绿色物流城市，是发展绿色物流的一个全新的尝试。2018年“双11”前夕，全国中有200多个城市的菜鸟驿站都已经开设绿色回收箱，数量已经达到5000个。让消费者可以将包装纸箱留在驿站，供其他消费者免费使用，从而促进包装快递盒的循环利用。

以上就是菜鸟网络应对绿色物流包装进行的实践行动，其他物流企业与电商企业也可以效仿，通过大数据等技术开创自身的智能计算方式，推广绿色包装，这也是每个企业应该积极承担的社会责任与义务。

除菜鸟网络之外，京东、苏宁、小米、顺丰等企业都已经投入到绿色包装的实践中。

七、京东、苏宁、小米、顺丰的绿色包装解决方案

随着绿色经济的枪声打响，绿色物流、绿色包装也成为企业率先进攻的战场。各个企业在绿色物流和包装的设计上各显神通，呈现出“百家争鸣、百花齐放”的状态。京东、苏宁、小米、顺丰分别作为电商、手机品牌商、物流企业的领风者，在绿色包装上有一决高下之心，首届中国电子商务与物流绿色包装大会成为这四家企业一展实力高低的场所。在会上，京东、苏宁、小米、顺丰的发言人分别道明了自己在绿色包装上的实践与有效举措，分别就环保包装材料、包装轻量化、绿色产业链的精细化管理、供应链的绿色化等进行了详细的阐述与说明。这四家的举措都是通过技术与工艺的结合，用较少的能源与资源投入，或者直接投入绿色能源，来实

现绿色包装设计的目的，为绿色物流的发展添砖加瓦。以下是京东、苏宁、小米、顺丰的具体举措。

（一）京东：设计并使用减量化、循环化包装

京东的绿色包装设计主题是减量化包装，同时也推行易降解和可循环包装、供应链包装的使用。京东在包装轻量化方面，通过提升包装材料的利用率，减少包装材料的浪费。其减量化主要表现在不同的方面：在绿色包装的生产制作层面常常要求轻型化和包装可利用空间的最大化；在绿色包装的设计上，则以简单朴实为原则，避免因追求高档次而带来的浪费问题，减少废弃物的排放与丢弃。

京东在循环包装方面，形成了两种情况：一为原级循环，京东将废弃的包装盒回收利用，再次加工成为包装盒。二为次级再循环，即已经废弃的包装盒、原材料资源再回收利用，转化成其他层面的资源。但原级循环的资源利用效率较次级再循环高，是一种非常理想的状态。

根据以上两个方面，京东做出具体的实践。例如，400g的三层纸箱的推广使用；将快递盒胶带宽度变窄，减少胶带的使用与浪费；开展纸箱快递盒回收，减少快递填充物与缓冲物的使用；增加无胶快递盒投入的数量；在自营店内100%使用电子面单，推行电子签收；举办物流包装大赛……除此之外，京东从供应链的角度出发，与品牌商合作，将节约包装、直发包装落到实处。并通过大数据与云计算等技术，收集分析相关数据，让品牌商明确包装还存在的问题以及解决问题的大致方案。京东通过设计绿色环保的、可循环使用的、减量化的包装，推行绿色物流的发展，并通过连接供应链，让绿色包装计划得以更加深入地进行。

（二）小米科技：精细化管理，全程参与

小米的物流既包含2B（企业到企业）物流，也包含2C（顾客到顾客）的物流，因此发展绿色物流的重点就是要将2B、2C物流融入绿色供应链、绿色生产与绿色运输的全过程之中。这对小米提出了较高的要求，需要对

整个绿色产业链的工艺进行改进，进行精细化的管理。于是小米通过多场景运作，在保障绿色产品质量的前提之下，将减量化、可循环化和标准化落到实处，从而实现精细化管理。

在绿色包装这一环节，小米的具体举措如下：

不同的产品使用差异化的包装与面单，例如根据消费者的订单，了解产品的大小等特征，采用最合适的面单纸张尺寸；推行电子发票，不浪费纸张。

在封包上，采用水溶性胶带，减少一次性透明胶带的使用，用最简约的方式封包，避免浪费。

在包装盒上，直接用供应商的原包装发货，或者用循环包装盒发货，但前提是要告知消费者包装盒是循环利用。让产品设计人员参与物流包装设计，通过大数据与数据模型等技术，推算出产品订单的空间大小，从而使用最合适的产品包装盒，有效利用包装盒空间。

小米的物流包装是其在绿色包装上推行精细化管理的重要一步，通过科技改进工艺，从而促进资源的利用效率的提升。

（三）苏宁物流：遵循国际标准，实现包装绿色化

苏宁在绿色物流包装上，将重点放在对国际标准的遵守上，即坚持绿色包装轻量化、重复利用以及回收的三大标准。具体举措如下：

在包装的轻量化层面，苏宁早在2016年就已推行胶带与面单的“瘦身”计划，通过减少相关包装材料的使用，减少浪费，从而减轻对环境的污染，达到绿色包装的目的。苏宁通过创建纸箱回收系统实现包装的绿色化。快递员直接面对消费者，讲解回收方式、处理面单，然后将包装盒带回，达到回收目的。仅在2016年，苏宁就已回收包装纸箱超过100万个。

在重复利用层面，苏宁通过推出共享快递盒实现目的。消费者在签收快递之后，快递员会直接将包装盒带回，然后重复利用。苏宁前期投放的5万个共享快递盒，已节约纸箱650万个，效益十分明显。苏宁还将各个网点间用于交接的编织袋更换成RFID环保袋，这些环保袋中的内置芯片可以定

位追踪、识别目的地，重复使用率高，且更省时。

在回收层面，苏宁从生产的源头抓起，尽量采用可回收材料制造包装，从而减少不可回收垃圾所占的比例。例如，苏宁用牛皮纸胶带进行封包，不仅可以提升包装盒的回收利用率，还可通过回收这些胶带进行二次加工，减少胶带浪费，避免胶带为环境造成较大的负面影响。

苏宁通过坚持上述三项原则，并在智能技术的加持下，将绿色包装进行到底。例如，苏宁的包装推荐系统，可以根据订单产品的大小、重量等进行精准的评估，然后与包装盒进行精准的匹配，并计算出最佳的产品摆放方式，提升包装盒空间的利用率。除此之外，还有效地提升了工作人员的效率。

苏宁还会根据产品类型、消费者对包装的接受程度，来制定最佳的包装方案。例如，高价值的产品，消费者对重复使用的包装盒的接受程度较低，则不推荐采用重复使用的包装盒；而日常用品类，消费者的接受程度高，则可以多采用重复使用的包装盒。

（四）顺丰：注重包装标准化，掌握物流各环节

在我国冷链物流中的冷冻产品的损耗率较高，已经达到20%–30%，且每一个物流环节的处理稍有不慎，便会造成更多的损耗。就此问题，顺丰从包装问题着手，对整个物流环节进行全面控制。

在预冷环节，顺丰推出了移动预冷库，灵活及时地对产品进行预冷。这样不仅节省了建设冷库的成本，还可以更加快捷有效的预冷，减少产品损耗。

在保鲜环节，顺丰采用循环保温箱。这种保温箱有独立的冰盒卡槽，可以有效地避免冰盒对产品的挤压，造成产品损耗。且保温箱可以循环使用，减少了白色泡沫箱EPS的使用。而且顺丰的冰盒、水袋也是可循环使用的，不同的产品可以采用不同的冰盒。

除此之外，顺丰还将各个环节的物流方案与设施相匹配，在最大程度上减少产品损耗。例如，顺丰会根据产品包装从尺寸、车辆尺寸等，考虑

物流配送过程中的自动化中转匹配程度、包装工具的匹配程度，从而采用最佳的包装、运输方案，选择最合适的物流路径，减少产品损耗。

京东、苏宁、小米、顺丰根据自身的优势，依托技术与工艺创新，实现了包装的绿色化，促进了绿色物流在全行业内的推广。为其他企业的绿色物流做出具有实操性的表率，企业的绿色物流将会日益完善。

八、京东物流的“仓储机器人”，实现前后端无人自动装卸

从消费者下单到仓库运走发货共有9道手续，如果一份订单仅用8小时便走完，那是十分高效的。为何京东如此之快？关键在于京东物流的“仓储机器人”，可以进行无人自动装卸工作，极大地提升了各个环节的效率。

随着绿色经济理念的逐步推广，高效环保的竞争战愈演愈烈，绿色物流也开始走上智慧化、科技化的道路，通过提高效率，减少物流成本，实现绿色物流。科技感爆棚的无人仓是京东最引以为傲的，是京东开展绿色物流的关键。实现无人仓的基础大量仓储机器人的使用，以及大数据技术、人工智能等技术的辅助，赋予这些仓储机器人自主判断与行动的能力，极大地提高了物流运输效率，从而减少能耗，降低了50%的物流成本。

在2016年，京东已经构建了一个由机器人、智能系统以及数据感知网络组成的未来绿色全自动蓝图。在“双十一”期间，京东机器人已经广泛投入使用，创建了50多个无人仓。其中，包含有智能搬运机器人AGV、六轴机器人6-AXIS、DELTA型分拣机器人、SHUTTLE货架穿梭车等不同类型的仓储机器人。智能搬运机器人AGV的形式速度一般，达到两米每秒，其重量有100公斤，最高的载货水平为300公斤，蓄能可以支持8小时的工作。二维码识别与惯性导航为其赋能，并通过防撞传感器和无线通信，在复杂的工作环境之中，开展工作。

六轴机器人6-AXIS的主要作用为完成码垛工作。根据产品大小，计算如何摆放，才能将不同尺寸的包装箱的装载率提至最高，避免浪费。这种类型的机器人相较于人工，可以提升30%的效率。

DELTA型分拣机器人的主要作用是进行动态拣选，还可以根据拣选产品的差异自动更换拣选器。其主要特点为具有三轴并联机械结构与3D视觉系统技术，可以适应货物转角偏差。工作速度快，与人工分拣相比，效率提升了5–6倍，1秒可完成一次分拣工作。

SHUTTLE货架穿梭车的主要功能为在立体货架上移动货物。其速度快，可达6米每秒；工作效率高，每小时能完成1600箱货物的移动与摆放。

京东还与炬星联手，基于为京东商城物流服务，将炬星AMR机器人投入京东物流的华北、华东区的3C仓库使用。3C产品（计算机、通信、消费类电子产品）在京东商城中占比较大，体积小、重量轻，但对物流拣选搬运服务的要求较高。炬星AMR机器人的使用可以在保障大量3C产品的安全的同时，提升工作效率。炬星AMR机器人有配套的机器人管理系统，可以通过4G网络链接，对这些机器人进行分布式管理，加强物流各个环节之间的连接，全方位地提升效率。

表6–1为炬星科技的公开资料，显示了炬星AMR机器人的高性能特征：

表6–1　　　　炬星AMR机器人的高性能特征

最大载重量	50千克
空载时最高行驶速度	2米每秒
标准负载（25千克）时最高行驶速度	1.2米每秒
尺寸	600（长）*420（宽）*1200（高）
自重	约45千克
导航定位精准度	± 50mm
作业方式	P2P（Point to Point）搬运
标准负载（25千克）时工作时长	约8小时
电池	锂电池、24V/45Ah、2小时充满

2018年底，炬星AMR机器人进驻京东物流，还处于实验与探索阶段，其具体的数据尚不明确。但彭博社给出的相关数据表示：与人力物流相比，一台炬星AMR机器人可以将效率提高5至8倍。京东仓储机器人的运用，实

现了无人自动装卸，从包装到运输的效率都得到提高，这使京东能够极大地减少包装、仓储与运输过程中的能源与资源的消耗，实现绿色包装、绿色仓储、绿色运输，将绿色发展的理念贯穿始终。

第二节 绿色出行的共享模式

共享单车、滴滴出行、曹操专车等快速发展的背后是绿色出行理念的强化，标志着绿色出行已经成为生活新常态。技术创新、工具改造、模式升级都为绿色出行的流行奠定了基础，更推动了“互联网+便捷出行”的共享模式的出现，推动了绿色经济的发展。

一、让绿色出行成为一种生活新常态

在中国，汽车交通是继住房与教育后的第三大家庭重要消费项目。随着城市化进程的快速推进与城市人口的急剧膨胀，交通拥堵变为各个大城市久治不愈的顽疾，成了城市环境与人们的安全隐患。交通拥挤增加了人们的出行时间，影响了人们的心情与工作效率。以北京为例，堵车基本上是人流高峰期的家常便饭，拥堵十分严重的路口可达90多处，且堵车时间至少有十几分钟。在堵车期间，公共电汽车的速度与步行速度半斤八两，这为人们的出行带来了极大的困难。除此之外，汽车交通也给城市环境带来了较多的负面影响。例如，尾气排放加剧大气污染、交通噪声污染以及城市热岛效应。

汽车尾气有70%是一氧化碳，还包括对人体危害极高的碳氢化合物、氮氧化合物等多种致癌物质，市民长期处于汽车尾气污染的生活环境之中，会对肺功能与呼吸系统造成损伤。由于汽车尾气的排放高度一般在1.5米之内，因此尾气对孩子造成的危害比成人高出许多。相关调查表明，生活在汽车修理站或者加油站附近的儿童，与其他区域的儿童相比，患上白血病

的概率要高出4倍。由此可见，解决交通环境问题，推广绿色出行刻不容缓。随着政府与相关组织机构的宣传与推广，越来越多的人意识到绿色出行的重要性，开始在生活之中践行绿色出行。

绿色出行是以节能减排为理念核心的交通方式与出行行为，形式多种多样。例如，乘坐公交、骑自行车、步行、拼车等，可以有效地减少汽车尾气的排放，降低对环境的污染，减少对人体的伤害。

有人说中国城市太大、人口太多、道路太长，不适合自行车上下班。但杭州身先士卒，在市中心区域每隔300米开设一个公共自行车服务点，自行车日租量最高可达21.16万辆。早在2010年，杭州公共自行车服务点已突破2000个，自行车数量达到5万辆，日租量最高达到25万辆，这相当于每天减少了6万辆小汽车的使用。

绿色出行的发展前景虽然坎坷，但已经在潜移默化的过程之中让人们将绿色出行的理念铭记在心，并在生活之中选择绿色出行。如今，绿色出行已经成为一种生活新常态。随着时代的发展与进步，各种技术也在不断创新，为人们的绿色出行创造了新的方式，进一步推动绿色出行生活新常态的传播与发展。

接下来我们将以技术层面为切入点，了解绿色出行的实现路径，全面认识绿色出行，思考“如何将绿色出行与企业发展相结合”的问题。

二、绿色出行首先应进行技术创新

“科学技术是第一生产力”，这一句话运用在绿色出行领域同样适用。推动绿色出行理念的传播与普及的基础路径便是技术创新。绿色出行以新能源、人工智能、云计算、传感技术、雷达系统等创新型技术为基础，以技术驱动绿色发展。接下来，让我们一起走进绿色出行的技术创新吧！

（一）新能源

传统交通使用的动力能源以不可再生燃料如石油为主，对环境的污染程度高，与节能环保的目标相差甚远。我国人口众多，交通车辆的需求量大，石油的消耗量大。工信部提供的相关数据显示，我国每年新增石油消费量中的70%都用于交通事业。

石油等化石燃料的消耗会增加碳排放量与有害气体、颗粒的排放，加剧城市热岛效应，造成大气污染。环保部门提供的相关数据表明：在一二线城市中，机动车的尾气排放是PM2.5浓度升高的元凶之一，其贡献占比20%—40%，是大气污染的主要污染源之一。

为解决这一问题，新能源技术应运而生，为交通运输提供新的、较为清洁的动力能源。例如，在电能的开发使用中，研发出了铅酸蓄电池、化学电池等。但铅酸蓄电池的蓄电时间长，不利于提升出行效率。而研发的其他的高比能量的电池成本较高，这会极大地提升电动汽车的造价。除了研发电力作为交通新能源，太阳能、甲醇等清洁能源也可以作为交通能源动力。

（二）传感技术

传感技术主要运用于采集路况等各种信息，为云计算提供最准确的信息与数据。传感技术的主题为传感器，在汽车之中最常用的传感器主要包括彩色摄像机、ERIM激光雷达、超声、陀螺、光码盘、GPS等。例如，由意大利帕尔玛大学研制的ARGO试验车，具备视觉系统，这一系统的基础就是传感技术。通过传感器，它可以较为准确地获得路面环境信息与数据，通过不同的控制设备，达到辅助无人驾驶的目的。再如，由美国卡内基·梅隆大学机器人研究所研制的NavLab系列智能车，其传感器包括差分GPS、陀螺仪和光电码盘、激光雷达、摄像机等。差分GPS的定位导航精准度极高；陀螺仪和光电码盘可以在动态环境之中，实现惯性姿态的测量；激光雷达的检测范围较大，分辨率较高。

传感器的组合，可以实现对形式环境的实时检测，并将手机的数据发往计算中心，减少安全事故发生频率的同时，提升出行效率。

（三）雷达系统

雷达系统能够对周围的环境进行检测，实时感知周边障碍物信息，并与摄像机等传感器合作，识别周边车辆、道路、交通标志等信息，并传递给计算系统，从而计算得出车辆最优的行驶速度和路线。例如，由卡内基·梅隆大学研制的Boss无人驾驶汽车，可以通过雷达实现对周边环境的实时检测，并根据环境的变化，辅助车辆加速、转向、换挡等自动驾驶操作行为。雷达系统是构成传感器体统的一环，是为计算系统服务的系统。

（四）人工智能

谈到人工智能与交通，想必大家第一时间想到的便是极具相声才能的车载操作系统，它可以根据使用者的喜好设置相应的语言包。在网络上经常有车主放出自己与车载操作系统的搞笑对话，让我们获得快乐的同时，不禁发出原来车载系统已经如此先进了的感叹。

车载系统能够得到快速发展与人工智能密不可分，车载系统不仅具有语音聊天功能，还具有管理车载系统的硬件、软件及数据资源的功能。通过控制程序的正常运行，整合车机系统的资源，为上层软件提供更加有力的支持。

在定位与规划路径方面，可以将接收到的交通数据、信号、音频、视频等进行加工分析，制定出最佳的行驶路线，将各种数据与信息的效用发挥到极致。人工智能支持下的车载操作系统能够提供各种形式的用户界面（UI），为驾驶员创造良好的驾驶环境，并为驾驶员提供有效的驾驶辅助，帮助驾驶者实现半自动驾驶甚至自动驾驶。

人工智能能够将传感器、雷达等体系传递出的信息进行综合整理，并通过云计算等运算核心对这些数据进行分析，在极大程度上协调车内各种资源的协调运作，提升资源的利用率，降低能源的损耗，提升出行效率。

（五）云计算

云计算技术在传感技术、雷达系统等信息收集处理系统的协助之下，可以快速地将相关信息汇总，并在云空间中计算，规划出最佳途径，减少能源消耗。例如，我们在生活之中使用的“掌上公交”APP可以实时监控公交的行驶路线与行驶的具体情况。既可以在APP上查看公交距自己还有几站路，以及所需要的时间，也可以在家通过APP查询公交信息后规划自己的出门时间，避免在公交站等待太长时间。“掌上公交”APP能够实现这些功能，是因为公交上安装了传感器等信息收集系统，能够将公交的行驶信息发送到信息处理中心，通过云计算等计算系统，计算出距离与所需时间。

以上这些技术的创新，围绕提高效率，达到节能减排的目的。依托于技术的创新，加工工具也出现了改造与升级，促进了人们的绿色出行。各个汽车交通领域的企业应该将这些新技术运用到具体的实践之中，用技术驱动绿色出行的发展。

三、绿色出行其次就要改造工具

在北京奥运会、上海世博会、广州亚运会期间对汽车行驶作出了一定的规范要求之后，电动汽车如雨后春笋般出现在我们的生活之中，整个中国似乎都涌动着电动汽车发展的春潮；在世界范围内，各国政府与人民也纷纷提倡电动车。人们还在为不断上涨的油价而忧心忡忡时，电动汽车横空出世，为人们的绿色出行提供了契机，促进了绿色出行时代的到来。那么，在技术的创新下，绿色出行除了电动汽车这一工具外，还有哪些经过改造的工具呢?

（一）新能源汽车

新能源汽车是绿色出行工具改造中效果最为突出的成果，这种汽车采用的都是以非常规的、清洁环保的燃料为动力来源，其动力控制与驱动层面都采用了较为先进的技术，与普通汽车相比，节能减排效果显著。世界上所有的汽车领域的龙头企业纷纷开始转向研发新能源汽车，例如比亚迪、上汽等企业，主要研发的新能源汽车包含太阳能汽车、燃料电池汽车、氢动力汽车、电动汽车等。

太阳能汽车被公认为是“未来汽车”，在车身上安装硅太阳能电池，为汽车的动力系统提供电力能源。目前太阳能汽车仍处于研发阶段，虽然采用了太阳能作为动力来源，但实质上是将太阳能转换为电能，在本质上还属于电动汽车范畴。

燃料电池汽车的燃料以氢气、甲醇等清洁燃料为主，通过化学反应产生电流，从而依靠电力驱动汽车。燃料电池中的化学反应不会产生有害物质，真正实现了“零污染”，且燃料电池的能量转换效率高出内燃机2—3倍。

氢动力汽车是真正意义上的零污染、零排放的汽车，其排放出的不是有害气体，而是纯净水。这种汽车被认为是代替传统汽车最理想的方案。但每辆氢动力汽车的成本高出传统汽车至少20%，在推广方面还面临一定的困难。

单纯的电力汽车在曾经被看作“未来汽车”，但随着研发与实践发现，电力汽车的蓄电充电时间长、重量大，使其无法在市面上进行全面的推广。

新能源汽车通过降低污染排放，或者实现零排放、零污染，可以达到环保目标，促进绿色出行的进行。

（二）自运驾驶汽车

自运驾驶汽车顾名思义是指在人工智能、雷达、视觉计算机等技术的支持下，实现无人驾驶的智能汽车。过去是传统手动挡的天下，而今手动挡与自动挡的势均力敌，在未来将是自动驾驶的天下。

车联网与智能交通系统将人、车、路联系起来，实现自运驾驶汽车的安全行驶。车联网通过车与车、车与路面的基础设施、车与人、车与传感设备之间的信息交互，实现信息共享，收集车辆、交通情况，并在信息网络上加工、分析收集到的信息，做到精准计算与推荐。例如，在出行时，你可以直接告诉智能系统目的地，系统就会通过车联网收集到达目的地各种路线以及交通情况，从而推荐一个最合适的路线方案，避免交通拥堵。通过车联网还可以提前知道周围正在行驶的其他汽车的信息与相关状态，能够降低因人工视线盲点而造成的交通事故。

自运驾驶汽车在新技术的加持之下，可以优化驾驶路线，缓解交通拥堵，提高人们的出行效率与停车场利用效率。从这几个角度来看，自运驾驶汽车也是绿色出行的推动者。

绿色出行工具的改造，还需要各个企业主动承担一定的社会责任，为人们提供更多可以绿色出行的工具。例如，百度、长安汽车、吉利、图森等企业都在积极地研发低污染技术，希望通过科技的创新，推动绿色出行的进一步深入。但由于自动驾驶汽车在复杂的交通环境下的识别能力、计算能力的可靠性还不足，大部分自运驾驶汽车都还处于研发阶段，但我相信这些企业的技术研发，终将会诞生出完美的绿色环保自运驾驶汽车，为未来带来一个更加多姿多彩的绿色出行时代。

绿色出行工具的出现与改造，将会使各个相关企业发展出与工具相适应的绿色出行模式，为大众消费者提供更多的绿色出行选择与服务，引领绿色出行的开展。接下来，就让我们一起去了解企业发展了哪些绿色出行模式与服务吧！

四、绿色出行还要进行模式升级

当你逛街时，你会采用什么样的绿色出行方式？是乘坐公交，还是滴滴打车？是租借共享单车，还是直接步行？路途的长短、出行习惯，会让人们作出不同的选择。但这些选择基本上都被以下三种模式包含。

（一）网约车模式

网约车模式是通过互联网预约出租车的打车模式。其绿色效应是通过提高汽车的使用率，缓解交通拥堵情况，减少碳排放量，从而达到绿色环保的目的。例如，我们最常用的滴滴打车便是以网约车模式为核心。消费者只需要在滴滴出行上选择自己的位置与目的地，一般在5分钟之内有就近的司机接单，或者直接由系统中心根据消费者的匹配范围派单给滴滴司机。消费者出门前预约车，一出门就能直接上车，减少了等待时间，提高了出行效率。

除了滴滴出行外，首汽约车、曹操专车等都是以网约车模式为核心的出行交通服务，其中包含拼车服务、专车服务等。随着网约车企业与平台的发展，网约车用户也在逐年上升。第44次《中国互联网发展状况统计报告》数据显示，截至2019年6月，网约车用户规模达到3.39亿人次，与2018年相比，提升了633万人次。根据第48次《中国互联网络发展状况统计报告》的数据，截至2021年6月，我国网约车用户规模达到了3.97亿人次，相比2020年12月增长了3123万人次，占网民整体的39.2%。

网约车模式得到了越来越多人的认可，已经在全国范围内推广与普及。为推动网约车模式的健康发展，各地都发布了相关的新政新规，使网约车规范化、安全化、有序化，并将新能源汽车打造成为网约车。例如，在2019年5月，交通运输部公布了《出租车服务质量信誉考核办法》将网约车平台企业与司机纳入考核体系，对网约车进行规范化的管理。网约车模式在节省人们的出行时间、提升出行交通效率的同时，还减少了空车率，提升出租车的利用率，从而减少能源浪费的情况，是绿色出行的有效模式。

（二）分时租赁模式

分时租赁模式就是向消费者提供租赁车的服务，并根据使用时间计算租金，让消费者能够随时随地取用，并在互通网点归还的自助互联网租车模式。分时租赁模式以新能源汽车为主，参与的企业数量较多，目前主要活跃在二线城市，在共享汽车市场之中的发展势头正猛。分时租赁模式也可以提升汽车的使用效率，缓解交通紧张与交通压力，并通过新能源的使用，降低碳排放量。其中最有代表性的企业有EVcard、GoFun、CAR2GO等。

在2013年，分时租赁模式兴起之时，北汽、吉利、上汽等汽车企业纷纷开展分时租赁服务。易观察数据显示，至2018年，北京、郑州等19个城市已经实施了车辆限行政策，这为分时租赁模式的扩大创造了条件。对这些环保车企，政府还会给予一定的经济补贴，支持其发展。汽车工业协会数据统计，自从2012年之后，我国汽车销量一直处于缓慢上升阶段，到2018年则呈现负增长。由此，我们可以了解到，实行分时租赁模式不仅是政府的引导，更是汽车企业实现转型升级、获得可持续性发展的必要趋势。分时租赁是促进消费者实现绿色出行的重要模式，也是汽车企业实现绿色、可持续发展的重要途径，是消费者与企业的“双赢”模式。

盼达用车已在6个城市开展运营，累计投入运营的新能源汽车总量达10000多台，用户总数量达200多万人次，并在两年多的时间内实现了盈利。盼达用车通过“互联网+车联网+用车服务”打造了新型的新能源汽车租赁平台，实现了用车全流程纯移动端、纯线上化的“人机互动”出行平台。

（三）共享单车模式

共享单车模式依旧是租赁模式的核心，并以在公共区域提供自行车共享服务为主。我们最为熟知的哈啰单车就是共享单车模式。共享单车模式一经出现，就在全国范围内迅速普及，实现了大爆炸式的增长。不仅能够对城市交通作出有效的补充，还能减少汽车的使用频次，缓解交通拥堵，降低碳排放量，促进绿色出行的发展。

以哈啰单车为例，其运营模式是以支付宝为平台，在支付宝的流量支持下获得一定量的订单，同时为支付宝带来潜在的用户，为C端的商家打广告，增加流量。哈喽单车不仅提供绿色出行服务，还能够获得盈利，实现环境效益与经济效益的双丰收。共享单车模式让绿色出行距离消费者越来越近，每到高峰期，许多人使用共享单车出行，使绿色出行真正成了生活的新常态。

这三类绿色出行模式虽然差异性较为显著，但也有共通之处，都是利用大数据、移动互联网等技术，整合相关车辆资源与信息，满足消费者多元化的绿色出行需求，其目的都是实现节能减排，促进绿色发展。

在明确了绿色出行的相关路径之后，就需要将这些新技术、工具、模式运用到实践之中发挥作用。接下来我们将从具体的实践案例出发，探寻企业在推动绿色出行之中应该发挥的作用与采取的行动，在推动绿色出行的同时，促进企业自身的发展。

五、比亚迪的“互联网+绿色出行”

比亚迪的“互联网+绿色出行”是依托于互联网、云计算、人工智能等技术，将互联网与绿色出行结合，通过线上渠道对线下车辆交通资源进行合理分配，满足人们日益增长的绿色出行的需求。在绿色经济、共享经济发展的大背景之中，比亚迪的“互联网+绿色出行”模式的核心是依托于互联网大力推广新能源汽车，为大众提供绿色出行的有效工具。比亚迪早在新能源汽车上市之初，就已开始为大众提供互联网服务，其服务模式主要包含以下几种。

（一）比亚迪“互联网+绿色出行”的模式

1. 打车模式

打车模式是指乘客通过互联网在手机APP上下单，系统根据乘客位置向就近的司机分配订单，或者由司机主动接单。乘客不必在路边拦车，通过线上渠道便能召车，在减少沟通成本的同时，降低了空车率，提升了资源的利用率。

2. 专车模式

专车模式也是依托于互联网，对自有租赁车辆与部分私家车进行管理，乘客在线上下单，由专车司机接单。该模式的优势在于车型高端、服务优质，能够满足中高端乘客绿色出行的需求，但服务费用高。

3. 拼车模式

拼车模式的整合资源对象主要是私家车。乘客直接通过比亚迪的租赁平台，与私家车车主达成租赁协议，双方承担部分责任，如分担油费等，并由平台进行监管。与专车模式相比，拼车模式中的车源获得较简单，整合难度低，因此具有低价的优势。这种模式可以有效地提高私家车的使用率，提高资源的利用率，帮助普通乘客实现绿色出行。

4.共享租车模式

共享租车模式与拼车模式有相同之处，都是对私家车资源的整合，有用车需求的乘客在比亚迪租赁平台上与车主达成租赁协议：乘客用车，车主也能获得部分租金。这种模式将车辆的使用权与支配权进行了分离，是实现合理配置资源的途径之一。

这四种模式虽然在运行层面有所差异，但都提倡合理配置私家车资源，实现以租代买，从而减少车辆的总购买量，最终达到缓解城市交通压力、减少二氧化碳排放量的目的。这四种模式构成了比亚迪“互联网+绿色出行”的基本框架。

（二）比亚迪“互联网+绿色出行”的推广模式

新能源汽车是比亚迪租赁项目当中的一员。2015年，比亚迪新能源汽车的销售额已经达到了6.2万辆，在世界排名中夺得第一。其新能源汽车在市场的份额达到30%，此后，其新能源汽车的销售额在不断提升。2023年8月9日，比亚迪第500万辆新能源汽车下线，成为全球首个达成这一里程碑的汽车品牌。9月4日，比亚迪携6款新能源车型亮相德国慕尼黑车展，引发市场广泛关注。比亚迪成为中国市场车企、品牌双料冠军，首次冲进“全球前十大车企”行列。

随着新能源汽车的不断普及，比亚迪的租赁车之中新能源汽车的比例逐步上升。为了早日实现租赁车辆的全部绿色化、环保化，比亚迪开始大力推广“互联网+绿色出行”。

目前，我国“互联网+绿色出行”市场之中占据优势的是P2P（个人对个人）模式的滴滴、Uber和B2C（企业对个人）模式的神州专车。P2P模式由提供租赁的服务商与私家车车主组成，是一种私家车加盟模式，该模式的运营成本低、规模扩展速度快，但是企业自身承担的责任与风险较大。B2C模式是由服务商自行购买汽车或者与车企合作，自己聘请司机为乘客提供出行服务，该模式运营成本高，能够保障服务质量，用户的忠诚度较高。

新能源汽车在限牌城市和交通压力大的城市中备受青睐，比亚迪在明确新能源汽车的发展优势之后，了解到新能源汽车的环保、节能等优点，随后与滴滴平台达成合作共识，创建了合资公司，该公司采用的模式，糅合了P2P模式与B2C模式的优势，获得了较大的绿色发展空间。该公司由比亚迪负责租赁符合标准的新能源汽车，招募司机；而滴滴平台则对车辆进行统一管理，确保租赁模式的正常运行。该公司的业务工作已经在广州、深圳等一线城市之中正式开展。通过这一模式，比亚迪可以更加快速地推广新能源汽车，为改善城市环境、缓解城市交通压力贡献一份力量。

在广州，比亚迪已经获得了4000台新能源汽车运营资格，与当地多家汽车租赁企业达成合作，目前已经投入500辆新能源汽车试行。比亚迪的租赁服务会根据不同地域市场的不同特征，制定多元化、灵活的运营模式，提升大众绿色出行的水平。除此之外，比亚迪的“互联网+绿色出行”面向社会提供了4000多个岗位，不仅承担起环境责任，也承担起相应的社会责任。这使比亚迪开展“互联网+”与新能源汽车相结合的战略，获得各地政府的肯定与大力支持。比亚迪的“互联网+绿色出行”的各项举措与模式已经成为推广绿色出行、强化绿色环保理念的典型案例，成了各个车企发展绿色经济的楷模。

六、5年千万辆　GoFun分时租赁破局观

纵观绿色出行全局，越来越多的汽车生产商转为物联网出行服务商；分时租赁正呈星火燎原之势；共享单车在快速崛起……国内绿色出行正在如火如荼地进行，各个发展绿色出行的企业应该如何实现战略升级，迎接绿色出行带来的机遇与挑战呢？

GoFun作为分时租赁的佼佼者，为其他企业在发展绿色出行租赁服务

提供了范本。目前，首汽GoFun的分时租赁服务已经包含3万辆单车，每辆单车每天至少可以接5单，为全国65个城市、800多万用户提供分时租车服务。GoFun的目标是在5年之内将租赁车从3万辆提升至1000万辆，全面促进绿色出行的进行。为实现这一目标，首汽GoFun将分时租赁由提供自有车辆转向在社会中吸纳车辆，从而促进绿色出行规模的扩大，以及实现轻资产模式的快速复制。GoFun的分时租赁是汽车共享和汽车租赁的形式之一，相较于传统租赁，分时租赁的市场领域细分更为具体，直接按时间进行收费，是传统租赁的延伸模式。乘客只需要下载GoFun的软件APP，并注册上传相关信息，在完成审核、缴纳押金之后，便可以按自己的需求租用车辆。

值得注意的是，如果乘客的GoFun账号与支付宝账号绑定之后，且芝麻信用评分达到相关标准，就可以免押金租赁车辆。2013年是国内分时租赁的兴起之年，具有代表性的是北汽轻享、盼达用车、立刻出行等平台，其发展的基础是车企资源与地域优势。虽然，分时租赁与以滴滴为代表的网约车、以摩拜为代表的共享单车师出同源，都是共享绿色出行的一员，但是分时租赁却发展地不温不火，一直没有具有代表性的企业出现。2017年，提供分时租赁服务的友友用车倒闭，随后在分时租赁领域提供高端服务的EZZY破产，这使绿色分享出行领域的企业对分时租赁这一项目产生了怀疑，并开始采取观望态度。

谭奕，作为GoFun的出行总裁，他认为，分时租赁是一个需要长期赛跑的行业，而如今还正在预热的早期阶段，只有有足够的耐心慢慢跑，才能在分时租赁中取得发展的机遇。他还提到GoFun重资本、重运营的模式虽然会增加分时租赁的难度，但并不是阻碍分时租赁发展的根源问题。上下游与分时租赁的配合，才能度过分时租赁的预热阶段，进入正式发展阶段。分时租赁与绿色出行的结合，是一种适合长途出行的一站式的解决方法。这种方式能够满足乘客2至3小时的出行需求。例如，购物消费、访亲拜友等，都是这一方法的针对场景，让乘客在灵活自由出行的同时，也能提高出行效率，提高汽车资源的利用效率。谭奕认为，分时租赁虽然与马拉松一样，路途遥远，但终将会有终点，而帮助GoFun走到终点的将是庞大的乘客需求。分时租赁的需求其实一直都存在于市场之中，需要行业内部的企业将这些需求激发出来。

围绕需求的激发，GoFun改变由企业自有车辆提供租赁服务，转向吸纳社会车辆进行租赁，从而摆脱了之前汽车数量有限、车型单一、操作不便捷等方面的问题。GoFun正在试图培养乘客的分时租赁习惯，从而激发乘客的需求。GoFun分时租赁的主要乘客是学生、刚毕业或者毕业5年以内的年轻群体，目标群体年龄范围为18—30岁。处于这个阶段的乘客用户对新鲜事物的接受度高，且绿色出行与分时租赁的习惯更容易养成。毫无疑问，分时租赁虽然是人人都想吞下的一块大蛋糕，但却需要一个“好胃口”，否则就如同一块“硬骨头”，没有一口“好牙”，是啃不下的。分时租赁的标签看似是重资本、重运营，与“烧钱”挂钩，但谭奕却看见了其中重大的机会。虽然，GoFun还担负着3万辆车的重担，但谭奕正准备将GoFun彻底打上“纯平台”的属性，减轻自身负担。P2P模式是GoFun如今的发展趋势（见图6-2）。

图6-2　过去与现在GoFun分时租赁特点的对比

P2P模式是GoFun开展绿色出行的创新与具体实践，通过吸纳更多的车辆并对其进行管理，依托于区域链网络化与技术扶持，保障乘客享受分时租赁服务的安全性等方面。在上游，明确各种车辆的车型、舒适度、安全性能等信息；在下游为乘客提供可信的服务与保障，如车的定位、监控以及信用认证等。通过上游与下游的合作与配合，实现无人化管理与智能交接。这不仅可以让分时租赁焕发出新的生机与活力，还可以在降低乘客的分时租赁风险的同时，提升车辆的利用率，提升出行效率，推动绿色出行的发展与进一步普及。

正如谭奕所言：“只要我们不改变，这个行业就不会改变，”谭奕正在用创新带领GoFun为绿色出行领域带来改变。

第七章

Chapter 7

绿色金融的发展研究

第一节　近年来绿色金融的国内进展

中国环境保护金融手段运用已走向成熟，正在发挥越来越大的作用。一是，绿色信贷机制广泛运用。2005年，绿色信贷就已在辽宁进行试点，率先建立了中国第一个绿色信贷工具——辽宁省清洁生产周转金。当年，辽宁省鞍山钢铁集团、凌源钢铁股份有限公司、锦西天然气化工有限公司3家企业享受过1亿元的贷款支持，有效推动了企业的可持续发展和绿色信贷理念在辽宁金融业的推广，绿色信贷快速在全国普及。

二是发行国债。据有关统计，中国仅1998—2000年的“九五计划”后3年期间，中央财政增发国债中有460亿元的国债资金用于环境保护。

三是利用外资。“八五”期间，中国环境保护利用外资达11.77亿美元，而到“九五”期间，中国环境保护利用外资已达50亿美元。

四是环境保护企业在股票市场上市融资。在上海、深圳股票市场上市的环保企业已达数十家，并受到有关政策的大力支持。

五是建立了多种形式的环境保护基金。虽然基金规模还不大，但成长性已显现。

六是排污权交易试点。1991年美国排污权交易经验被正式介绍到中国，同年在包头、平顶山、柳州、开远、太原等地方陆续开展了二氧化硫和烟尘污染的排污权有偿使用的尝试性工作，2001年在江苏南通和辽宁本溪进行了二氧化硫排污权交易的试点。2002年在亚洲开发银行的协助下和有关研究机构的合作下，山西省太原市开展了二氧化硫排污交易的试点。同年3月，原国家环保总局在山东、山西、江苏、河南、上海、天津、柳州共7个省市，开展了二氧化硫排放总量控制及排污交易的试点工作，拉开了排污权交易在全国试点的序幕。

中国关于绿色金融的正式讨论始于2014年7月召开的“生态文明贵阳

国际论坛”中的绿色金融分论坛。为达成推动绿色金融发展更加具体的政策共识，在贵阳绿色金融分论坛讨论的基础上，成立了一个绿色金融工作小组。经过五个部委和金融界数十位专家的研究，2015年初，该工作组正式向决策层提交了一份政策研究报告，得到了中共中央财经工作领导小组办公室（中财办）的高度重视。在报告中，绿色金融工作小组首次提出了“构建中国绿色金融体系”的框架和14条具体建议，这些建议中的绝大多数此后都被写入了中共中央、国务院印发的《生态文明体制改革总体方案》（以下简称“《方案》”）中。《方案》首次以中共中央、国务院的名义提出要构建中国绿色金融体系。这标志着中国绿色金融政策体系顶层设计的正式启动。

随后，经中国人民银行批准，中国金融学会绿色金融专业委员会（以下简称“绿金委”）于2015年4月22日正式成立，主要的发起成员就是绿色金融工作小组的一些骨干单位。自成立以来，绿金委的一个重要职责就是开展绿色金融领域的学术研究，并提出相关政策建议。

2015年是中国绿色发展关键的一年，在“生态文明建设”战略部署的引导下，绿色金融受到高度重视。党的十八届五中全会提出“创新、协调、绿色、开放、共享”五大发展理念，正式将“绿色发展”确立为中国经济社会长期发展的战略目标之一；“十三五”规划提出，“建立绿色金融体系，发展绿色信贷、绿色债券，设立绿色发展基金”，“十三五”现代金融体系规划（中国人民银行牵头制定）也将发展绿色金融作为一项重要内容，绿色金融被提到了新的高度；习近平总书记在国际国内重大场合多次提及“绿水青山就是金山银山”这一论断，强调要“正确处理经济发展同生态文明保护的关系”。“一带一路”以及“十三五”规划，均对绿色发展予以高度关注，“构建绿色金融体系”已成为社会各界谈论的焦点，这一年也被称为中国的绿色金融元年。

2016年，中国绿色金融迅猛发展，无论是在绿色债券还是碳金融领域，都取得了突破性进展。

2016年8月31日，中国人民银行联合银保监会、财政部、证监会等七部委出台《关于构建绿色金融体系的指导意见》，为绿色金融发展的方向进行了规划。《指导意见》提出了落实中共中央、国务院在《生态文明体制改革总体方案》中关于“构建中国绿色金融体系”的一系列具体措施，也发出了一个重要的政策信号，表明中国从最高战略层面到各相关部委的层面已经形成高度共识，决心全力支持和推动中国的绿色投融资，加速经济向绿色化转型。这意味着，在世界诸多经济体之中，中国成为第一个完成了相对健全的绿色金融政策体系构建的国家。

《指导意见》指出，之所以要全力打造绿色金融体系，是为了引导和鼓励大量社会资本到绿色产业投资，形成政府与全社会的合力，如此方能实现对污染性投资的合理管控。

《指导意见》共9个方面35条内容，提出了支持和鼓励绿色投融资的一系列激励措施，包括通过再贷款、专业化担保机制、财政贴息、设立国家绿色发展基金等措施支持绿色金融发展；明确了证券市场支持绿色投资的重要作用，要求统一绿色债券界定标准，积极支持符合条件的绿色企业上市融资和再融资，支持开发绿色债券指数、绿色股票指数以及相关产品，建立和完善上市公司和发债企业强制性环境信息披露制度。提出发展绿色保险和环境权益交易市场，按程序推动制订和修订环境污染强制责任保险相关法律或行政法规，支持发展各类碳金融产品，推动建立环境权益交易市场，发展各类环境权益的融资工具。《指导意见》还支持地方发展绿色金融，鼓励有条件的地方通过专业化绿色担保机制、设立绿色发展基金等手段撬动更多的社会资本投资绿色产业。同时，还要求广泛地开展在绿色金融领域的国际合作。

此后，中国人民银行等七部委还就落实《指导意见》的具体措施制定了详细的实施方案，明确了具体的责任主体和时间表。2017年6月，国务院决定在浙江、江西、广东、贵州、新疆五省（区）的8个城市建设绿色金融改革创新试验区。各试验区分别出台了各有侧重、各具特色的总体方案，并结合自身发展阶段、经济特色和财务能力出台了许多创新性政策措施和激励机制。

2016年9月4~5日，中国通过举办G20峰会，成功将绿色金融纳入G20财经议题，并向杭州峰会提交了全球范围内的首个《G20绿色金融综合报告》，借助G20框架中国做出对世界绿色金融发展的贡献。

2017年，党的十九大提出要打赢生态环保攻坚战，将环境保护战略提升到了“三大攻坚战”的高度。

2017年底，人民银行将绿色金融纳入宏观审慎评估框架（MPA）“信贷政策执行情况”进行评估，绿色贷款比重较高和发行过绿色债券的银行可以得到较高的MPA得分。这个机制会激励银行业金融机构加快发展绿色金融业务。

2018年11月2日，中国人民银行研究局与德国国际合作机构（GIZ）联合主办的“绿色金融专家圆桌会议：致力实现绿色债券市场的共识”在北京召开。围绕“绿色债券标准的界定与融合”“借助金融科技推动可持续金融”以及“如何保持绿色债券发展的动力”三大主题进行了充分的技术探讨，取得良好效果。

会议指出在《巴黎协议》及G20绿色金融政策框架下，绿色金融发展的全球共识正逐步形成。会议总结了全球绿色债券市场的最新进展及绿色金融国际合作的最新成果，介绍了国外企业在支持中国绿色金融能力建设、深化绿色投资理念及赋能金融机构环境风险分析等领域与中方开展合作的情况。

会议倡导要着力构建有利于绿色债券市场可持续发展的、良性循环的、符合市场规律的生态系统，为生态文明建设提供持久动力。一是，持续优化绿色债券发行环境，明确合格发行主体范围及标准，采用市场化手段降低发行成本，完善绿色债券发行基础设施，完善绿色债券第三方服务体系，给予绿色债券发行与审核更大的灵活性；二是，完善投资方激励机制，给予持有绿色债券的市场主体财税优惠，让具有公共性质或准公共性质的机构投资者承担更多社会责任，开发更多二级市场及其衍生产品，提高市场流动性，制定正向的金融监管激励措施；三是，促进中国绿色债券市场持续开放，为国际投资者提供较好的产品及流动性管理工具，在“一带一路”

投资中贯彻责任投资原则（PRI），推动本币结算和人民币跨境流动，实现境内外绿色债券市场良性互动。

党的十九大报告指出："中国特色社会主义进入了新时代"，一个时代的到来必将伴随着一场广泛、深刻的变革——供给侧结构性改革。供给侧结构性改革要求在经济增速发展的同时，也更加注重经济结构的优化调整，避免潜在经济增速的大幅下滑。发展绿色产业不仅有助于解决原有的能源、环境、资源问题，其本身也是高新技术前沿和战略性的产业，有助于中国经济结构的调整优化。

为此，中国表现出了治理环境污染和资源枯竭状况的决心，在向联合国提交的国家自主贡献文件中承诺降低碳排放强度，在2030年之前停止碳排放量增长，让单位GDP二氧化碳排放量比2005年下降60%~65%，并让低碳能源在能源消耗中占到20%左右。要达成这一目标，涉及巨大的投资，单靠国家政府的财政补贴远远不够，还需要来自金融部门的资金支持，发展绿色金融成为破除绿色资金瓶颈的重要手段。

第二节　绿色金融的关键问题与发展障碍

一、绿色金融发展的关键问题

绿色金融的核心技术是绿色标准的制定。关于绿色标准的定义，必须要详细到对每一个产业采用的不同技术有不同的定义。离开了技术标准，仅通过产业来定义绿色，会产生很可怕的结果。

例如，茶叶种植，在合理的种植技术下，应该是绿色产业，但如果没有采取合理的种植技术，采取的是大面积茶海种植，会导致树林的大量砍伐，鸟无法生存，虫害蔓延，不得不加大农药的使用。密集的茶海，会导致土壤失去营养返还补充机制，日益贫瘠，为了保持茶海的产量，不得不增大化肥的使用。农药化肥使用量的急剧增加，就会导致土壤板结和毒化，蚯蚓等土壤生物减少。一些大面积的茶海，长期经营后，土壤板结退化，最后导致土壤生产能力急剧下降，变成寸草不生的土地。所以，绿色标准离开了各行业的技术标准，而只是简单地以行业来划分，就是一个伪命题，会给经济带来灾难。

所谓生态，最大的理念是适度，怎样才是适度，是要通过行业技术标准来认定。

适度的茶林与树林的间种共生，与自然生态接近，采取这样种植技术的生态茶林才是绿色的，不然，茶海的大面积泛滥，就会导致鸟群越来越少，虫害越来越多，最后的结果是土壤大量板结荒芜。

再比如，适度的小水电对偏远山区是福音，但过度，就会导致当地水生态的严重改变，甚至大量小河小溪改道消失，对当地生态是毁灭性打击。

绿色金融一定是生态环境与金融的交叉，绿色金融是手段，目标是要达到生态环境保护和生态文明建设的目标。而生态环境一定是有最优技术的概念。所谓最优技术，除了技术和经济双层可行的意义，还有最适度最环保的涵义。

因此，绿色标准的制定，一定不能为了简单快捷仅仅用行业来认定，一定要花更多的精力深入到各个行业的各类技术标准。

中国发展绿色金融需要着力解决五个关键问题：一是构建国内统一、国际接轨的绿色金融标准体系；二是完善信息披露制度，为绿色金融标准落实提供基础和前提；三是健全激励约束机制，提高绿色金融的商业可持续性；四是根据绿色项目的需求，进行绿色金融创新；五是加强监管，防范绿色金融风险。“自上而下”的顶层设计与“自下而上”的基层探索有机结合是推动中国绿色金融发展的有效路径，绿色金融改革创新试验区正是两者结合的产物。

二、绿色金融发展的主要障碍

过去几年，绿色金融虽然发展很快，但所占的金融业务的比例很小，原因是绿色金融还面临着许多障碍。

一是绿色项目的环境外部性难以内生化。举个例子，一项清洁能源项目的效果是降低空气污染，周边三百公里之内的居民都能够因此受益。但这些受益的居民没有给这个项目付钱，所以这个项目的正外部性就没有被完全内生化，使得这个项目的收益率不是很高，很可能低于私营部门所要求的收益率。因此，私营部门不太愿意参与这种正外部性没有被内生化的绿色项目。

二是信息不对称。有些投资者想找到有明显环境效益的绿色企业进行投资，但问题在于缺少对相关企业和项目绿色程度的判断依据，因为这些企业往往不披露如二氧化碳、二氧化硫、污水等排放和能耗信息。如果有量化数据，资本市场就有能力识别哪些项目或者企业是深绿、哪些是浅绿、哪些是棕色、哪些是黑色的。另外，只有企业披露了这些数据，资本市场才能用各种方法对这些企业的环境效益或绿色表现进行评估、排序。还有一类重要的信息不对称是，投资者不完全掌握绿色科技是否在商业上可行的信息。

三是期限错配。绿色产业很多是中长期项目，但中国的银行系统平均负债期限只有6个月，所以其能够提供中长期贷款的能力非常有限，这就制约了中长期绿色项目的融资能力。

四是金融机构缺乏对环境风险和机遇的分析能力。一方面，一些金融机构对污染性行业的投资给自身可能带来的风险预估过低，从而为污染行业提供过度的贷款；另一方面又没有充分估计到投资绿色产业可能带来的长远好处，高估了这些绿色项目面临的风险，因此对绿色项目有过度的风险厌恶，不愿意投资。

五是绿色金融自身的一些问题。绿色金融的概念还没有被大多数金融机构真正了解和认可，绿色金融产品还处在不断开发与完善的过程中，现阶段为绿色产业发展提供的金融支持还比较有限。

绿色金融《指导意见》提出的35条措施，在很大程度上就是针对以上障碍所提出的改革。比如,《指导意见》提出了用再贷款、贴息、担保等手段来提高绿色项目的回报率，缓解外部性问题。再如,《指导意见》提出的对上市公司建立强制性环境信息披露制度，就是要解决信息不对称问题。另外，发展绿色债券市场、绿色基金等措施就是要解决期限错配的问题。只要将这些措施落实到位，并继续在相关领域创新，就有望持续改善绿色金融的发展环境。

第三节　发展绿色金融的保障

以上分析了绿色金融的运行模式，而这些模式的运行需要各方面的保障，下面从以下几个方面进行分析。

一、金融机构自身的保障

（一）金融机构激励动力的分析

在没有其他条件的情况下，企业不会选择环境保护的生产方式，而当引入金融手段后，在一定的激励力度条件下，可促使企业积极进行环保。但是，金融机构毕竟不同于政府“服务功能多于盈利功能”，它是一个盈利性机构，因此，金融机构有没有动力或者说有没有动机在金融信贷领域建立“环境准入门槛”这样一种金融手段呢？我们做如下分析：

首先，从静态一次性博弈角度分析。在静态博弈时的参与者是企业和金融机构，假设金融机构也是一个理性“经济人”，在一次性博弈中，金融机构的目的就是利润最大化。金融机构对环保企业和不环保企业的激励无差异（相当于未设立环境的门槛值），对金融机构来说，不管企业是否进行环保，它的最优策略是进行激励，对企业来说，进行环保生产必然增加成本，使利润下降，即不环保收益大于环保收益；而且它又知道金融机构的最优策略是进行激励。所以，它的最优策略就是不环保。那么这个博弈的纯策略纳什均衡就是（不环保，激励）。企业仍然不会进行环保生产。

其次，从长期来看，金融机构的生命周期远远长于企业的生命周期，一般企业的生命周期很难超过百年，而金融机构则不然。所以，金融机构看中的是它的长远利益。从发展环境和发展趋势看，环保企业一定会得到多方的支持，无论是政府的政策、民众的形象度、融资的渠道等。可见，金融机构从一个选择环保企业得到的收益应该高于从不环保的企业得到的收益，因此，金融机构的最优策略应该是支持环保企业。这时，金融机构在制定政策上就会向环保企业偏移，导致环保企业的边际成本降低，从企业角度来看，成本下降，利益更高就会进一步促进企业进行环保。这种重复博弈最终会使（环保，激励）成为纯策略纳什均衡。

最后，除经济因素外，金融机构对环保企业的支持或激励也来自政府的发展性政策约束、来自金融机构维护自身公众形象的需要等。

（二）银行业发展绿色金融的意义分析

1.规避环境风险的战略

应该说，银行业的环境意识比工业相对薄弱一些，其原因在于人们通常认为银行业不是产生环境污染的直接部门。但是，这并不是说银行业与环境污染没有关系。银行业的环境风险可以是直接的，即银行业本身的行为会产生环境问题（现实的或潜在的）；也可以是间接的，即借款人（企业）或其投资行为会对环境和生态资源产生影响，从而危及银行业，银行业的间接风险通常与贷款不当引起的环境经济损失相关。银行业为工业企业提供金融资本，目的是希望这些贷款能在一段时间后带来回报并收回本金，但借款人（企业）可能会面临违反环境法规造成的法律责任，会承担治理污染造成的经济责任，因而使银行业受到影响。这些风险主要是银行需要承担客户因环境问题失去还贷能力的风险、因客户的环境问题承担连带责任，以及因环境问题影响银行声誉等风险。

首先是信贷风险。当银行贷款客户的业务受减排成本的影响或环境规章变化影响时，信贷风险就会间接产生，虽然银行不对污染直接负责但却面临经济损失的后果。如为了达到符合新的排放标准而产生的费用，增加了企业成本甚至导致某些企业倒闭。此外，借款企业的环境行为也会对银行产生影响，包括作为抵押资产的不动产污染、企业用地污染、生产过程环境污染、产品通过最终用户的使用对环境产生副作用、清除对土地和生产过程中产生污染的费用等，这些不良的环境行为会引起金融投资客户盈利能力下降，对企业利润及归还贷款产生压力，增加企业客户还贷风险，危及债务安全。

其次是法律风险。如果不遵守环境法规，银行会与其他公司一样，要为清除污染产生的费用或由于污染而产生的索赔负直接贷款者责任，面临法律风险。有的国家还规定，如果银行贷款给的某公司或项目发生了环境问题，则贷款者要承担消除污染的责任。此外，金融机构还要为所提供贷款或融资的公司造成的破坏环境的行为承担声誉风险。相反，如果银行业制定规避环境风险的战略，识别和重视环境风险，则会形成一系列竞争优势：一是通过节约使用能源和环境友好型产品以及物质的循环利用可减少运营成本；二是使由于环境问题引发的客户贷款风险最小化；三是环境风险的存在扩大了产品经营范围，比如商业道德基金、环境咨询、可持续发展项目融资、绿色贷款等。环保产业的发展也为金融业带来了发展机遇，减排费用、环境友好技术的投资需求，对于银行业或资本市场而言，无疑都是提供融资的机会。随着企业排污权交易的增加，金融机构可在排放证买卖交易双方中充当中间机构。另外，金融机构通过使用绿色金融手段，唤醒公众环境意识，从而获得经济和形象的收益。

2.合理规划银行贷款投向

在缺乏明确的国家信贷政策引导的情况下，自主经营的商业银行常常会表现出追求短期经济效益的倾向，即将贷款投向见效快的项目。据《2007年度上海市房地产信贷运行报告》显示，2007年，中资商业银行增量贷款中有27.5%投向了房地产业，至12月末，中资商业银行房地产贷款占各项贷款的比重为32.2%。如果加上大量以房产作为抵押的其他贷款，房地产类贷款就能占到银行贷款余额的一半左右。这只是问题的一个方面，更为重要的是，大量的银行贷款被用于高污染、高耗能的项目，由此可见中国银行贷款投向相对不够合理，因而需要推行绿色金融。

二、外部机构提供的保障

近年来，世界经济处于持续快速发展阶段，城市化和工业化的进程不断加快，随之而来的是越来越严重的环境问题。环境恶化使经济和社会面临严峻的挑战，影响到各行各业的持续健康发展，金融业也不例外。与此同时，全球的金融市场也在经历着从繁荣到危机的变化。金融市场的动荡不安给全球经济的持续发展带来了潜在的威胁，也引起了人们对金融发展模式的重新思考。1992年，全球性的可持续发展纲领性文件《21世纪议程》的出台，为金融业的健康发展带来了希望与曙光。同年，在联合国环境与发展大会上，联合国环境署正式推出了《银行界关于环境可持续发展的声明》，该声明得到了100多个机构和团体的积极响应。这些变革，逐渐增加了金融市场与环保产业越来越多的互动，为环保产业与金融业在新形势下的拓展指明了方向。我们知道，环境保护问题牵扯多方利益，多方利益主体通过两两博弈和多方博弈，形成了中国特有的绿色金融运行市场，在这一逐渐完善和发展的市场中我们需要建立起具有中国特色的绿色金融运行模式，积极推动金融市场与环保产业的结合，积极通过经济杠杆引导环保的社会之风。

（一）完善环境法制与环境监管机制

中央政府政治地位的独特性，要求它必须代表全体人民的利益，治理和监督各级机关单位的环保行为，以规范绿色金融市场建设为自己的根本任务，并以此为出发点达到调控绿色金融发展的总体目标。

1.完善环境法规体系，使企业和各利益主体的环境违法行为有法可依

在立法上，真正确立环境优先的原则，经济发展应满足环境保护的要求，而不是环境保护让步于经济发展；在体系上，对企业原材料供应、生产全过程、产品销售、使用、废弃和处理等一切可能产生污染的来源或行为进行法律约束，建立起以《环境保护法》为核心的比较完整的环境法规体系；在执法上，应淡化部门痕迹，理顺执法体制，强调环境保护是全社会共同的职责，加强执法力度，提高执法效率。

2.加大监督惩戒力度，增加企业、政府官员承担环境违法行为的成本

目前，惩戒中国企业环境违法行为的手段比较单一，主要是罚款，而且罚款的额度普遍较低，造成企业出现“守法不如违法，小违法不如大违法”现象。以《大气污染防治法》为例，第60条规定，新建的采煤属于高硫分、高灰分的煤矿，不按照国家有关规定建设配套的煤炭洗选设施的，可以处2万元以上20万元以下罚款，而要按规定建设煤炭洗选设施，征地加购买设备就需要数百万元。显然，违法比守法划算。因此，要使企业承担应负的环境责任，必须提高环境违法成本，尤其是其破坏环境后的金融成本，取消单纯的罚款机制，变为多元惩罚机制，重点在企业投融资方面设置环境保护的门槛，环境恶化带来多少经济损失就相应的在企业金融方面增加多少成本，使处罚的力度高于环境违法所得，这样才能发挥经济处罚的威慑作用。此外，对造成严重经济社会危害的企业环境违法行为，不仅惩戒企业本身，还需要对主要负责人采取金融惩罚与冻结等惩戒手段。

（二）合理引导和定位地方政府的双重角色

地方政府在环保问题上是具有双重角色特点的，既是中央环保政策和规定的执行者与监督者，也有可能演变为与地方企业合谋的地方主义保护者，这种双重的决策执行者身份使得地方政府在行为决策上产生分裂和前后不一致，既不利于环保产业与绿色金融的推广，也有损于政府在公众中的权威与正面形象。

1.在现有的中央——地方政府框架内引导和定位地方政府

在现有环境管理体制框架内，影响地方政府在双重角色中摇摆的根本原因之一是中央政府与地方政府的委托代理关系。中央政府是委托人，地方政府是代理人。地方政府向中央政府负责，中央政府按照地方政府的政绩信息提拔、选用地方政府官员。为了获取更多的环境信息，并贯彻其环境保护政策，中央政府在短期内可以增加地方环境保护部门的独立性，并赋予更多的经济金融指导权利，通过此项措施来引导地方政府的行为。目前，中国地方政府在同级（或下级）地方环境保护部门领导人的任免上有很大的发言权，地方环境保护部门是同级地方政府的下属部门，由于这种隶属关系，地方环境保护部门往往难以顶住地方政府官员的压力去认真执行中央政府的各项环境政策、法规，并向上真实、准确地汇报环境质量信息。若中央政府将地方环境保护部门从地方政府中独立出来，实行垂直的人事和业务管理，并赋予一定的经济金融权利，将有助于减少中央政府和地方政府之间信息不对称的状况，迫使地方政府认真执行中央政府的环境保护政策。这实质上是政府内部在环境保护问题上的管理权力的重新划分，中央政府拥有更多的环境管理和指导权，承担更多的环境保护责任，并通过支付更多的环境管理成本来改善与地方政府之间环境信息不对称的状况，但这种方式成本较高。因为，中央政府的比较优势是宏观领域的环境管理，垂直管理将使中央政府承担更多微观领域中具体的环境管理事务。在目前环境形势严峻、环境污染日益加剧的情况下，短期内中央政府可以不计管理成本，通过垂直管理的方式有效地遏制环境质量持续恶化的趋势，部分缓解中国环境承载能力下降的窘境。因此，在现有的中央——地方政府环境管理模式框架内，通过实行地方环境保护部门的垂直管理，解决经济增长和环境保护之间的矛盾在较短时期内具有积极意义。

2.改变现有的中央——地方政府管理框架，引入公众作为委托人

中央政府提供追求均衡经济增长激励的关键是降低环境信息观测成本，其实质是降低信息成本，以较低的成本就可以解决中央和地方政府之间信息不对称的状况，这需要新的环境管理运行模式。新的环境管理模式是打

破环境保护中仅在中央——地方政府之间的分权和集权、监管和被监管关系，公众作为第三方进入环境治理模式，与中央政府共同分享委托权。与中央政府相比，公众对于本地的环境信息掌握得更全面和准确，拥有天然的信息优势。公众作为委托人与地方政府之间的信息不对称的状况远好于中央政府和地方政府之间的不对称状况。

因此引入公众作为共同委托人，可以有效解决信息不对称的状态，从而降低环境信息观测成本。中央政府向地方政府提供追求均衡增长的激励合同，同时考核其经济和环境政绩。公众作为共同委托人拥有决策权，与中央政府共同裁定地方政府的环境保护绩效。由于公众的加入，中央政府的信息劣势得以扭转，信息成本迅速降低，从而可以向地方政府提供追求均衡增长的激励合同。地方政府由于公众的有效约束，不再享有环境方面的信息优势，同时面对激励合同，其最优行为就是追求均衡增长。

三、鼓励金融机构积极发展绿色金融

企业作为一个“经济人”，追求利润是其发展的最根本目的，而在现代工业产业体系下，尤其在中国大多数地区还处于工业化阶段的重要关键时期，企业会非常重视自身经济的成长性，而忽视对外在发展环境的破坏，金融机构通过经济行为的调节可以起到政府在环境保护问题上无法达到的作用。

（一）实施投资主体多元化，努力促成融资格局多样化

在绿色金融领域，应该首先关注融资的源头——环境投资主体。绿色金融体系创新很重要的一点就是要创造良好的投融资环境和巨大的投融资市场，以吸引和形成更为多元化、社会化的绿色金融资金来源，即开拓多元化的投融资主体。除了传统的投融资主体——政府以外，多元化的绿色金融投融资主体还应该包括本国企业、社会公众和国外投资主体。本国企业和社会公众除了直接投资外，还可以通过间接方式成为绿色金融的投资主体。把国外投资者作为中国绿色金融的一种投资主体，有其客观性和重

要性。因为，在未来15年，全世界对绿色工程贷款的投资银行数量将增加2倍，将把环境保护项目作为投资优先考虑的重点。因此，努力争取国外投资者参与中国绿色金融中来就显得尤为重要。

当绿色金融产品推广后，不管其原始投资发起者是政府、企业，还是社会公众、外国投资者，这些企业可以采用的融资方式如图7-1中左部分所示。由政府主导的公益性环保金融产品的融资方式除了政府的财政支出和国债投入外，还可以采用社保基金、国际信贷和BOT、ABS等新型融资方式。由私人主导的经营性环保金融产品的融资方式在获取创始人的原始投资后，可以通过发行企业债券、银行贷款、私人募集等方式进行融资；一些经营较好、规模较大的绿色金融产品甚至可以整合打包上市，通过股票市场进行再融资。这样，在整个绿色金融领域中多种投融资方式的串并联，共同形成了一个十分齐全的、多样化的投融资格局。

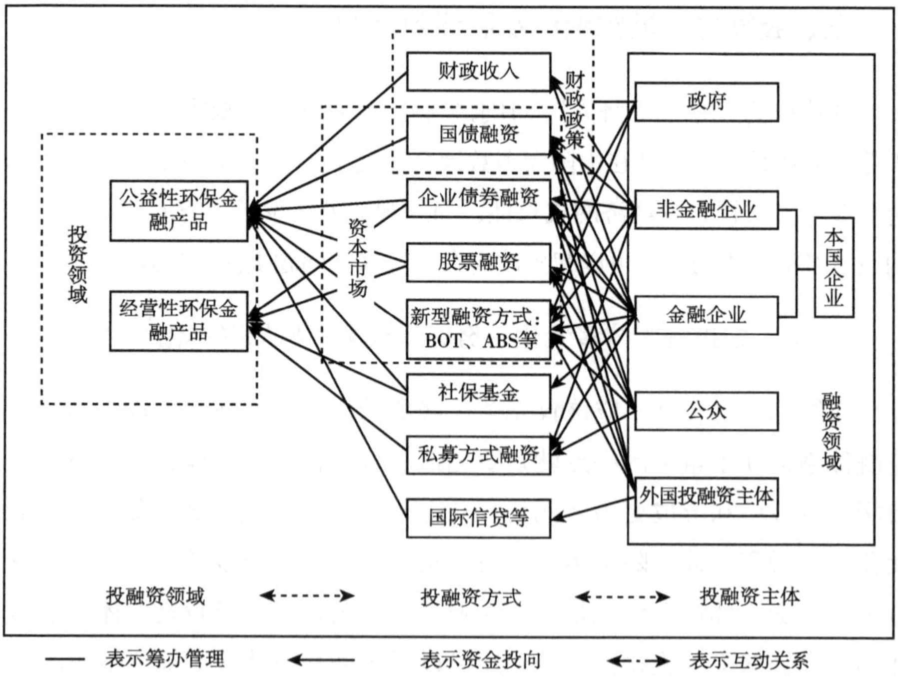

图7-1　中国绿色金融产品投融资机制创新

（二）构建多赢的绿色金融业务模式

现阶段，中国商业银行除了加强与政府主管部门、行业协会的合作，获得更多客户和项目外，还可以尝试与公用事业公司、能效设备供应商和国际碳减排量买家等合作，建立多赢的业务模式。

1. 与公用事业公司合作

商业银行与能源公用事业单位结成合作伙伴关系可为碳金融发展提供一个业务平台。在这种合作关系中，公用事业单位可以有效地发挥代理人和汇总人的作用。这种合作模式是多赢的，对公用事业单位来说：它有利于企事业单位通过融资使用清洁能源，节省能源费用，有利于公用事业公司扩大市场，提高盈利能力。对银行而言：它可以通过公用事业公司了解更多借款人信息，吸取公用事业公司节能项目经验，解决部分技术不确定性、信息不对称问题，利于贷款项目判断和审核；银行可以通过公用事业公司获得贷款项目，扩大营销渠道，有利于银行为贷款提供信用增级措施。通过与公用事业公司合作，在企业恶意欠贷时，银行可以暂停对企业提供能源等手段，追缴银行贷款，降低信用风险。如图7–2所示，与公用事业公司的合作模式。

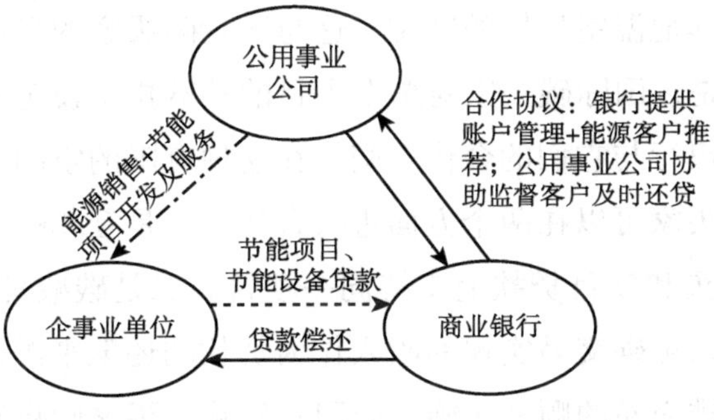

图7–2　与公用事业公司的合作模式

2. 与能效设备供应商的合作

能效设备在新建项目节能、节能技改项目中不可或缺。能效设备多种多样，且技术性强，银行启动能效设备融资项目，需要与设备供应商或中间机构合作。银行与设备供应商合作也是一种多赢的模式。商业银行为能效项目的实施、能效设备销售和采购提供融资，在开发碳金融业务的同时，促进了供应商能效设备的销售。设备采购企业通过能效设备的使用，达到了节能减排的效果，取得了相应的经济效益和社会效益。中国商业银行通过与这些跨国公司的合作，也有利于学习国际能效设备融资的新模式。如图7–3所示，与能效设备供应商的合作模式。

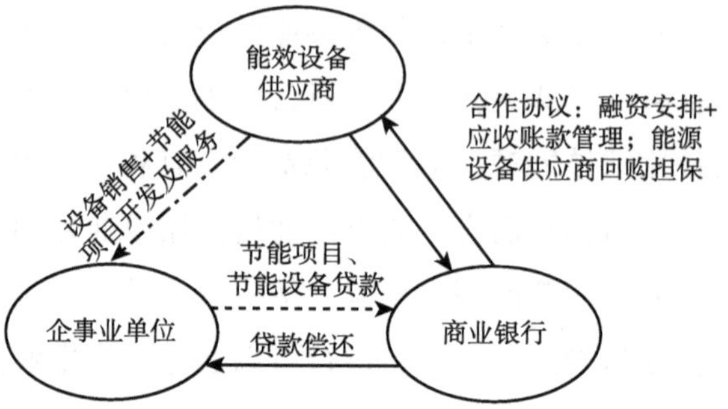

图7–3　与能效设备供应商的合作模式

3.与国际碳减排量买家的合作

大部分企业节能减排项目最终的节能效果都能折算成标准煤的节约以及二氧化碳或其他温室气体的减排，这与国际碳买家的目标客户具有较大的一致性。但是，国际碳买家对单个项目的碳减排量设定下限的做法，影响了中国商业银行与它们的合作空间。在这种有限的空间之内，中国商业银行与国际碳买家可以在两个方面进行合作：一是互相推荐项目。双方可在碳排放权购买和项目贷款上支持同一项目。二是碳减排交易资金管理。中国商业银行认可碳交易实现的收入作为贷款的还款来源，为客户提供融资，促成碳减排交易的顺利实施。而国际碳减排买家则将碳减排购买资金在商业银行账户系统存放并及时支付。此外，中国商业银行也可努力尝试先为中小企业客户提供碳额度交易咨询和服务，在条件成熟时对多家中小企业减少碳排放产生的碳额度进行汇集，并组合打包，形成较大的减排量，协助客户统一对外交易，取得应有的经济效益。

4. 与能源服务公司的合作

能源服务公司可以实施的节能项目遍布建筑、工业、交通各个领域，包括锅炉改造、供热管网改造、余热利用和余压发电、燃气发电、绿色照明、中央空调（蓄冷、蓄热）、电网优化、电机推动系统改造（变频改造等）、生产工艺过程优化、热泵技术等。它实质上是一种以减少的能源费用支付节能项目全部成本的节能投资方式。如图7–4所示，EPC概念模型。

基于EPC这种市场运作机制，能源服务市场常用以下三种合同类型：

第一，节能效益分享型。能源服务公司为用户提供一揽子服务，项目由能源服务公司融资建设，合同期内设备所有权归能源服务公司。合同期内能源服务公司根据实际节能量与客户分享节能效益，合同结束后设备的所有权和全部的节能效益归用户所有。合同还可以约定项目产生的其他效益在分享之列。

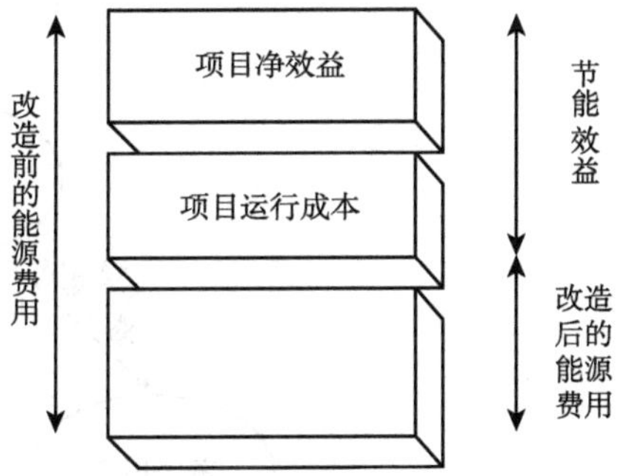

图7–4　EPC概念模型

第二，节能量保证型。能源服务公司提供一揽子技术服务，并保证达到节能量目标。项目由用户自行融资，能源服务公司可提供帮助。实际节能量未达到能源服务公司所保证的节能量时，由能源服务公司赔付未达到的能源量和其他直接经济损失；超额节约时，按约定的比例分享。

第三，能源费用托管型。客户把能源系统委托给能源服务公司建设、运营，包括系统改造，日常运行。客户向能源服务公司缴付托管费用，由能源服务公司支付能源费用和日常运行费用。能源服务公司的收益来源于能源效率提高后的节能经济效益，即托管费用的结余。

能源服务的三种合同类型决定了能源服务公司与商业银行合作的三种模式。图7–5为节能效益分享型合同项下的合作模式，图7–6为保证节能量型合同项下的合作模式，图7–7为能源费用托管型合同项下的合作模式（以余热发电为例）。

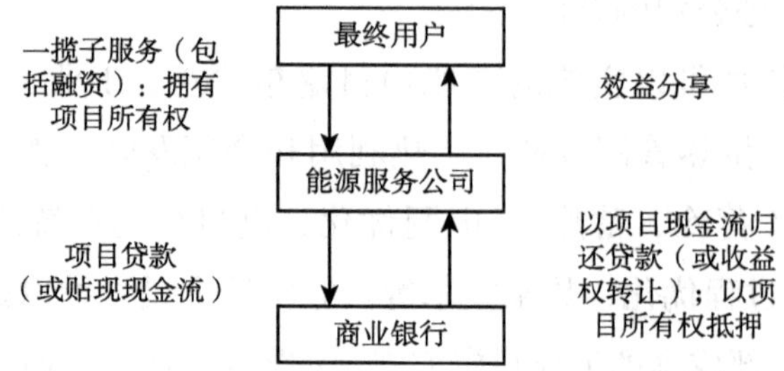

图7-5　节能效益分享型合同项下的合作模式

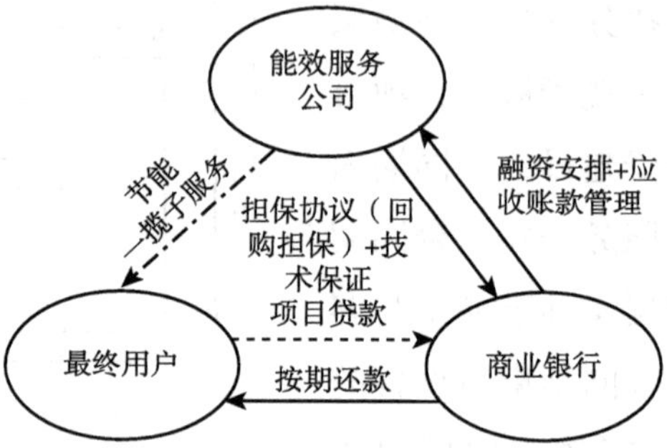

图7-6　保证节能量型合同项下的合作模式

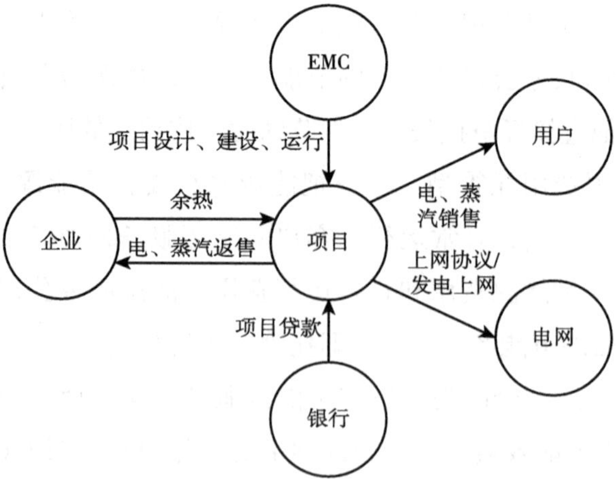

图7-7　能源费用托管型合同项下的合作模式（以余热发电为例）

（三）建立合理完整的绿色金融产品设计原则与框架

完整的绿色金融产品设计的原则与框架至少包含如下内容：①产品定义、设计依据及相关原则；②基线的确定；③绿色金融产品的分配、定价方法；④产品的验证、确认程序；⑤产品的贮存、清算、交割等相关机制与规则。针对中国建立绿色金融市场的实际需求，按照上述原则框架，对绿色金融产品的设计要点进行研究。

1.绿色金融产品设计的原则

设计绿色金融产品的首要问题是确定产品设计的依据，主要是基于以下两个原则，配额（allowance）与信用（credit）。

信用（也称作补偿）是排放源在其规定的排放削减量之外的额外减排量。这个额外的减排量是可以在市场上出售的信用。配额是总量交易系统中承诺（或要求符合）的单位，受管制的排放源允许相互之间或与非管制源自由交易配额，前提是于每期末其指定账户上必须有足够的配额以覆盖相应期限内的排放量，因此，总的配额数量规定了受管制的排放源在管制期内可排放总量的上限（IETA）。

目前国际上气候变化领域的交易机制主要分为三类，联合国气候变化框架公约下的清洁发展机制（CDM）、欧盟排放交易计划（EUETS），以及美国芝加哥排放交易所（CCX），这三种机制对应三种不同的制度安排。CDM是依据UNFCCC框架下《京都议定书》的履约义务，国家（主要是包括欧盟在内的发达国家）实现温室气体减排成本最小化而建立的机制，CDM只能在国家与国家（主要是发展中国家）之间进行交易；EUETS是欧盟为了实现《京都议定书》减排义务成本最小化，按欧盟指令建立的跨欧盟的温室气体排放交易体系，其执行由具有法律约束力的欧盟指令予以保证。

CDM作为一种双边机制，由于其自身性质的限制以及实施过程中存在的问题，不可能作为一个国家建立绿色金融市场机制模式；EUETS规定了欧盟成员国内部不同排放主体之间的交易，是跨欧盟的交易体系，同时具有法律的强制约束力，对于一国之内建立绿色金融市场具有较好的借鉴意义；CCX则是美国国内相关市场参与主体以合同强制力为约束的一种交易体系，是典型的自愿性排放交易机制，CCX的成功在于美国本身具有完善的市场法律基础以及成熟的自由市场体制。三者都采用了总量交易的思想，由于不同的法律环境与制度背景，相关交易产品的设计采用了不同的原则与方法。CDM与CCX由于减排义务的履行地与减排的实际发生地不一致，二者都采用了信用的方法来规定绿色金融产品。EUETS则采用了配额的概念，这是由于欧盟是气候变化的积极倡导者，并追求管辖区域内的真实减排，同时对于所辖各成员国具有很强的法律强制力，因此，以配额方式确定绿色金融产品具有现实的合理性。

中国建立气候变化绿色金融市场的目标是解决三个关键问题：节能减排、环境资源管理，以及应对气候变化。除CDM外，EUETS以及CCX运行的外部条件目前尚难以实现。近年来，中国政府把节能减排作为重要的发展规划予以实施，针对应对气候变化提出了各时期的指导要求，这些规定具有很强的行政约束力。因此，以法律强制确立节能减排的市场机制已具备现实可行性，采取配额的方式设计绿色金融产品比其他方式更加接近现实需要，也有利于减排目标的实现。

2.绿色金融产品设计的依据与选择

以温室气体排放配额的形式设计绿色金融产品，尚未存在全球公认的相关认可机构、程序或方法。目前能成为可交易绿色金融产品的温室气体数量主要指实际的减排量，也可以指避免潜在的排放量。以配额为原则进行产品的设计时，可交易的绿色金融产品是经权威机构认可的可允许排放的温室气体数量。

设计绿色金融产品相当于创造新的社会财富，按总量——交易思想设计绿色金融产品的首要问题是确定排放或减排总量。主要有两方面的依据：一是，国际公约规定的义务，这是欧洲等发达国家建立温室气体排放交易市场时产品设计的主要依据；二是，依据自身环境资源管理以及应对气候变化的政策需要，确定的排放或减排总量。绿色金融产品的单位都为1吨CO_2等价物（CO_2e），其他温室气体的减排量可以按GWP（全球变暖指数）进行换算。

由于中国目前并不承担约束性的温室气体减排义务，设计与选择的依据可以根据自我认定的减排目标，例如，以各阶段国民经济与社会发展规划中规定的节能减排约束性指标为依据，计算相应的温室气体排放总量，并以此为基础，进行绿色金融产品的设计。

3.基线确定

基线是确定地区、行业企业/装置温室气体排放状况，从而分配绿色金融产品的重要依据。

行业的合理划分是基线确定的前提，原则上应把具有类似性质及技术水平的燃烧装置的企业划分到同一行业，并考虑行业或企业的发展潜力等市场因素。

确定基线应考虑法律法规要求、行业最佳适用技术标准等因素。达到法律法规要求的最低标准，为保证技术水平不同的同类企业在排放现状确认以及产品分配时能处于基本公平的起点，应研究并制定行业最佳适用技术导则与规范。

4.额外性

根据UNFCCC的定义，额外性是指CDM项目活动所产生的减排量相对于基准线是额外的，即这种项目活动在没有CDM支持时，存在诸如财务、技术、融资、风险和人才方面的竞争劣势或障碍因素，靠国内条件难以实现，因而该项目的减排量在没有CDM时就难以产生。反之，如果某项目活动在没有CDM的情况下能够进行正常商业运行，它已经成为基准线的组成部分，那么相对该基准线就无减排量，也无减排量的额外性。

尽管额外性是CDM中的一项规定，但目前世界上已着手建立的温室气体排放交易机制，都借鉴了CDM额外性的思想，额外性规定的设计可以保证温室气体的真实性减排，为绿色金融产品设计奠定了真实的环境与经济基础，而非只是设计纯粹用于交易目的的绿色金融产品。

中国建立绿色金融市场既然担负着节能减排与应对气候变化的双重使命，必然要求实现温室气体的实质性减排，额外性成为产品设计的必然要求。额外性要求考虑相关的环境资源以及气候变化领域的法律法规、政策、经济以及技术等因素。

5.能源增长预测

通过基线确定行业或企业排放量只是确定了过去和现在的排放状况，随着经济的发展，不同行业或企业的能源消耗总量会随之增加，温室气体的排放量也将随之增长，气候变化是绿色金融产品设计必须考虑的因素。

建立能源消耗增长预测模型应基于科学而非传统的行业分类，根据不同行业的经济发展预测，考虑法律、技术进步以及市场竞争环境等因素。根据该模型计算所得的能源消耗增长量，计算相应的温室气体排放增长量，以此为基础，综合考虑基线确定的排放量，即可确定行业或企业/装置实际允许的排放量，据此确定可分配的总量以及各行业、企业/装置的分配比例和数量。

6.新项目贮备和西部地区发展贮备

经济社会的发展必然伴随着新技术的应用与新项目的设立，这是经济社会发展的自然规律，同时也必然带来温室气体排放量的增加。在进行绿色金融产品的设计时，应对此予以充分考虑，保证绿色金融产品的属性、范围以及数量的变化能为市场预见，在鼓励技术进步的同时，对产品的价格有稳定预期。

中国东西部发展的不平衡现状要求为西部地区未来发展预留更多的发展机会与空间，按上述规则设计的绿色金融产品对东部地区更有利，因此，在国家层面应考虑为西部地区预留或分配较大比例的气候变化绿色金融产品。这是绿色金融产品设计公平性的体现，也是市场机制有效运行的必要保证。

7.绿色金融产品的定价机制

绿色金融产品的定价机制主要是免费发放、市场出售与拍卖。

免费发放是根据行业或企业的历史排放数据，同时考虑不同的行业发展空间、特殊行业的保护以及地区之间的差异等。

出售是政府直接向市场卖出温室气体绿色金融产品，但是由于政府的垄断地位及需出售的产品数量巨大，直接出售对市场影响过大；同时，由于中国尚未建立绿色金融市场机制，缺少进行出售的市场，因此该方法近期内难以实施。

绿色金融产品的定价建议采用拍卖的方式进行，应选择与气候变化绿色金融产品属性相适应的拍卖机制。国外的实践证明，价格上升时拍卖是比较适合温室气体绿色金融产品的拍卖定价机制。但是拍卖的数量与比例确定还应结合实际情况进行研究，全部进行拍卖对于经济发展和企业竞争力会造成短期的不利影响，先进行部分拍卖最后过渡到全部进行拍卖是可行的方法。

8.绿色金融产品验证、确认程序以及相关交易机制的建立

绿色金融产品具有私人生产的公共产品的属性，传统金融市场手段不能保证市场的公平与效率，产品在市场中进行登记、交易、交割、贮存、清算等活动的交易机制，可以借鉴传统金融市场的相关机制，也应补充与完善气候变化经济学以及相关科学与技术研究成果，使之更适应绿色金融产品的交易。

（四）加强支持低碳经济发展的行之有效的绿色金融模式

国内金融机构目前主要集中在对低碳项目的融资支持方面，以各类绿色贷款、环保贷款为主。通过与国际机构或其他金融机构合作，来控制风险和发展低碳项目。支持低碳经济，金融机构需要找到行之有效的金融模式。

第一，树立为低碳经济服务的新理念。在国家大力提倡发展低碳经济的今天，金融机构应该树立为低碳经济服务的意识，尽可能地对相关企业进行扶持，使更多的资金能够流入与低碳经济相关的各个行业中去，进一步推动中国经济发展方式的转型和产业结构的调整。

第二，大力发展“绿色金融”。“绿色金融”其实就是低碳金融，是服务于旨在减少温室气体排放的各种金融制度和金融交易活动。金融机构应该对研发生产环保设施、从事生态保护建设、开发利用新能源、从事循环经济、绿色制造和生态农业的企业提供倾斜信贷、保险等金融支持，而对

污染企业进行金融限制，以达到有效引导资金向环境良好企业流动的效果。2007年以来，由原国家环保总局与金融业联手推出的“绿色信贷”“绿色保险”“绿色证券”三项绿色环保政策，使“绿色金融”制度初具框架，为中国金融业挺进环保主战场奠定了坚实的基础。

第三，商业银行可尝试低碳信贷创新业务。银行对于低碳经济的发展给予一定的信贷倾斜，重点关注能效技术评估，大力支持诸如新能源等行业的发展。由于环境总容量是有限的，于是污染物排放指标具有价值，通过转让能产生收益，因此，商业银行可以考虑将其作为抵押物来申请贷款。特别是对于一些没有抵押担保品的环保企业，申请银行贷款比较困难，可以考虑把这种排污许可证作为抵押品，为环保企业进行融资。

第四，积极开办CDM项目金融服务。CDM（Clean Development Mechanism）是清洁发展机制的简称，指发达国家在发展中国家实施具有温室气体减排效果的项目，把项目所产生的温室气体减少的排放量抵扣本国承诺的温室气体排放量。CDM是国际上开展的二氧化碳等温室气体减排项目，是市场化解决气候变化的理想机制。金融机构特别是商业银行可以联合国际专业机构，为中国减排项目提供CDM项目开发、交易和全程管理实施的一站式金融服务。其中，商业银行可以利用渠道优势，协助CDM项目业主选择具有良好的交易记录和履约能力的买家，以降低企业交易风险；利用信息优势，为CDM项目业主提供并锁定合理的CER（核定碳排量）报价，帮助企业实现最佳收益；利用资金结算优势，确保交易资金快速到账。

第五，努力开展低碳金融衍生品的金融创新。银行业承担信贷资金配置的碳约束责任，保险业承担规避和转移风险的责任，机构投资者承担环境治理的信托责任，碳基金承担碳市场交易主体的责任。通过这些机构的共同努力，实现碳掉期交易、碳证券、碳期货、碳基金等各种碳金融衍生品的创新。目前，世界银行已经设立了8只碳基金，总额高达10亿美元。此外，挪威碳点公司、欧洲碳基金也非常活跃。中国要借鉴国际经验，着手设立中国CDM基金，加强对CDM市场的培育和发展，同时，加快开发各类支持低碳经济发展的碳金融衍生工具，助力低碳经济迅速成长。

第四节　发展绿色金融的措施

一、绿色金融要与经济社会发展相适应

绿色金融需要在三个方面重点发力。一是支持的精准性。节能环保产业融资难、融资贵的现象依旧突出。绿色金融应当提高污染防治效率、实现低碳循环发展，适当区分浅绿、深绿，还要避免黑色和“洗绿”，应当更加关注质量，防止资本空转。二是引导的有效性。除使用行政手段外，还应关注支持绿色金融的经济激励政策，如减税安排、财政补贴、存款准备金率优惠等。三是机制的创新性。例如，利用税收政策实现环境可计价，解决环境收益权的抵质押融资问题，发展绿色保险等。

要结合中国经济和社会发展的阶段特征来认识和推动绿色金融发展。现有金融模式是传统经济发展框架下的产物。过去，中国传统发展模式未能对环境成本进行有效定价，ESG因素被企业视为负担而非主动追求的目标，产能过剩、贸易失衡、环境污染等问题由此产生。这是发展战略问题，反映的是全社会的价值取向，非支持环保产业或企业及其融资可得性等微观政策及指标所能解决的。因此，推动绿色金融发展，需要社会共识、顶层制度、地方实践等各方面的努力和配合，是一项长久工程。绿色发展是高质量发展的重要内容。当前，绿色金融总体呈现货币多、资本少、发展相对滞后的特点，绿色企业权益资本少、杠杆率高，需进一步加强资本市场尤其是绿色金融市场发展，动员更多绿色资本参与，实现经济高质量发展。

二、不断夯实绿色金融发展的政策框架和基础设施

近年来，环保部门出台了一系列政策文件，大力推动绿色发展，配合

金融监管部门发布多项规章制度，共同支持绿色金融。2018年5月，习近平总书记亲自主持召开全国生态环境保护大会，会后印发《关于全面加强生态环境保护 坚决打好环境污染防治攻坚战的决议》，充分体现了中国绿色发展的决心和毅力。此外，生态环境部还出台了环保设备企业所得税优惠目录，与证监会合作推动上市公司强制性环境信息披露，开展环境信用评价，推动出台环境污染强制责任保险等，不断优化绿色发展的政策环境。

要加强基础设施建设，强化上市公司环境信息披露要求，加快构建绿色指数，推动绿色投资，鼓励私募股权投资基金和创业投资基金对绿色企业投资，构建法律法规体系，推动绿色金融法制化、可持续发展。

三、多措并举支持绿色金融发展

一是充分发挥市场的力量。绿色金融政策体系日益完善和环保企业融资难以并存，是因为绿色投资成本与回报不对等，环境效益未能有效计量，需要通过有效定价、统一交易平台、增强市场投资者认可度等方式解决。

二是利用先进科技，增强绿色金融可持续发展能力。科技的进步和研究方法的创新使得传统上无法内生化的外部因素逐步实现了可计量、可定价，为提高绿色投资收益提供了基础条件。配合政策设计的完善、体制机制的突破，金融科技将成为推动绿色金融可持续发展的重要动力。

三是加强绿色金融理论和学术研究。绿色金融具有跨学科的特点，需要构建创新性、系统性的方法学，以量化的手段全面、精确地衡量ESG等因素。政府在创建和维护市场秩序与规则方面不可能面面俱到，需要研究机构深入开展理论研究、细化研究方法，为绿色金融可持续发展提供智力支持和持久动力。

四、大力推动绿色保险发展

保险行业在支持绿色发展方面可以发挥巨大作用。在资产端，保险业可通过债权、股权、资产计划、信托等多种方式进入绿色领域，形式灵活；在负债端，保险业可为生态环境修复提供资金来源和保障。银保监会将进一步完善政策制定和法律法规，尤其是在高风险领域推行环境污染强制责任保险。

保险在绿色领域大有可为，例如，地方大力推进的造林项目，因森林生长周期长、不确定性大，绿色保险介入可有效降低风险，因此鼓励民营资本进入。此外，保险在定价、精算等方面的研究力量和实践经验对绿色金融发展至关重要。绿色保险不仅要提供更加丰富的产品工具，还要发展创新型衍生工具，如绿色信贷和绿色债券等信用风险缓释工具。

五、实体企业要积极对接绿色金融资源

在绿色金融引导资金流向绿色领域的同时，环保行业也要修炼内功、积极主动对接金融资源。环保行业本身存在技术门槛，金融机构面临不确定性，可能阻碍投融资决策。环保企业应当主动帮助金融部门了解其风险和盈利点，提升绿色项目的盈利性和融资可得性。

第八章

Chapter 8

绿色金融的具体手段

第一节　绿色信贷

一、中国绿色信贷的发展进程

（一）政策推动

在绿色信贷发展方面，中国作出了诸多努力。中国绿色信贷的推行，经历了以下阶段。

1.绿色信贷起步阶段（1981—2005年）

1981年，国家出台了《国务院关于在国民经济调整时期加强环境保护工作的决定》，其中规定了几项“利用经济杠杆”保护环境的政策。

1984年，国家发出了《关于环境保护资金渠道的规定通知》，明确提出了环境保护资金来源的8条渠道，许多都与银行信贷有关。

1995年，国家生态环境局向各省市印发了《关于运用信贷政策促进环境保护工作的通知》，同年，中国人民银行也发布了《关于贯彻信贷政策与加强环境保护工作有关问题的通知》，明确要求各级金融部门在信贷工作中，要重视自然资源和环境保护，把支持生态资源保护和污染防治作为银行贷款考虑的因素之一；将贷款项目是否落实防治污染及其他公害的设施与主体工程同时设计、同时施工、同时投产的要求作为贷款的必要条件之一；对不符合环保规定、国家明令禁止的项目和企业，不得发放贷款；对有利于保护和改善环境的产业和产品，在符合信贷原则、具有还款能力的前提下，金融机构要予以积极的贷款支持。一系列文件的出台正式拉开了中国发展绿色经济、实行绿色信贷的序幕。

2004年，国家发改委、央行、银保监会三部委又联合发布了《关于进一步加强产业政策和信贷政策协调配合控制信贷风险有关问题的通知》。

2005年底，国务院发布的《关于落实科学发展观加强环境保护的决定》明确规定：建立健全有利于环境保护的价格、税收、信贷、贸易、土地和政府采购等政策体系。对不符合国家产业政策和环保标准的企业停止信贷。为建立健全有利于环境保护的长效机制提供了最有力的支持。

2.绿色信贷引导推动阶段（2006—2009年）

2007年7月12日，原国家环保总局、中国人民银行、中国银保监会首次联合发布了《关于落实环保政策法规 防范信贷风险的意见》，对不符合产业政策和环境违法的企业和项目进行信贷控制，各商业银行要将企业环保守法情况作为审批贷款的必备条件之一，以绿色信贷机制遏制高耗能高污染产业的盲目扩张。《意见》规定，各级环保部门要依法查处未批先建或越级审批，环保设施未与主体工程同时建成、未经环保验收即擅自投产的违法项目，要及时公开查处情况。金融机构要依据环保通报情况，严格贷款审批、发放和监督管理，对未通过环评审批或者环保设施验收的项目，金融机构不得新增任何形式的授信支持。同时，《意见》还针对贷款类型，设计了更细致的规定。如对于各级环保部门查处的超标排污、未取得许可证排污或未完成限期治理任务的企业，金融机构在审查所属企业流动资金贷款申请时，应严格控制贷款。

原国家环保总局、中国人民银行、中国银保监会联手出台调控政策，基于以下三个原因：一是中国面临的节能减排形势的日益严峻。2007年上半年的各项经济指标相继出炉之后，无论是中共中央政治局会议、国务院常务会议，还是国家发改委新闻发布会、国务院新闻办新闻发布会，都提到了“节能减排形势相当严峻”，2006年设定的4%节能目标和2%减排目标没有完成也被反复提及。据统计，2007年上半年工业增加值增长18.5%，石化、化工、建材、钢铁、有色和电力六大高耗能行业增加值增长20.1%，高于工业1.6个百分点。如何遏制这些高耗能高污染产业的盲目扩张？实行绿色信贷成为必然的选择。

二是随着一些地区建设项目、企业的环境违法现象较为突出，政府对企业污染环境责任的追究日益严格，因污染而被关停的企业带来的信贷风险也开始加大。

三是以往环保机构单部门的调控政策受制于调控范围有限、调控力度不够和调控手段不足等，“绿色GOP报告”的无疾而终，以及2005年以来4次大规模环保执法行动后效果有限，都充分地反映出“心有余而力不足”的尴尬状态。

国家绿色信贷机制的推出，有利于环境经济政策的融合，有利于加强对企业环境违法行为的社会监督和经济制约，也有利于改变环境管理中对行政手段依赖过度，而对经济和法律手段应用不足的局面。毕竟，行政手段具有不稳定、阶段性和易于权力寻租等天然弱点，过度依赖行政手段，不仅不利于从根本上改变绝大多数地方政府和企业推动经济发展有余而保护环境不力的现状，而且有可能在一定程度上弱化甚至架空现有环境保护政策法律体系。这标志着中国建立绿色信贷制度的工作已经提速，这是环保部门和金融部门合作的一个开始。

政府在环境保护投资中引入信贷机制，也是解决环境保护资金不足的重要途径。在国内商业银行中，兴业银行是最早涉足环保产品的银行之一，2006年5月，兴业银行与国际金融公司签署了《能源效率融资项目合作协议》，在国内率先推出“能效贷款”产品，以国际金融公司认定的节能、环保型企业和项目为基础发放贷款，国际金融公司则为贷款项目提供相关的技术援助和业绩激励，并收取一定的手续费。2008年10月，兴业银行正式对外宣布并承诺采纳赤道原则，成为中国首家赤道银行。

2009年，中国人民银行联合银保监会出台了《加强信贷结构调整 促进国民经济平稳较快发展的政策意见》，要求加大对产业转移的融资支持，支持过剩产业有序转移，坚持“区别对待、有保有压”的信贷原则，督促银行机构加大重点项目、重点产业和重点区域信贷投放的同时，严格控制对于不符合国家产业政策规定、市场准入标准、达不到国家环评标准和排放标准项目的新增授信和信贷投放。2009年，中国人民银行联合生态环境部对信息共享机制进行进一步的改进完善，针对目前绿色信贷信息交流不完善的问题，要求扩大环保信息报送范围，规范环保信息报送方式、时限，确立了信息动态管理机制，强化信息更新等。

3.绿色信贷全面发展阶段（2010年至今）

2011年，中国银行业监督管理委员出台若干绿色信贷政策措施，要求各银行业金融机构确定绿色信贷业务的负责部门，督促商业银行大力推进绿色信贷，促进节能减排，优化产业结构，同时开始对绿色信贷业务开展统计监测。

2012年，中国银行保险监督管理委员会发布《绿色信贷指引》，规定了商业银行等金融机构在绿色信贷执行过程中需要遵循的指导原则及注意事项，明确了绿色信贷审批标准，为商业银行信贷风险防范提供保障。银行业等金融机构严格遵循绿色信贷相关立法，以《绿色信贷指引》条例为依据，一方面，对“两高一剩”行业贷款实行“一票否决制”；另一方面，利用政策驱动绿色信贷项目有序实施。

《绿色信贷指引》是中国银行保险监督管理委员会将绿色信贷提升到战略高度，并利用资金供给方的优势，为商业银行践行绿色信贷作出指导，为促进经济与环境协同发展而努力。《指引》内容包括6项规章与附则共30条，分别为总则、组织管理、政策制度及能力建设、流程管理、内控管理与信息披露、监督检查、附则等相关内容。《绿色信贷指引》的发布既引导银行业等金融机构的信贷资金实现“绿色分配”，又通过严格的审批标准增强了风险防范与控制，极大地降低了信贷风险发生的概率。

在《绿色信贷指引》印发后，中国在关于绿色信贷工作中的脚步也在加快。2013年，中国银保监会制定了《绿色信贷统计制度》，要求各商业银行对绿色信贷相关的多项指标进行统计。

2014年，全国银行业化解产能过剩暨践行绿色信贷会议上签署《中国银行业绿色信贷共同承诺》的29家银行在中国银行业协会的组织和协调下共同发起成立了绿色信贷业务专业委员会，以期实现资源的最优配置及绿色信贷项目的可持续发展。在此基础上，2015年4月成立了中国金融学会绿色金融专业委员会。

2014年6月，中国银保监会下发了《绿色信贷实施情况关键评价指标》，该指标旨在引导各商业银行落实《绿色信贷指引》，也为商业银行绿色信贷绩效考核提供了权威的依据。

2015年年初，银保监会下发了《中国银监会办公厅关于下发绿色信贷实施情况自评价两个模板的通知》，并且在2015年和2016年两年先后两次开展了全国21家主要银行的绿色信贷自评价工作。

2015年1月，银保监会与发改委联合印发《能效信贷指引》，从业务重点、业务准入、产品创新、信贷流程、风险审查要点等方面，提出若干操作性强的政策措施，为银行业金融机构提升产业服务水平提供指导和帮助。

2016年8月，人民银行等7部委联合印发《关于构建绿色金融体系的指导意见》，这是全球第一部由政府官方颁布的关于绿色金融的系统性政策文件，显示了中国政府对绿色金融的重视程度。

2018年7月，中国人民银行发布《关于开展银行业存款类金融机构绿色信贷业绩评价的通知》，该通知提出根据银行业存款类金融机构绿色信贷业绩评价方案（试行），绿色信贷业绩评价每季度开展一次，绿色信贷业绩评价指标设置定量和定性两类，其中，定量指标权重80%，定性指标权重20%。

2019年3月，国家发展改革委等七部委联合印发《绿色产业指导目录（2019年版）》并指出，各地方、各部门要以《目录》为基础，根据各自领域、区域发展重点，出台投资、价格、金融、税收等方面的政策措施，着力壮大节能环保、清洁生产、清洁能源等绿色产业。

2020年10月，中国共产党第十九届中央委员会第五次全体会议通过《中共中央关于制定国民经济和社会发展第十四个五年规划和二〇三五年远景目标的建议》，该建议中提到强化绿色发展的法律和政策保障，发展绿色金融，支持绿色技术创新，推进清洁生产，发展环保产业，推进重点行业和重要领域绿色化改造。

2021年1月，财政部印发《商业银行绩效评价办法》，对商业银行绩效评价办法做出修订和完善，并将绿色信贷占比纳入考核。

2024年4月，人民银行等7部委联合印发《关于进一步强化金融支持绿色低碳发展的指导意见》，提出支持符合条件的企业在境内外上市融资或再融资，募集资金用于绿色低碳项目建设运营，规范开展绿色债券、绿色股权投融资业务。《指导意见》共八个方面24条细则，主要聚焦在优化绿色金融标准体系、强化以信息披露为基础的约束机制、促进绿色金融产品和市场发展、加强政策协调和制度保障、强化气候变化相关审慎管理和风险防范、加强国际合作六项工作。《指导意见》提出，未来5年的目标，国际领先的金融支持绿色低碳发展体系基本构建；到2035年，各类经济金融绿色低碳政策协同高效推进，金融支持绿色低碳发展的标准体系和政策支持体系更加成熟，资源配置、风险管理和市场定价功能得到更好发挥。

至今，在国家及有关部门的大力推动下，环境经济手段已有较大覆盖面，环境经济政策体系逐步完善，环境保护的金融手段也得到广泛运用。

（二）发展进程

从近三十年的实践情况看，由于中国经济处于快速发展阶段，环境及环境问题并没有真正得到重视，虽然出台了一些政策措施，但直到2003年科学发展观提出之前，环境保护金融手段并没有得到很好的运用，企业追求经济利益不顾生态效益、社会效益的现象普遍存在，商业银行等金融企业也是如此，金融机构难以发挥对环境保护的宏观调控作用。例如，中国人民银行早在1995年就制定政策，要求各级金融机构对“不符合环保规定的项目不贷款”，但没有配套的措施，这项环境经济政策并没有得以实施。

科学发展观提出之后，国内外经济形势发生了很大变化，促使国内社会各界开始注重环境问题，政府也开始真正重视运用金融手段调控环境保护，金融企业也日益意识到其与环境保护的内在联系，意识到自身应该承担的社会责任，金融手段运用有了发挥作用的空间。

随着不断出台、完善绿色信贷相关的法律法规，推出一系列长效激励政策，商业银行在严格遵循国家政策的指导下，根据自身的具体情况，各自提出有针对性的规章制度，提出切实可行性的工作方案，并且在绿色信贷投放上，多家银行积极响应并研发绿色信贷产品，提升金融服务。除此之外，中国银行业金融机构始终坚持“区别对待、有保有控”的原则，化解过剩产能，促进传统产业转型升级，强力推行绿色信贷的发展，支持节能环保工程建设。

2005年，绿色信贷就已在辽宁省进行试点，率先建立了中国第一个绿色信贷工具——辽宁省清洁生产周转金。当年，辽宁省鞍山钢铁集团、凌源钢铁股份有限公司、锦西天然气化工有限公司3家企业享受过1亿元的贷款支持，并有效推动了企业的可持续发展和绿色信贷理念在辽宁金融业的推广。

国有银行按照绿色信贷指导意见和监管当局出台的具体相关政策，结合自身业务经营的特点，纷纷构建内部绿色信贷制度。工商银行于2007年9月率先出台《关于推进“绿色信贷”建设的意见》，提出建立信贷“环保一票否决制”，对不符合环保政策的项目不发放贷款，对列入“区域限批”“流域限批”地区的企业和项目，在解除限制之前暂停信贷支持。工行内部信贷管理系统还对法人客户进行了“环保信息标示”，初步形成了客户环保风险数据库。农业银行也积极调整信贷结构，大力支持绿色产业，发放“三绿”贷款（绿色企业、绿色基地、绿色农户）。中国银行开办“绿色心益通”账户，代客户把活期储蓄存款利息捐赠给国家环保事业；中国建设银行在其信贷政策中规定，在信贷评审中，环保评估是不可缺少的重要组成部分，环评不过关，在信贷审批时就实行“一票否决制”。

作为政策性银行，国家开发银行先后出台了《污染减排贷款工作方案》《关于落实节能减排目标项目贷款评审的指导意见》等具体措施，严格控制向高耗能、高污染行业贷款，另外还建立了“节能减排”专项贷款，重点支持水污染治理工程、燃煤电厂二氧化硫治理工程等。

一些地方性银行机构也在积极实施节能减排的环保信贷政策。在积极调整环保信贷政策的同时，努力寻求国际合作，探索环境风险管理，参与国际合作较早的主要是兴业银行和招商银行。兴业银行于2006年5月与国际金融公司（IFC）签署了《能源效率融资项目合作协议》，成为国内首家推出“能效贷款”产品的商业银行，也是国际金融公司首期中国能效融资项目唯一一家合作银行。

根据协议，IFC向兴业银行提供2500万美元的贷款本金风险分担，以支持最高可达4.6亿元人民币的贷款。2008年2月25日，双方签订项目融资二期合作协议，IFC将为兴业银行提供1亿美元的贷款本金风险分担，用于支持该行15亿元人民币节能减排领域贷款的发放。

中国工商银行在2012年下发《绿色信贷建设实施纲要》，每年修订行业（绿色）信贷政策，指导全行绿色融资，进一步明确了绿色信贷的基本原则，明确将推进绿色信贷作为该行长期坚持的重要战略之一，并且提出了构建国内领先、国际一流绿色金融机构的发展目标。2013年制定涉霾行业绿色信贷政策，将绿色信贷政策标准纳入全流程管理。对于不符合管理要求的客户和项目实施“绿色信贷一票否决”制，并且吸收借鉴赤道原则和IFC绩效标准，建立了绿色信贷分类标准和管理体系，按照客户或项目对环境的影响程度，将客户及贷款划分为四级、十二类；还将绿色信贷分类与企业评级、贷款资产质量分类相关联，对不同类别提出相应管理要求。2015年发布了《社会责任工作基本规定》，规定了各分支机构季度绩效考评指标体系中应含有绿色信贷定量指标。

中国建设银行在2015年成立了绿色信贷委员会，全面推进绿色经营、绿色管理的各项任务。制定了《中国建设银行绿色信贷实施方案》，从多方面多角度明确了下一阶段绿色信贷发展的任务和目标。

中国农业银行于2015年与浙江省水利厅签订了战略合作协议，未来3年将提供300亿元人民币意向性信用额度，助力国家172项重大水利工程在浙江的项目工程、浙江省“五水共治”和农田水利等项目建设。截至2017年底，中国农业银行绿色信贷业务贷款余额7476.25亿元，折合节约标准煤2185万吨，减排二氧化碳当量4780万吨，减排COD16万吨，减排氨氮、二氧化硫、氮氧化物分别为2万吨、108万吨、169万吨，节水1800万吨。

兴业银行作为中国第一家加入赤道原则的商业银行，一直将绿色发展作为经营的原则，绿色信贷业务发展也较为超前，在2016年成为第一个加入《金融机构能源效率声明》的商业银行，与国际接轨。致力于绿色信贷创新业务，2016年1月5日，兴业银行成功发行了总金额为26.457亿元的绿色信贷资产证券化。

2016年12月26日，江苏银行发布董事会决议公告，同意公司采纳赤道原则，这也是中国第二家采纳赤道原则的商业银行。

浦发银行在《2015年度公司业务投向政策》中，对防范和控制社会、环境风险作出了详细的要求，并明确了绿色信贷业务的重点拓展领域为环保、合同能源管理、建筑节能、碳金融及太阳能光伏发电五大领域。2015年，浦发银行完成首单法国开发署绿色中间信贷业务，以低成本信贷助推鞍钢节能降耗，为鞍钢集团节能技术服务有限公司发放法开署（AFD）绿色中间信贷2000万元人民币（约合250万欧元），期限5.5年，资金由法国开发署提供，浦发银行大连分行作为转贷行。该业务的成功操作，实现了浦发银行国际合作绿色信贷项目的突破，也为鞍钢集团践行节能减排提供了必要低成本信贷支持，密切了浦发银行大连分行与鞍钢的合作关系，创造了极高的经济和环保效益。

根据银行业协会公开资料显示，截至2017年6月末，中国21家开展绿色贷款业务的银行，共计向绿色产业发放了7.26万亿人民币的贷款，大约占据中国信贷总额的一成。在这笔巨大的资金里，有1.69万亿人民币是投向环境保护产业、清洁能源以及绿色交通等行业领域，剩下款项主要是向环保项目以及相关服务行业投入。这一数字在不断增加，说明中国绿色信贷发展速度在增加，虽然没有达到发达国家的水平，但是与中国之前的发展状态比较，已经有了一个质的飞跃。

2019年11月，中国人民银行发布《中国绿色金融发展报告（2018）》，指出从国内来看，绿色金融市场规模不断扩大，产品服务创新不断涌现。2018年，中国共发行绿色债券超过2800亿元，绿色债券存量规模接近6000亿元，居全球前列。该报告提出中国绿色金融进入纵深发展的新阶段，将深入研究绿色金融基础理论，不断完善绿色金融标准体系，研究储备更多绿色金融政策工具，继续鼓励绿色金融产品服务创新，广泛深入参与全球绿色金融治理，推动中国绿色金融高质量、可持续发展，为中国未来绿色金融发展提供了思路和方向。

2022年7月，气候债券倡议组织和中央结算公司联合发布的《2021年中国绿色债券市场报告》，报告显示，中国绿债市场在2021年发行量增量领先于其他主要市场。中国绿色债券市场同比增幅为444亿美元（2863亿元人民币），即同比增速为186%。美国、英国和德国的增量排名其次，分别为332亿美元、285亿美元和209亿美元，中国从2020年的排名第四位跃升至2021年第二位。

2023年10月，保尔森基金会绿色金融中心与北京绿色金融与可持续发展研究院在北京共同发布了《金融科技推动中国绿色金融发展：案例与展望（2023）》报告。报告显示，中国已成为全球最大的绿色信贷市场和第二大的绿色债券市场。根据中国人民银行发布的数据，截至2022年末，中国本外币绿色贷款余额已达到22.03万亿元。在绿色债券各类型中，绿色金融债仍在中国绿色债券市场中占主导地位，发行总额为3566.3亿元。

2024年4月，根据工商银行、农业银行、中国银行、建设银行、交通银行和邮储银行相继披露2023年年报和社会责任（ESG）报告。报告显示，国有大型银行继续发挥“头雁”作用，在绿色金融领域的探索不断深入，绿色信贷保持快速增长，截至2023年末，六大行绿色信贷规模达17.90万亿元。同时，六大行不断丰富绿色金融“工具箱”，构建多元化绿色金融服务体系。

目前，绿色信贷在中国已普及。正如前面所述，尽管环境保护金融手段方面有不少研究，在实践中一些金融手段也得到应用，但主要还是绿色信贷手段的运用，尤其是商业银行在其中发挥了极为重要的作用。

二、发展绿色信贷的难点及政策建议

（一）银行业发展绿色信贷存在的问题

由于绿色信贷起步较晚，还面临着认识、基础和信息等多重制约，而且相当多的中小型污染企业采取民间融资或者自筹资金，基本上不向金融机构贷款，绿色信贷对这些量大面广的污染企业尚不能发挥制约作用。根据各银行实际操作的反馈，实行绿色信贷还存在着许多制度性和技术性的问题。主要表现在以下几个方面：

第一，政策标准的模糊极大地制约了绿色信贷的推广。目前，绿色信贷业务规划还仅停留在政策层面上，没有统一的标准，重点依靠银行内部控制机制来推动执行，这造成了银行绿色信贷各行其是的局面。开展绿色信贷业务数据统计涉及对贷款投向和企业项目的考核评估，是一个非常复杂的过程。银行没有专门的部门去统计绿色信贷，只能根据相关政策一点点计算出来。而且，由于国家并没有出台统一的统计标准，因此，统计数据基本上是“各成一家”，没有什么可比性。最常见的一种现象是：由于各家银行执行标准不一，有些绿色信贷项目在这家银行贷不到款，转身到另外一家却可以贷到。因此，现有政策缺乏明确的标准，这给银行执行带来了困难。为了解决这个问题，生态环境部、银保监会已经开始加强对绿色信贷、节能减排等金融机制具体措施落实的研究。

另外，绿色信贷的标准多为综合性、原则性的，缺少具体的绿色信贷指导目录、环境风险评级标准等，商业银行难以制定相关的监管措施及内部实施细则，在统一法人体制下难以制定和建立一套真正符合各地具体情况和分支机构实际的制度、办法和操作流程，大大降低了绿色信贷的可操作性。

第二，中国产业结构的现状和特点对绿色信贷机制建设存在制约作用。高污染高能耗行业由于得到一些地方的政策保护，还有利可图，有些甚至是短期的暴利行业，因而很难大幅度削减信贷规模。尤其在一些资源型省份，资源开发、冶炼、电力等行业都是支柱行业，对GDP和财政收入的贡献巨大。而且钢铁、电力、水泥、有色冶炼等高耗能、高污染行业往往又是高利润行业。这种产业结构和经济格局使得银行业在推动绿色信贷方面存在两难选择。银行业如果严格按照绿色信贷进行贷款控制，势必会对地方经济的发展起到阻碍作用，也会使商业银行失去相当有诱惑力的市场份额，与经营目标产生矛盾。

第三，银行业与环保部门的信息沟通机制不完善，没有真正做到数据共享。由于环保部门和银行业信息沟通不畅，环保部门所能提供的环保信息偏少，特别是企业环境违法信息针对性不强、时效性不够，不能适应银行审查信贷申请的具体需要。商业银行也不能全面、准确地向环保部门提供环境信息的使用情况和绿色信贷政策的实时信息，没有真正做到信息和数据共享。

第四，缺少推进绿色信贷的激励机制。目前，对商业银行发放环境违法违规项目的行为没有责任追究和处罚措施，对切实执行绿色信贷环保政策成效显著的商业银行也没有奖励政策，商业银行明显缺乏推行绿色信贷的动力，不能有效吸引银行业支持环保项目。另一方面，绿色信贷存在的风险成为银行投资的顾虑。例如，向低碳经济转型中企业成本大幅上升、盈利能力下降带来的产业风险。商业银行对低碳经济企业，尤其是私有企业的风险评估指数非常高。因此，由于缺乏激励、考核等相关机制，银行没有动力去执行绿色信贷政策，具体操作滞后。

第五，绿色信贷的业务创新不足。国内银行业关于绿色信贷的业务创新还较为落后，一些绿色信贷的新型模式通常是借鉴发达国家，比如开发相关的节能减排融资产品。此外，更直接的模式就是与国际机构进行合作，在这种模式下，银行把涉及绿色信贷的风险评估交给国际咨询融资机构去打理，这样就省去了一定的信贷评估成本。国际金融公司的数据显示：2009年上半年，兴业银行与该公司合作的节能减排贷款共98笔，贷款金额共37亿元人民币；北京银行贷款共8笔，贷款金额共1.18亿元人民币；与上海浦东发展银行已合作完成1个备批项目。但这种与国际机构合作的模式也并不成熟。业内专家表示，对于绿色信贷，国内外还都处于摸索阶段，都在寻找对银行、企业都有动力的融资模式。

最后，人才队伍难以满足需要。中国银行业普遍缺少环境风险评估专业人才和较高素质的绿色信贷专业人员、机构，绿色信贷管理能力明显不足，制约了绿色信贷的深入。

（二）发展绿色信贷的政策建议

基于上述问题，给出如下政策建议。

1.以商业银行为载体，树立绿色信贷理念

成功树立绿色信贷理念的关键是金融机构能够自发地在业务经营中注重社会、环境价值并将其纳入公司治理目标。这就要促使金融机构认识到：实施绿色信贷战略，确认环境风险以及市场机遇，不仅有利于整个社会、经济的可持续发展，更是实现自身可持续发展的必然要求。因此，对于金融机构而言，全面实行绿色信贷战略也是一种制度变迁过程。由于中国的资本市场和保险市场尚未充分发展，中国金融机构的主体是商业银行，而中国商业银行制度最大的特征就是以国有大型商业银行为主体，这是与西方国家商业银行体系最突出的差异，因此，在以国有商业银行为主要载体全面发展绿色信贷理念，成为中国金融业改革的重要一环。中国国有商业银行的改革总体上是一种政府主导型改革，制度变迁的时间安排及进程在很大程度上取决于中央政府的判断和决定，且具有相对稳定性。在这种制度环境下，中国政府可以通过行政手段，强化商业银行在项目融资中的环保意识，树立商业银行绿色信贷理念，激发商业银行对社会、环境的责任感，这对人口、资源环境关系日益紧张的中国社会具有重要意义。

2.强化商业银行的环境责任

所谓的环境责任是从企业的社会责任引申出来的。世界银行认为：企业的社会责任是企业与关键利益相关者的关系、价值观、遵纪守法以及尊重人、社区和环境有关的政策和实践的集合。它是企业为改善利益相关者的生活质量而贡献于可持续发展的一种承诺。商业银行是经营货币业务的金融企业。作为一般意义上的企业，商业银行必须承担直接的社会责任，特别是环境责任。不仅遵循市场交易规则，坚持诚实守信，依法合规经营，热衷社会公益事业，而且应当积极参与环境保护。但是，商业银行又是一个特殊的企业。作为金融企业，它又有承担间接社会责任的义务，因为商业银行是社会资金供应者，商业银行融资仍占企业融资的80%以上，对社会其他组织行为有引导、鼓励、约束其履行社会责任的特殊功能。推行绿色信贷，利用信贷杠杆约束污染企业的扩张行为，或者支持污染企业进行治污，就是一项重要的功能。

一些商业银行把承担环境责任与追求投资回报对立起来，忽视商业银行的特殊地位，把商业银行商业化与社会利益对立起来，甚至认为商业银行作为一个企业，没有必要承担环境责任，这些观点显然是与商业银行作为特殊的金融企业特征相背离的。原则上讲，商业银行承担环境责任与实现经营目标有高度的一致性。在客户越来越注重以公信、道德标准选择合作银行的市场环境下，商业银行的环境责任如果缺失，最终将会被客户和市场抛弃。

银行发放贷款的直接目的是按照约定及时足额收回本息，实现收入。在发放贷款的过程中，任何风险因素都可能影响贷款收入的最终实现。银行所追求的，不能是单纯的“利润”，而应当是“效益”。这个“效益”既指经济效益，也指包括环境效益在内的社会效益。

近年来，商业银行的改革发展取得了有目共睹的成绩。然而，也有一些银行一味追求利润、片面追求经济利益最大化，置国家宏观调控政策和国家产业政策于不顾，社会责任意识淡薄。例如，因违规批准征地、虚假申报、突击建设等严重问题而被点名批评的内蒙古新丰电厂，其违规项目的28.88亿元建设资金主要来源于银行的各种“委托贷款”的投入，居然有多家金融机构同时“卷入泥沼”。对此，笔者认为，中国银行业的当务之急，在于首先提升社会责任理念。中国银行业和国际银行业相比，在于公司社会责任理念的欠缺，这在一定程度上制约了中国银行业的可持续发展能力以及竞争力的提升。

3.加强制度建设，构建发展绿色信贷的激励机制

发展绿色信贷并不仅是技术层面的问题，还必须在制度层面上构建发展绿色信贷的激励性机制。从政府的角度来看，政府在发展绿色信贷、推动循环经济和金融创新的过程中，应对所扮演的角色进行准确定位。首先应着手制定一系列条例、标准和优惠政策，鼓励银行提高自身的环境责任，

增强捕捉环境机会的积极性。其次应着手制定相关的法律、法规和政策，推动适合中国国情的绿色信贷产品逐步兴起和蓬勃发展。从银行业自身来看，应制定与绿色信贷相关的金融政策，并积极构建与之相适应的管理机构和制度、行动计划和监督程序，定期向外界发布环境评估报告。环境评估报告主要包括环境政策和制度、环境社会经济行为指标、环境社会经济行为的金融含义、可持续发展商业机会和支持环境社会经济持续发展的商业创新行为等内容。从具体业务来看，贷款作为银行业的核心业务，应建立绿色信贷决策制度。在对项目进行贷款融资之前，引入环境因素系数，从源头控制污染，促进产业结构调整，实现经济和社会的可持续发展。

4.建立绿色信贷产业指导目录

从银行角度来讲，绿色信贷难于实施的首要难题就是：哪些行业和项目属于绿色信贷的支持范畴，怎样辨别一个产业或项目是节能减排还是双高一剩？作为基层银行一般缺乏相关的专业知识和人员，因此需要邀请环保专业人士和产业专家，高标准制定《绿色信贷行业投向指引》，先在银行系统内试行，而后通过行业协会、人民银行和银保监会等上升为银行业绿色信贷指引标准。可以将绿色产业和项目细分为环境保护、节能、新能源开发或利用、资源综合利用、造林增汇、智能电网、新信息技术研发及应用、生物产业、高端装备制造、新材料研究及应用、新能源汽车、其他等。

《绿色信贷行业投向指引》强调将环保信息纳入信贷全流程管理的基础上，还将企业产品质量安全及生产安全状况也纳入客户管理的全过程，对因质量和生产经营安全影响企业持续经营的，实行“一票否决制”，坚决不予授信。

5.优化绿色信贷流程，建立绿色信贷机制

一是严把贷前准入关。将贷款项目是否符合国家环保政策作为贷款决策的重要先决条件，也是银行业执行绿色信贷政策最突出、最明显、最直接的举措。在贷款调查环节，将客户的环保、节能问题作为重要内容，认真调查核实客户的治污设施建设投资情况、运转情况、排放达标情况，不放过每一个涉及环保方面的问题。同时，外聘道路、水利、电力等方面的专家，在贷款审查环节中重点对项目的可行性、环境影响、项目建设可能出现的问题提出意见，切实防范因违背国家环保政策形成的信贷风险。银行贷款审查中要求必须有环评报告，并将环保准入作为信贷审查的主要标准，对新建、在建项目，在环境影响评价报告未经环保行政主管部门批准前，一律不提供任何形式的信贷支持。

二是加强贷后管理。由于各方面原因影响，严格的贷款准入审查并不能彻底防范风险的产生，因此，贷后管理就成为绿色信贷政策能否取得实效的关键。在贷后管理中要加大对企业环保信息的跟踪监测力度，通过多种途径及时发现企业在环保方面存在的问题，将企业环保信息及时录入信贷管理系统，防范环境违法突发事件带来的信贷风险。充分利用人民银行的“企业征信系统”和银保监会“信息披露系统”查询企业环保情况，对不符合国务院、人民银行和银保监会要求的企业，均按照银行信用等级评定、授信管理和信贷审查等有关办法的要求进行，相应地降低信用等级和减少授信等措施，减少或停止对这类企业的贷款投入。

三是有保有压，合理配置信贷资源。对鼓励类投资项目，要从简化贷款手续、完善金融服务的角度，积极给予信贷支持；对限制类投资项目，要区别对待存量项目和增量项目，对增量项目不提供信贷支持，允许存量项目的企业在一定时期内整改，按照信贷原则给予必要的信贷支持；对淘汰类项目，要从防范信贷风险的角度，停止各类形式的授信，并采取措施收回和保护已发放的贷款；对不列入鼓励类、限制类和淘汰类的允许类项目，在按照信贷原则提供信贷支持时，要充分考虑项目的资源节约和环境保护等因素；未执行环评审批和验收的项目、未按环保审批要求落实环保措施，依法被环保部门查处的企业将不能得到各金融机构的信贷支持，已发贷款也要被追回。具体而言，在继续支持国家淘汰小钢铁、小电石、小铁合金、小水泥、小火电“五小”行业落后产能的基础上，从严控制高耗能、高污染和产能过剩行业。同时，提高退出类客户的准入标准，制定退出计划，落实退出责任，加大退出力度。

6. 构建推行绿色信贷的银行治理结构

通过改进银行公司治理，推行绿色信贷的路径如下：一是，根据银行公司治理模式的变化，设计相应的绿色信贷推行路径。传统公司治理模式下的公司治理结构的设计、构建和改革始终以维护股东的利益为中心，对非股东利益的关注并不明显，企业的社会责任化程度低。现代公司治理模式下，无论是美国式还是欧洲式的公司治理，都体现了企业社会责任在其中的重要地位。美国致力于通过改革董事的义务责任体系，欧洲国家通过吸收职工参与公司的管理，以强化公司的社会责任。与传统公司治理模式相比，现代公司治理模式或许不利于绿色信贷的推行。所以，必须强化股东权利，完善股东提案制度。对此，世界各国立法机构和相关的国际组织都制定了“原则”和“推荐意见”。尤其是美国，证券管理委员会颁布了有关股东提案的规则。依这一规则，股东可以依法请求公司的经营者，将其提案列入公司征求委托书中，寄发给各股东。而经营者面对股东关于规避信贷环境风险的要求，不得不将其提案考虑在内，从而采取妥协方案，这样既有利于股东长远利益的实现，又有利于绿色信贷的推行。

二是，根据股东目标的变化，设计相应的绿色信贷推行路径。股东目标的多样化影响银行的经营行为。投资者进行证券投资，其目标不但考虑经济方面，有时还考虑社会、公司控制等方面，尤其是出于社会和伦理因素而投资的所有者，必然影响银行的经营行为。所以，应多鼓励具有绿色意识的个人和企业购买银行的股票，成为银行的战略投资者，以便更好地监督银行的经营。同时，积极鼓励机构投资者将社会责任投资融入价值投资理念之中。在倡导机构投资者要进行价值投资时，应当鼓励机构投资者关注上市银行的经营行为，看其是否符合环境保护的要求。此外，还可以在董事会中设立环保董事，或设立社会责任履行委员会；在监事会中设立环保监事，或设立社会责任监督委员会。

三是，根据股东结构的变化，设计相应的绿色信贷推行路径。在西方发达国家公司的投资者中，一个重要的变化就是机构投资者的增加。机构投资者在促进其成员利益时增强了公司的企业社会责任。因为机构投资者不但关注投资公司的财务表现，而且对公司的战略与长远发展也很关注。自然，绿色信贷也会纳入其视野中。所以，应当大力发展机构投资者，尤其是发展具有环保色彩的机构投资者。自20世纪70年代始，美国机构投资者迅猛发展：资产规模从1975年的460亿美元发展到2005年的80000亿美元，基金个数也从425家发展到了今天的8000家，基金持有人从1000万人增加到2.67亿人。机构投资者在上市公司的股份比例从1950年的7.2%增加到2001年的46.7%。机构投资者逐步替代家族开始在上市公司中发挥主导作用。美国的这一经验值得我们借鉴。

7.客户分级管理

银行可将贷款企业分为鼓励、预警和限制三类，并进行动态调整，对不同类别的企业实施不同的信贷准入和条件。

鼓励类的企业是：符合国家产业政策、实施减排工程成效显著的企业；循环经济和清洁生产成绩突出的企业；长期稳定达标排放的环保先进企业。

预警类的企业是：长期超标排放的企业；减排工程严重滞后的企业；排污费欠缴百分之五十以上的企业；逾期半年以上，未消除重大环境隐患的企业。

限制类的企业是：国家产业政策明令淘汰的企业；县以上政府下令关停的企业；违反环评法擅自建设或生产的企业；造成重特大环境损害，严重威胁群众安全的企业。

银行应该严格掌握信贷投放的环保标准，实施差别信贷：对减排工作做得好的，优先给予信贷支持；对没有很好完成减排任务或违法排污的，严格控制信贷。

8.完善环保信息共享制度

银行的安全性经营原则与贷款的环境风险紧密相关。获取企业在环境治理方面的信息，对商业银行建设良好的信贷风险管理环境意义重大。良好的信贷政策必须通过有效实行才能产生实际效果，而政策执行的关键在于相关职能部门的信息共享和监督把关。只有强化政策的衔接，确保监督管理部门能够依靠充分的依据实现真正的联动，才能保证政策的有效落实。

把环境信息系统与金融部门共享，保障环境保护与金融信贷的联动，将是环境保护与金融安全的双赢。

环保部门与金融机构亲密无间的合作，既能达到环保目标，又能预防信贷风险，可以起到“一石二鸟”的效果。银行通过信贷限制污染项目，将有效促进符合产业政策的项目发展。世界银行、亚洲开发银行等国际性的政策性银行，对于影响环境的信贷就有非常严格的限制，这在国外已经形成了比较成熟的政策体系。

环保部门、银行和银保监会及时充分交流信息，牢牢掌握第一手材料，互相通报相关方面的制度、规定并建立起可操作性的规程和措施，是保障绿色信贷政策有效落实的当务之急。要制定配套性的政策措施和标准，强调相互的关联性，加强审查和监督的衔接性，消除制度上的漏洞。不仅要让银行部门充分了解环评程序、环评文件的合法性，还要将对污染企业的通报以简洁明了的方式传递给银行部门；不仅要让银行部门看到环保部门的工作程序，还要让它们看得懂、看得明白。而银行部门也应与环保部门积极配合，及时把相关企业的信贷信息传递给环保部门，便于环保部门及时了解企业动向，提前介入监管。

将环境信息纳入企业信用信息征集系统，有利于建立更为全面完善的社会征信系统，进一步增强环境政策的执行力。环保部门向金融部门所提供的环境信息既包括企业环境违法、排放总量超标、发生重大或特大环境污染事故或事件、拒不执行环境行政处罚决定等负面信息，也包括通过环保“三同时”审批、环保认证、清洁生产审计、环保先进奖励等“利好”信息。企业在一地违法，在全国都将寸步难行，特别是在贷款申请、年检、上市、评优等活动中都将受到限制和影响。而企业若在环境保护上成绩突出，则相应地会得到信贷政策的优惠倾斜。由此可见，绿色信贷制度必将有力地促进企业加快淘汰落后产能和工艺，加强技术创新和改造，强化污染治理，在一定程度上改变“企业环境守法成本高、违法成本低”的状况。

环境经济政策的执行，需要相关部门产生合力，而合力不仅来自共识，更来自消除部门间专业认知上的障碍后工作衔接上的顺畅。

第二节　绿色保险

一、我国绿色保险的发展现状

早在20世纪90年代初期，中国部分城市就开展了环境污染责任保险的业务，大连是最早开展此业务的城市，后来，沈阳、长春、吉林等城市也相继展开。但是，中国绿色保险的进展并不顺利。有的城市无企业投保，处于停顿状态；有的城市只有几个或十几个企业投保，且投保呈下降趋势。究其原因，整个环保领域还没建立起完整的绿色保险制度，也没有专门立法，还存在着很多问题：①任意责任制度。企业投保的意愿还不强，这就导致保险公司承保也有一定的难度，承担环境污染保险的赔偿金额很大，承保的范围又比较窄，风险明显高于其他商业保险；②赔付率过低，保费过高。中小企业对保费比较敏感，对污染事故的发生抱有侥幸心理，而大型的化工企业由于自身的财力而不愿意投保；③环保法规不够健全，执法不严格，未对企业形成压力，同时也存在地方保护现象。

针对以上问题，为了进一步推进绿色保险的开展，2008年2月，原国家环保总局和中国银保监会联合发布了《关于环境污染责任保险的指导意见》，正式确立了建立环境污染责任保险制度的路线图。与此同时，环境污染责任险的试点工作也再次展开。

6年后，两大部委又联合对《关于开展环境污染强制责任保险试点工作的指导意见》对外进行公布。同时各省市的环保部门和保险监管机构制定发布了一系列法规政策，鼓励和督促高风险企业投保，并从全国挑选了15个省市作为试点，强制对其辖区内所有的重金属、化工等高度污染行业征收高额的环境污染责任保险费用，这就是保险行业“强制”定义的由来。

《国际油污损害民事责任公约》规定实施油污损害的强制责任保险，作为缔约国，中国《海洋环境保护法》第28条第2款规定，载运2000吨以上的散装货油的船舶，应当持有有效的油污损害民事责任保险。另外，中国对海洋石油勘探与开发的企业、事业单位和作业者，也已经开始实行环境责任强制保险。

中国《金融业发展和改革“十一五”规划》提出，要大力发展保障型产品，稳步发展投资型产品，探索发展衍生型产品。重点发展农业保险、责任保险和商业养老保险，完善强制责任保险制度，探索保险机构参与新型农村合作医疗制度的有效方式。大力拓展高科技、项目融资、消费信贷、出口信用和货物运输等领域的财产保险业务，探索建立国家政策支持的巨灾保险体系，发展和规范各类保险中介服务。这将成为保险业发展的良好契机，在与环境相关的保险产品开放上，探索与气象相关的保险体系。

二、发展绿色保险的政策建议

（一）健全保险法规，加强监管体制

绿色保险的发展依赖于环保法律的健全和监督管理体制的完善。责任是法律的一种创造，绿色保险的发展归根结底取决于法律的健全与执行的力度，西方国家的实践证明了这一点。

美国关于环境保护的法规主要有《1970年大气清洁法》《1987年水清洁法》《1980年环境问题的处理、赔偿和责任综合法》等，虽几经修订，但法律的基本框架仍然未变，仍采用污染者支付费用的原则（the polluter pays principle），而且政府还可以采取货币赔偿或刑事制裁的方式对污染者处以严厉的惩罚。例如，对严重违反环保规定标准的行为，法官将对违反企业处以每天25000~50000美元的罚款，对个人判处一年或一年以上的监禁，甚至关闭违规企业。《1980年环境问题的处理、赔偿和责任综合法》则制定了一种针对美国财产所有者的严格责任，规定土地的现有所有人要承担位于

其土地上的有害废弃物的清理费用，即使该废弃物是由该土地的前所有人或房客倾倒在其土地上的。

欧盟成员国对环境问题的关注与美国保持同步发展。1997年，《欧盟政策声明》的第17项表明欧盟将采取“污染者支付费用”的原则：“防止和消除污染侵害的费用，必须作为一项原则由污染者来承担”。根据《1987年单一欧洲法案》的条款，环境问题在欧盟的政策计划中处于优先考虑的地位。在制定环境政策的过程中，欧盟提出了比美国更高的标准——遵循预防的原则（the precautionary principle），预防原则认为：如果存在严重的或不可恢复的环境污染的威胁，“缺乏充分的科学确定性将不能作为推迟防止环境恶化的低成本措施实施的理由”。

中国的环保法律法规正在建设之中。《民法通则》第124条规定：“违反国家保护环境、防止污染的决定，污染环境造成他人损害的，依法应当承担民事责任。”《环境保护法》第41条规定：“造成环境污染危害的，有责任排除危害，并对直接受到损害的单位或者个人赔偿损失。”从总体上看，中国的环保法律法规不够健全，尤其缺少污染赔偿方面的法律规定，再加上执法不严，对排污者客观上构不成压力。据权威部门估算，中国由于环境污染造成的直接经济损失每年数以千亿元计，而赔偿数额却少得可怜。在执法过程中污染赔偿的责任绝大部分由国家和社会承担，企业压力不够大，缺乏参与绿色保险的动力。另外，中国现有的环境纠纷解决途径主要是民事诉讼和行政调解，污染受害者不仅需要承担高昂的诉讼费和律师费，而且在索赔过程中困难重重。因为排污企业多是当地的利税大户，或明或暗地受当地政府的保护，污染者缺乏参加保险的风险意识。随着环保法律法规的完善，绿色保险有很大的发展潜力。

（二）险种设计中要避免道德风险和逆选择

环境污染一旦发生，其赔偿数额往往比较巨大，且责任认定较为复杂，因此要尽可能防止被保险人道德风险和逆选择的发生。由于不同企业造成的污染损失额有很大的差异，因此在厘定保险费率时，要运用科学的方法对风险进行评估，可以按照不同行业制定不同的保险费率，以避免逆选择的发生。但凡事贵在掌握合适的度。中国目前的污染责任保险费率较高，污染责任保险费率是按行业划分的，最低费率为2.2%，最高为8%，较其他险种只有千分之几的费率相比，要高出好几倍。如此高的费率，赔付率又低，企业根本没有投保的积极性。企业投保绿色保险后，要制定相应的条款限制或降低被保险人的不诚实或欺诈行为。如限制保险责任范围、明确除外责任、对被保险人的不诚实行为给予严厉的经济制裁等，以降低道德风险。在保险实务中，保险人承保时要对投保企业进行检查，严格估算企业的风险程度，要求被保险人提供对确定损失概率及损失数额有意义的补充资料；保险人还要对被保险人的防灾防损设备和措施提出建议。在合同有效期内，要监督企业的生产活动，提出避免发生环境污染事故的措施。在发生保险事故时应明确企业的责任程度，按照污染的种类和造成污染的原因确定不同的赔偿数额，视其违背保险人提出的防污染措施的情况决定制裁的措施。

（三）因地制宜确定保险责任范围与除外责任

美国的环境责任保险单的责任范围也是严格限定的，其标准责任保单把与有害废弃物清理有关的费用排除在承保责任之外，20世纪80年代中期以前，这项除外责任条款的规定并不明确，在各州的法庭上发生过激烈的辩论，大多数人站在保险人一边。对于一家涉及生产或实用技术的公司来说，环境污染的清除成本和对受害方的补偿费用可能是个天文数字，譬如1989—2000年Exxon Valdez公司由于阿拉斯加的石油泄漏使公司及其保险人支付的清理费用达20亿美元，而最终的责任比这还要多出几百亿元。数据显示，美国所有的财产意外伤害保险公司的资本约为2300亿美元，而清除环境污染的估计费用为1000—10000亿美元。这种财产损失责任还会因为集团诉讼而加重。即使保险只支付了全球范围内现有的污染的预计清理费用的1/5，这也足以使整个保险业破产。因此，发展绿色保险要适度。

中国绿色保险正处在起步阶段，有关的法律法规不健全，编制适宜的保险合同条款有相当的难度，因此保险人要严格限制责任范围，对被保险人的非正常生产活动、违反规范的行为以及故意行为所引起的赔偿责任、预防性费用等都可列为除外责任。中国有些学者主张扩大绿色保险的责任范围，但从目前中国的污染现状、保险业的发展水平和发达国家的实践来看，绿色保险的责任范围不应扩大，与其涉及许多险种在出险后无力赔偿，倒不如在能力所及的范围内为保护环境切实发挥点作用更为实际。当然，也不可以走入另外一个极端。责任范围过窄，对投保企业的环境风险转移得太少，企业就没有投保绿色保险的积极性。如大连市1991—1995年的赔付率只有5.7%，沈阳市1993—1995年的赔付率为零，远远低于国内其他险种50%左右的赔付率，而国外保险业的赔付率为70%~80%。赔付率过低的主要原因就是保险责任范围过窄，中国目前都只把突发性污染事故造成的民事赔偿责任作为保险标的。事实上，由于污染而造成民事赔偿的不仅限于突发性污染事故，还有逐渐性污染事故，污染物累积到一定程度，同样会对第三人造成人身或财产损害，且后者出现的频率和损失额要比前者大得多。

（四）宜采用政府强制与政府引导相结合的发展模式

从发达国家绿色保险的模式来看，主要有强制性保险和非强制性保险。美国和瑞典是强制性责任保险的代表，法国以自愿绿色保险为主，强制性责任保险为辅，德国则实行强制性保险与财务保证或担保相结合的制度。从发展趋势上看，许多国家有加强强制性责任保险的趋势。日本已经制定实施了涉及空气污染、水污染和有害废弃物等范围广泛的法律和法规，但日本广泛使用的是根据地方政府和中央政府官员给出的“行政建议”，与企业就工厂的运营和工业发展设施达成“污染控制协议”。协议限定具体的排放标准，提出监督和报告的要求。污染控制协议是一种自愿协议，不具有法律强制力。但日本的工业公司不愿意因没有实现他们自愿制定的标准而失去信誉，因而制定出一个有效的实施机制。我们从中可以看到民族文化对法律的运用所产生的影响。目前中国在一些行业已推行强制责任保险，但绿色保险大多还属于自愿性保险，大多数企业因抱着侥幸心理没有参加该保险，使无辜受害人得不到公平赔偿的现象普遍存在。基于中国环境问题的现状，可以借鉴其他国家的模式，实行政府强制与政府引导相结合的制度。在环境污染和危害最严重的行业实行强制责任保险，如石油、化工、印染、采矿、水泥、造纸、皮革、火力发电、煤气、核燃料生产、有毒危险废弃物的处理等行业。而在其他污染相对较轻的行业，政府则给予积极引导，仿效日本提出一些有益的“行政建议”，利用政府的威信使企业自愿购买绿色保险。

（五）加强保险品种创新

中国可以借鉴国际经验，进行风险转移方式创新和保险衍生产品创新。另外，中国保险业应加大与其他金融机构的合作，探讨开发碳金融和环境金融的各种金融衍生产品，从而可以通过各种集资、交易实现资产风险对冲，保值增值。如保险连带证券架通了保险市场与资本市场的桥梁，创造更广阔的固定收益证券组合。

（六）开展绿色保险再保险配套立法

中国幅员辽阔，环保水平参差不齐，环境污染侵权损害一旦发生，其损害程度是非常大的，如果保险人的负担能力不够高，可能会因为一个案件的理赔而破产。因此，由一家或几家保险公司单独承保是不现实的，建议根据保险事故的不同选择不同的机构，将来的相关立法必须采用必要的制度设计，引入环境责任保险再保险，尽量提高保险人的风险负担能力，以促进和引导绿色保险制度在中国的实施。环境责任保险再保险至少具有如下功能：

第一，环境责任再保险能实现特定区域内风险的有效分散。

第二，环境责任再保险能对特定期间的风险进行彻底分散。污染责任保险的保险人可以通过再保险将其所承担的特定时间段内的风险从时间和标的数量两个方面进行双重分散。

第三，环境责任再保险能够促进保险业务，满足保险经营所追求的平均法则，以此提高保险经营的财政稳定性。

第四，环境责任再保险有助于通过相互分保来扩大风险分散面。其特点是保险人既能将过分巨大或集中的一部分风险责任转移出去，同时又能对其他保险人的业务予以分入。

因此，某一特定的保险人所承担的总的保险责任虽然不变，但却实现了风险单位的大量化和风险责任的平均化，因而风险得到了最佳分散，财务稳定性得到明显提高。

第三节　绿色债券

一、绿色债券国内发展情况

中国绿色债券的首次实践是中广核风电有限公司在2014年5月8日发行的“14核风电MTN001”，也是中国第一只“碳债券”。2015年7月16日，新疆金风科技股份有限公司发行了中国第一只绿色债券，且该绿色债券由专业的第三方机构认证过。

中国金融机构第一次发行绿色债券是在2015年10月13日，是中国农业银行发行的规模为10亿元的3期双币种绿色金融债，也是中国金融机构首次在国际市场上成功发行绿色债券。

2015年4月，第三代环保主义组织（E3G）和中央财经大学气候与能源金融研究中心（RCCEF）组织了中国气候融资高层论坛并联合成立了中国绿色投融资对话平台。会议闭门讨论了将绿色债券引进中国所需的必要条件和政策要求，建成绿色债券市场的障碍、作用、潜力及与国际市场接轨等问题。

2015年，人民银行发布绿色债券支持项目目录，中债资信发布绿色债券支持项目目录评价标准，2017年3月，中国证监会发布《关于支持绿色债券发展的指导意见》、中国银行间交易商协会发布《非金融企业绿色债务融资工具业务指引》，明确了企业在发行绿色债务融资工具时应遵守的相关要求。

2016年1月27日，浦发银行在银行间市场成功发行绿色金融债，首期200亿美元，成为中国债券市场首只“贴标”绿色金融债，与此同时，兴业银行在银行间市场成功发行绿色金融债，首期100亿美元。同年5月20日浙江嘉化能源化工股份有限公司在上交所成功发行中国首只公司债券。

2016年5月，全国首单绿色非公开定向债务融资债券发行。云南省能源投资集团有限公司按照票面利率3.98%的价格非公开募集5亿元人民币，期限5年。发行人、承销商、市场及投资人逐步探索出了一条清晰而规范的发债流程，畅通了私募绿色债券的发行通道，也为其他类型绿色债券的发行提供了样板。

2017年6月，上海证券交易所和中证指数有限公司正式发布上证绿色公司债指数、上证绿色债券指数和中证交易所债券指数，引导绿色债券投资，扩大绿色债券市场影响力。

2017年第二季度，中国发行68亿美元绿色债券，占全球发行总额的21%。截至2017年6月末，符合界定标准且经主管部门许可或核准上市的绿色债券100余只，其中交易所市场54只（含跨市场债券），其债券命名均带有“绿色标识”。

2017年6月4日，全国首单融资租赁绿色债券发行。由兴业银行主承销的中电投融和融资租赁有限公司2017年第一期非公开定向债务融资工具成功发行，所募集资金全部用于风力、水力、太阳能光伏发电等清洁能源类租赁项目，与传统火电项目相比，该期债券募投项目每年可节约标准煤约77.4万吨，折算减排二氧化碳约206.8万吨。

2018年11月6日，由国开证券独立主承销的新华水力发电有限公司绿色可续期公司债成功发行。本期债券是市场首单央企发行的绿色可续期公司债，也是国开证券独立主承销的首单绿色公司债及首单可续期公司债。

本期债券发行规模10亿元，期限3+N年，利率5%，全场申购21.75亿元，发行利率较发行人心理预期低30BPS。债券募集资金将用于新华水力绿色产业领域，如水能、风能、太阳能、生物质能等清洁能源开发利用等，对于开创清洁、高效、安全、可持续的能源发展之路，助力国家经济持续健康发展具有积极作用。

2020年6月29日，中央结算公司和CBI联合发布的《中国绿色债券市场2019研究报告》显示，2019年中国发行人在境内外市场共发行3862亿元人民币贴标绿色债券，较2018年的2826亿元发行量增长了33%。以贴标绿色债券的发行总量统计，中国、美国和法国的发行量再次领先全球。其中，中国贴标绿色债券发行总量在2019年位列全球第一。此外，2019年中国地方政府首次发行了贴标绿色市政债——江西省赣江新区发行的绿色债券，其所募集的3亿元人民币资金将全部用于两个地下管廊项目的建设。深刻体现了我国绿债市场的深度和广度，有利于为全球投资者营造一个更加优质可持续的绿色产品投资环境。

中国证券业协会发布的2023年度证券公司债券承销业务专项统计显示，2023年度作为绿色公司债券主承销商或绿色资产证券化产品（ABS）管理人的证券公司共60家，承销（或管理）174只债券（或产品），合计金额1828.53亿元，同比增长6.52%。2023年12月，中国证监会、国资委发布《关于支持中央企业发行绿色债券的通知》，明确表示将对央企发行绿色债券提供融资便利，强化中央企业的引领作用，以绿色债券为杠杆，撬动绿色金融市场高质量发展。同时，鼓励在信用评级过程中将发行人的环境、社会和治理（ESG）因素纳入信用风险考量，加强了央企发行绿色债券的环境信息披露要求，对绿色债券机制的完善具有重要意义。

2024年4月，央行等七部门联合发布《关于进一步强化金融支持绿色低碳发展的指导意见》。其中提出，持续完善绿色金融标准体系、制定统一的绿色金融标准体系、持续优化我国绿色债券标准、统一绿色债券募集资金用途、信息披露和监管要求、完善绿色债券评估认证标准。进一步优化绿色公司债券申报受理及审核注册“绿色通道”制度安排，提升企业发行绿色债券的便利度。

二、中国企业发行绿色债券存在的问题分析

（一）企业发展绿色项目的认定不清晰

中国债券市场虽然在政策的指引下快速发展，但是市场分割、监管部门没有统一会导致市场混乱，再加上主导绿债发展的部门之间意见没有统一，各行其是，导致市场乱象频出，顶层设计的不统一导致绿色项目在分类、资金管理、信息披露等方面存在差异，许多公司乘虚而入，打着绿色的旗号实际发行的却是公司债，这与认定不清晰有很大关联性，也会导致绿债市场发展不健康。如何充分发挥政府职能的联动，促进各方开展合作，避免单打独斗，统一规范是当下亟须解决的问题。

目前，中国绿色债券的认证标准主要参考人民银行公布的《绿色债券支持项目目录》和国家发改委公布的《绿色债券发行指引》。其中，在银行间市场发行的绿色金融债主要依据人民银行公布的目录；而在交易所发行的绿色公司债、企业债则主要依据发改委公布的指引，两者口径略有差异，且缺少互相认可。在此情况下，投资者很难对绿色债券的透明性和真实性做出判断，市场对项目的绿色属性也难以把握，也就会对发行主体要求更高的收益率来弥补风险。同时，财税优惠、奖惩政策以及针对绿色项目的政府担保等可能的支持措施得不到落实，也会影响绿色债券市场的健康发展。

（二）对债券的披露不完善

由于中国对于绿色债券的认证标准没有统一，对于市场监管方来说很难按照统一标准对市场进行监管，市场监管的无序进一步导致了许多企业信息披露存在问题，投资人在信息不对称的情况下，很难对各机构出具的报告完全信任，也无法通过横向对比了解债券的优劣，就会在投资时犹豫不决。中国的第三方认证机构大多数是由咨询公司或研究所转变而来，理论经验相当丰富，但是实际操作经验相对不足，在与国外第三方机构竞争时，就显得专业性不足。因此，国外第三方机构处在市场强势地位，发行

方因为市场的不完全竞争，往往需要花费更高的费用用于第三方认证，增加了发行成本。同时由于市场准入门槛较低，有许多不专业的第三方机构浑水摸鱼，据统计，2016年未明确特定项目的贴标绿色债券有16只，超过1/3的资金用途不明确。这些都是企业发行绿色债券受阻的原因，对企业自身而言增加了成本，于绿色债券市场的长期发展而言相当不利。企业如果想通过发债进行融资，考虑到发行绿债审核流程严格，评估认证花费较高的费用，也会优先选择发行普通债券，因为相比于绿色债券，普通债券在发行时，资料审核要求、对信息披露的要求和募集资金管理的严格性等方面都较低。

（三）企业内部对募集资金疏于管理

虽然《绿色债券原则》中对募集资金的管理有所要求，但是资金到达企业账户后，监管部门很难确保对企业资金流向的动态监督，企业提交的定期报告中也有可能是时点数，企业迫于短期偿债压力或其他突发状况，难免会使用专用资金来偿还债务或进行投资等违规操作。另外，国家发改委对外公布《绿色债券发行指引》中并没有对绿色债券资金专项属性做出任何规定以及要求，对于募集资金管理方面的内容也未曾提及，无法对募集资金进行动态监管。虽然发改委发行的绿债大多属于国有独资或国有控股，但是仍然需要增加透明度，让投资者投得安心。

（四）企业发行绿色债券缺乏动力

截至2016年，中国绿色债券市场主要涉及6个债券种类，其中绿色金融债发行数量最多，共计21只，1550亿元，绿色公司债发行额和发行只数位列第2，考虑到公司债主要是在交易所发行，因此交易所是绿色债券获得绿色项目融资的最直接场所，上海证券交易所于2016年3月试水绿色公司债券业务，1个月后，深圳证券交易所发布了关于开展绿色公司债券业务试点的通知，积极推广和政策激励，使企业发行绿色债券数量有所提高。

发行绿色债券的主体募集资金主要是投入绿色项目建设或者环保技术

开发，由于绿色债券这一概念还比较新，处于推广阶段，发行量较少，因此绿色债券市场还需要各方力量注入更多活力。

从Wind数据库统计，到2017年底，从发行主体的企业性质来看，国有企业占据主要地位。根据统计，共有52家国有企业发行了78个绿色债券，占比达75.73%，相比2016年增加了17.39%；国有企业共计发行绿债金额1191亿元，占全部绿色债券的61.46%。整体来看，民营企业参与度有待提升。

三、中国发行绿色债券的政策建议

推动生态文明建设和经济社会绿色、可持续发展是中国绿色金融改革发展创新的重要目的。绿色债券市场是绿色金融体系的重要组成部分，构建良性可持续的、符合市场规律的生态系统对绿色债券市场健康发展具有非常重要的意义。具体而言，可以从以下几个方面发力。

（一）提升发行便利，降低成本

第一，要从项目、企业及工具创新的角度进一步明确合格发行主体范围及其标准。目前，中国发行的绿色债券有三种情形。第一种是依托特定绿色项目发行的绿色债券和绿色债务融资工具。认定项目绿色属性的依据包括《绿色债券支持项目目录》《绿色债券发行指引》等。此外，有些方法论认为，应把绿色资产和绿色业务超过一定比例的企业视为绿色企业，这些企业发行的债券即可认为是绿色债券，强调在保证绿色用途的基础上给予一定的灵活性。第二种是金融机构、商业银行发行绿色金融债。绿色金融债在发行时并没有具体的项目，但要求募集资金用于绿色项目上。第三种是绿色资产证券化（ABS/ABN）。如果资产支持证券的基础资产或底层资产是绿色的，该资产支持证券也是绿色的。上海证券交易所对此已有相对比较明确的界定，即基础资产绿色、基础资产非绿色但募集资金用于绿色产业领域或者发行原始权益人绿色主营业务收入占比达到标准。但后两种情况下，要求募集资金不低于70%用于绿色产业领域。

第二，要综合运用保险、担保、抵押品等传统增信工具，以及新兴的绿色债券信用风险缓释工具、利率衍生工具，更多采用市场化手段降低发行成本。绿色债券的项目或底层资产往往因为考虑更多的ESG因素和长期可持续性，投资周期和不确定性可能更高，外部性会更加明显，成本亦会相应上升。而且，绿色行业的大部分企业是民营企业，本身信用状况相对没那么高。在这些情形下，如果能够开发出针对这些发行人的信用增信工具（如CDS或者信用缓释工具），就可以帮助绿色债券发行人提升信用、降低发行成本、更好地管理风险、降低不确定性，也有助于提高投资者认购的积极性。

第三，要完善发行基础设施，为绿色债券发行提供便利。发行基础设施包括簿记、建档、账户开立等，这些项目虽然不起眼，但处理不好，不仅增加发行成本，而且会使发行者增加畏难情绪。绿色债券在发行前需要进行专门的发行簿记，发行前后都要求有持续的信息披露，发行筹得的资金要开立专门的账户专款专用，这些都可能导致绿色债券具有较高的发行成本，因此，要在这些方面尽量减少绿色债券发行人的额外工作，为他们提供便利，减免相关税费，降低发行成本。

第四，在审计、评估、第三方认证、贴标、信息披露和社会责任报告发布等绿色债券相关基础服务和监管要求领域，加快推动完善相关体系建设，进一步明确统一标准、原则或政策框架，力争做到与国际接轨。中央银行和各监管部门要加快建立相应的制度安排，引导市场为绿色债券发行提供更好的、更规范的、有明确标准的第三方服务，形成透明、规范、一致的行为指南或标准，帮助发行者降低成本。

最后，在发行审批与核准环节上，作为管理部门，中央银行和相关部门、机构应为绿色债券的发行在发行条件（如净资本要求、持续盈利能力等）审核程序、时间等方面，针对绿色债券专门提供灵活性和相应的便利。

（二）完善投资者激励

债券发行不仅是债券发行人的事，还涉及市场上有没有足够多的投资者对绿色债券有兴趣，愿意持有、愿意交易、愿意把有限的资金投向绿色领域。中央银行和监管部门要想办法设计一套合理的制度安排，通过各种方法提高投资者投资绿色债券的积极性，从而形成发行和投资的良性循环。具体包括以下几个方面：

一是财税政策方面，可否对愿意持有绿色资产（特别是绿色债券）的境内外投资者在交易、所得及其他税费方面给予减免、返还、奖励等优惠。五个绿色金融改革创新实验区及江苏省已经有一些政策尝试。

二是可考虑要求机构投资者承担更多的社会责任。特别是具有公共性质或者准公共性质的投资者（如养老保险基金、社会保障基金、主权财富基金等），应要求其在资产组合中配置一定比例的绿色资产，并发布社会责任报告。

三是应设法提高绿色债券市场的流动性，完善做市商制度，加大做市交易。开发更多二级市场交易工具及其衍生产品，如绿色债券指数、期货、远期、掉期等产品；促进绿色债券回购业务，如提高绿色债券回购折算率等；完善针对绿色债券的制度和产品创新，提升便利度，吸引更多投资者，让投资者不仅能够获得投资回报，而且能够根据需要随时调整资产组合，管理好流动性及风险。

四是央行、监管部门亦应考虑制定相应的正向激励措施，在货币政策、信贷政策、宏观审慎管理政策、具体监管指标等方面向绿色债券投资者倾斜。例如，在MPA考核、中央银行接受商业银行抵押质押品，以及有关宏观审慎指标，如资本覆盖要求、流动性覆盖比率等方面，优先考虑给予绿色债券投资更多的优惠和灵活性。针对金融机构特别是商业银行持有的绿色债券，监管部门在风险权重、资本占用以及其他相应监管指标上给予特别优惠或特殊的灵活性。对于保险资金，在绿色债券投资的偿付能力监管上给予特殊的考虑等。

总之，要通过各种方法提高投资者投资绿色债券的积极性，从而形成发行和投资的良性循环，构建良好的绿色债券生态系统。

（三）提高国际化水平

提高绿色债券市场的开放度和国际化水平，有利于中国绿色债券市场标准的提升，有利于更好地利用国内外两个市场、两种资源支持中国实体经济绿色发展，也有利于更好地构建中国绿色债券市场境内外良性互动的生态系统。

第一，推动中国绿色债券市场持续开放，提升国际化水平。在发行环节，既吸引、鼓励优质发行主体到境内银行市场发行绿色熊猫债，也支持境内金融机构和企业赴境外发行绿色债券。一些国际机构和政府组织等发行主体希望到中国境内市场发行绿色债券，我们应为他们提供必要的便利。在投资环节，自2016年2月中国债券市场允许所有境外的合格投资者进入以来，境外机构投资者呈爆发式增长态势。截至2018年10月末，中国债券市场规模已达80万亿元人民币，境外投资者持有比例超过2%，但与成熟市场上10%—15%，甚至20%的国际投资者持有比例相比还有较大差距。2018年1—10月，中国累计发行绿色债券约1300亿元，规模位居全球前列，且总体质量较高，对国际投资者具有较强的吸引力。下一步，只要中国市场持续开放，为国际投资者提供比较好的产品以及流动性管理工具，同时解决好标准认证、信息披露，以及相关税费问题，中国的绿色债券市场将非常有吸引力。

第二，加强国际合作，深度参与国际绿色金融创新改革发展。自2015年，中国在绿色金融国际合作方面做了大量工作，最突出的如中英担任共同主席的G20绿色金融研究小组连续两次完成《G20绿色金融综合报告》，相关建议分别纳入G20峰会文件；中国、法国等八个经济体的央行和监管部门发起设立央行与监管机构绿色金融网络（NGFS），推动金融机构环境信息披露，开展环境风险分析并有力地支持绿色投融资等；中国还与卢森堡、PRI、CBI、ICMA等国家和国际组织进行广泛的绿色金融国际合作。绿色债券领域更是如此，正考虑在绿色债券的业务和技术标准及规则制定方面加强对标国际，推动统一标准，促进形成国际共识。同时，还要在发行和投资所涉及的其他领域，如市场和产品准入、基础设施、第三方服务、会计制度和税费等方面对标国际，尽可能与国际接轨。此外，2017年6月，在浙江等五省区建立了五个国家级的绿色金融改革创新试验区，绿色金融改革创新发展取得了明显进展，也有一些突破，形成了若干可复制可推广的经验。中国乐意与国际社会分享有益探索、好的做法和最佳实践，真正努力成为国际绿色金融领域的参与者、贡献者和引领者。

第三，在"一带一路"中倡导责任投资和可持续投资。正如中国一直倡导的那样，在"一带一路"投资中应更多地贯彻ESG原则，尽可能使"一带一路"的每一笔投资都尊重环境、讲社会责任、基于良好的公司治理。这样，中国在每一个"一带一路"国家的投资都将具有责任投资或可持续投资属性，将更好地推动"一带一路"国家和地区的绿色发展、可持续发展。这不仅有利于进一步提高"一带一路"投资的可持续性，而且更可彰显负责任的大国形象，有利于国际社会更好地理解和认可"一带一路"倡议。

第四，在"一带一路"投资中更多地使用人民币。这样既有利于推动本币结算和人民币跨境流动，也可以在"一带一路"国家积累大量"绿色人民币"。这些人民币可以通过两种途径使用，一种是在中国境内债券市场上购买中国的绿色债券，并可以获得各种优惠；另一种是在当地继续投资新的绿色项目或责任投资项目，可以获得清算结算安排上的便利。同时，"一带一路"绿色投资项目产生的现金流或基础资产还可以在当地或其他离岸市场发行绿色人民币债券或资产支持证券，让国际投资者分享"一带一路"投资带来的回报。这样，通过境内外人民币绿色债券市场的互联互通，不断提升中国绿色债券市场的国际化水平，进一步形成中国绿色债券市场的跨境良性生态系统。

这些政策需要央行、各部委、相关监管机构以及所有绿色金融业界共同努力。有关机构通力合作，遵循市场原则和市场规律，尊重市场首创精神，设计好正向激励的制度安排，提升绿色金融商业可持续性，真正引导激发市场主体的内生动力和活力，共同努力构建中国乃至全球绿色债券市场的良好生态系统。

第四节　绿色发展基金

一、绿色发展基金概述

绿色基金是为了发展低碳经济、促进减排节能、实现环保目标而构建的专项基金，可广泛应用于与环保相关的行业产业之中。

从本质上看，绿色发展基金是一项社会责任投资基金，该基金在运作中坚持社会责任投资的相关理念，对有利于环保和经济社会可持续发展的行业或企业进行投资。社会责任投资的关注重点既包括财务绩效，也包括环境及社会受投资的影响程度，是一种崭新的先进的投资方式。

绿色发展基金是产业基金的一种，是指对环保产业有投资意愿的特定投资者，通过精通环保产业、善于投资及资本运营的投资专家，将分散的资金集中起来，为环保企业提供直接的权益性资金支持，并通过各种投资组合分散风险，追求长期收益的投资基金。在美国，它以公司型封闭式私募为主，而在英国、日本、韩国等国则以契约型封闭式私募为主，封闭期一般为10至50年。

中国绿色发展基金是随着市场经济的繁荣逐渐发展起来的，由于缺乏相应的环境，发展较迟，没有形成完善的环保投资基金产业链。1993年4月，中华环境保护基金会成立，该会具有法人资格，是第一个专门从事环保事业的非营利性民间基金；1996年8月23日，北京环境保护基金会成立；2002年，由清华创投出任基金管理人，由香港LESS公司等国际知名投资机构出资的“中国绿色发展基金”正式成立；2005年8月15日，江苏省首家绿色发展基金会——新亚电子绿色发展基金会成立，标志着中国环保投资基金向专业化方向发展。

从投资方向来看，中国绿色发展基金大多投资于从事环保产业、具有科学技术开发优势的中小民营企业。从目前绿色发展基金的使用上来看，主要都用在治理污染源的项目上，缺乏对环保装备技术开发以及无污染技术项目的投资，在这种机制下，绿色发展基金的投入往往起不到治本的作用。

二、设立绿色发展基金的现实意义

（一）缓解环保有效投入不足的困境

在社会财富不断增加的今天，光靠政府的财力支持环保无疑是不够的，这就需要集合社会闲散基金，在加强监管的基础上，通过市场化运作进入环保领域，在改善环境的同时缓解政府财政压力，同时也给投资人带来一定的回报，真正形成多赢的局面。

针对政府财政资金紧张状况，缓解环保事业有效投入不足，促进国民经济可持续发展战略目标的实现，绿色发展基金成为呼之欲出的金融工具。设立绿色发展基金的首要意义就在于能集合全社会的力量，吸聚社会闲散资金，通过市场化、规范化运作促使发达地区的地方政府腾出更多资金解决诸如交通、能源等制约城市发展的瓶颈问题，同时帮助农村以及中西部等欠发达地区缓解长期掠夺性开采带来的环境恶化问题，减轻地方财政环保投入压力，增强环保意识。

综上所述，利用民间的力量促进“公平的环保”，为中央政府提出的“公平的社会”和“可持续发展”的战略目标作出贡献。

（二）改善银行贷款结构

当前中国商业银行抵御风险体系尚未健全，在以逐利为目的的情况下，大量短期资金支持长期贷款，隐藏着严重的流动性风险，也在一定程度上导致了低水平重复建设现象的发生。

因此金融体制改革的重点就是改变以银行体系为主导地位的间接金融体系，扩大直接融资比例。绿色发展基金以直接投资为主，主要投资环保行业的实业项目和非上市公司股权，通过对投资项目进行资本运营使基金资产增值。许多业内企业融资渠道单一，稍微运作不善就有可能陷入资金周转困境。若这些企业能够获得绿色发展基金的投资，既可以大大削弱该企业对银行贷款资金的依赖性，增加新鲜血液，又能改善银行贷款结构，避免长时间、高风险的资金占用，化解金融风险。

（三）提高环保资金使用效率

绿色发展基金能发挥专家理财优势，有利于环保资金使用效率的提高，强化了产权约束功能。绿色发展基金的投资通常是环保企业的股权投资，规范的运作和严谨的程序能够对所参股公司的经营管理形成外部压力。考虑到产业基金具有分散风险的基金特性的要求（一般来说，它不会对一个环保企业投入大量的资金从而获得控股的地位，按规定不会超过20%），处于小股东地位的绿色发展基金必然会更加关注企业的规范化运作，强化其产权约束功能，从根本上杜绝管理混乱、资金使用不当、浪费极其严重的现象。而以往财政或银行的资金即使到位，也往往由于监管不力，易造成资金运营效率的低下甚至肆意挥霍。从市场影响看，绿色发展基金主要投向环保行业中的优秀企业，就必须有一系列评判公司经营战略、专业水平、财务状况、核心竞争力和投资项目优势的指标。基金实施专业的管理和独立的决策，这对于建立和完善公司治理结构、引导企业的行为十分有益。绿色发展基金所具有的专家理财特征和积极股东主义的倾向有利于资本运用效率的提高，对目标公司在规范管理、合理使用资金等环节真正起到了监督和促进作用。

（四）提供环保资金灵活运用的渠道

绿色发展基金的设立及推广有利于优化资本市场结构，提供了进行多样化资本运作的可能。具体来说，绿色发展基金既可以直接投资于好的环保项目获得投资收益，又可以随时介入多个环保项目保证发起人及投资人收益的稳定增长性；既可以进行全程投资，又可以进行阶段性投资，获得阶段性运作的收益；既可以对项目进行整体收购，又可以进行杠杆收购，以高财务杠杆效益获取股权投资收益；既可以参与环保行业的一级市场，又可以适当介入二级市场的交易（此项须在国家法律、法规允许范围内），在资金空闲时期还可以投资于短期资金市场或进行国债投资，保证资金的安全性和流动性，从而实现资金的时间价值和收益的最大化。绿色发展基金实质上就是一种投资模式，可以在不断提高投资决策的市场化程度和投资形式的多样化方面促进投融资体制的改革。通过参股的形式，可以改善目标企业的经营管理机制，提高资本的投资效率，追求更高的投资回报。

三、中国绿色发展基金

绿色发展基金在中国起步相对较晚，但出现之后便得到快速发展。

绿色发展基金和中国政府注重绿色发展的理念相契合。政府明确主张促进投融资及财税体制改革，促进金融领域的创新与发展，因此得到政府的合理引导与大力支持。

2016年，在中国政府的大力推动下，绿色金融第一次被写入G20峰会公报。而“十三五”规划之中，也明确提出了设立绿色发展基金，促进绿色金融创新发展的要求。

同年，《关于构建绿色金融体系的指导意见》（以下简称《意见》）正式出台，得到了社会各界的重视。《意见》第一次明确提出了设立国家绿色发展基金的要求，鼓励社会资本积极参与，推动区域性绿色发展基金的设置。由此可知，中国政府下定决心发展绿色金融，逐步对污染性投资进行管控及抑制。2017年中，国务院作出了构建绿色金融改革创新试验区的决定，允许并鼓励在绿色投资领域引入私募基金、创投等境内外资本，力图通过多项举措促进绿色金融的顺利发展，并以此推动中国经济发展模式的升级和转型。

根据中国基金业协会的数据，到2016年底，在其备案的和节能环保有关的265只绿色基金中，股权投资基金、证券投资基金、创业投资基金分别为159只、28只和33只，另外还包括45只其他类型的基金。在全部基金之中，属于政府和社会资本合作的有59只，占22%的份额。

（一）中国绿色碳基金

当前，中国在森林碳汇领域成立了“中国绿色碳基金”，成为中国绿色发展基金的开创者。它作为中国绿化基金会下设的专项基金，接受中国绿化基金会的统一管理。该基金由国家林业和草原局、中国石油天然气集团公司、中国绿化基金会、美国大自然保护协会、保护国际及嘉汉公司共同发起成立，面向国内外企业、组织、团体和个人开放式公募。根据其暂行管理办法，该基金主要用于开展下列活动：

第一，实施以积累碳汇为主要目的的植树造林、森林经营管理、生物多样性保护及其他相关项目；第二，林业碳汇的计量与监测、碳汇技术标准的制定、碳汇管理政策的研究及碳汇相关信息发布等；第三，开展森林与气候变化、林业碳汇、生物多样性保护等相关科学知识普及、宣传、论坛和培训等社会公益活动；第四，对在开展碳汇造林、科研、宣传和与其相关的生物多样性保护等方面作出突出贡献的企业、组织、团体及个人进行表彰和奖励。

中国绿化基金会是1985年9月经国务院批准，正式在民政部登记注册，并享有“联合国经社理事会特别咨商地位”的公益性基金会。中国绿化基金会既是中国林业发展进程中民间绿化资金筹集的主要渠道，也是发动全社会参与林业生态建设和保护的重要桥梁。2007年7月20日，由中国石油天然气集团公司先期注入3亿元人民币，在中国绿化基金会下设立中国绿色碳基金，专门用于开展植树造林固定二氧化碳的活动，具有严格的管理、较低的成本和良好的信誉。

中国绿色碳基金的发展设想为分两步走：第一步，企业、组织和个人以自愿原则向中国绿色碳基金捐资，由国家林业和草原局按照相应的标准和规则组织造林，并进行碳汇的计量、监测和评估；同时，在网上设立专门账户将企业投资造林所获得的碳汇进行登记和公布。随着林木的生长，账户内的碳汇量也在积累。第二步，在相关条件成熟时，根据具体的政策规定，中国绿色碳基金造林所获得的碳汇有可能产生交易，成为商业性的项目，从中国绿色碳基金移出并进入市场。此时，需要有专门的基金管理机构进行管理。在其运作之下，逐步完成碳汇交易规则市场的建立。

（二）中国清洁发展机制基金

2007年11月9日，中国清洁发展机制基金管理中心正式揭牌。根据清洁发展机制基金章程和管理办法，清洁发展机制基金管理中心接受基金审核理事会的监督和指导，并在财政部的监管下，专门负责基金的收取、筹集、管理和使用。

1.基金来源

中国清洁发展机制基金的基金来源包括：国家从CDM项目收益中按规定的比例取得的收入；世界银行、亚洲开发银行等国际金融组织的赠款和其他合作资金；基金管理中心开展基金业务取得的营运收入；国内外机构、组织和个人的捐赠和其他合作资金；国务院批准的其他来源收入。作为政府性应对气候变化的专门基金，中国清洁发展机制基金的管理成员分别来自政府、企业、学术界等不同领域，在治理结构和监管体系的建立过程中，很好地借鉴了国外碳基金的管理理念和监督机制。国外碳基金总体资金规模都很大，各国在基金筹集规模方面的经验表明，资金规模的确定主要考虑如何满足基金设立目标的需求。因此，中国清洁发展机制基金肩负着支持和促进应对气候变化事业的重要使命，其具体筹集渠道和规模应按“十一五”发展规划而定，兼顾应对气候变化和节能减排的实际需求。

2.基金用途

中国清洁发展机制基金主要涉猎4个业务领域：能力建设和公众意识提高业务领域、减缓气候变化业务领域、适应气候变化业务领域和服务于基金可持续业务运行的金融活动业务领域。在各业务领域下，基金共设置了7项业务规划：加强能力建设、促进公众意识提高、促进能效提高和节能、促进可再生能源的开发和利用、促进其他具有显著的减缓气候变化效益的活动、促进对气候变化的适应、基金投资业务中的金融活动。

3.运作模式

中国清洁发展机制基金主要以3种途径支持CDM项目的开发和实施：

第一，作为合作桥梁和平台，中国清洁发展机制基金组织CDM项目减排量买家和卖家开展合作，降低交易风险，促进实现CDM项目减排量的有序交易。

第二，优先选择CDM项目作为在“减缓气候变化业务领域”内开展业务活动的支持对象。中国清洁发展机制基金以优惠贷款和其他方式的有偿资金使用等多种工具支持CDM项目的开发和实施，促进CDM项目的大规模开发。对CDM项目开发和实施的主要支持方式是提供技术援助和融资。技术援助是指组织提供CDM项目开发和实施所需要的咨询服务，例如，CDM项目识别、CDM项目文件编写、CDM项目所依托的建设项目的设计、CDM项目实施中的减排量监测跟踪服务等；融资是指对CDM项目所依托的建设项目，提供一定的建设资金支持。

第三，基金以赠款的方式，在“能力建设和公众意识提高业务领域”支持在中国进行CDM项目开发和实施所需要的能力建设和公众意识提高，包括建立和改善项目开发和实施所需要的环境。例如，加强国内管理机构对CDM项目的管理能力；加强国内技术和咨询机构、企业界和金融界等对CDM项目的参与能力；开发中国具有较大减排潜力的特定类型CDM项目的方法学；促进国内企业对CDM国际规则的理解和应用；促进国内相关机构申请指定经营实体；识别并向国际买家推荐中国潜在的CDM项目；为企业和国际买家（特别是主要的碳基金）的合作，提供必要的政策指导和技术指导等方面的帮助；提高国内企业参与CDM项目合作的谈判能力；对国际碳市场的发展进行跟踪分析，为国内企业开发CDM项目以及利用未来可能出现的新的合作机遇，提供必要和及时的国际政策指导。

从国外绿色发展基金运营管理情况来看，由政府设立企业化运作、吸收专业人士参与的管理模式，既能利用政府部门背景准确把握和执行宏观政策，又可发挥专业人士的专业技能和管理特长，保证政府对基金运营的效率性和监督性。作为政府性应对气候变化的专门基金，中国绿色碳基金、中国清洁发展机制基金正是采用了这种模式。目前，中国各项绿色发展基金运作良好。我们可以预计随着中国产业基金管理办法及相关法律、法规的不断完善，更多的绿色发展基金将产生，成为中国环境金融市场上一个主要的参与者与建设者。

四、中国绿色发展基金运行模式

在很多省市，通用以下绿色发展基金运作模式：先由地方财政投入启动资金，之后引导其他社会金融资本参与其中，共同完成绿色发展基金的构建。操作模式是省级地方政府和社会金融机构构建合作伙伴关系，一起成立母基金，金融机构和地方企业再共同成立子基金，为绿色产业发展提供相应的资金支持。金融机构是基金的有限合伙方，其常用的出资方式有两个：其一是理财资金对接；其二是分期募集资金。项目公司或基金是投资运作主体，在市场中进行自由竞争且自负盈亏。如果是PPP模式下的基金投资，则社会资本一般是买入股票得到相应股权，以此种方式参与政府支持项目，而具体工作则由项目公司承担，其能得到官方授予的特许权。

（一）组织形式

1.公司型绿色发展基金

公司型绿色发展基金是法人实体利用股份募集的方式得到资金并开展

投资的基金。相比公司治理而言，法人治理更加稳定，基金决策权掌握在由投资者构成的董事会手中。在实践中，之所以有很多投资者对此种类型的基金较为热忱，是因为和别的类型相比，该模式下投资人拥有更多的知情权和参与权，而且能够对资金进行更灵活的管理和运作。如果企业达到发债要求，还能够进行公司债的发行，可进行多种方式的融资。基金管理人的选择较为灵活，自行管理或委托管理均可。该类型基金的不足之处在于，需要付出高昂的谈判成本，且通常决策效率比较低。此外，在委托代理关系之中，不能统一管理权和所有权，道德风险发生的可能性较大，还可能遭遇双重征税的问题。

2.契约型绿色发展基金

契约型绿色发展基金通常采用的形式为私募资金、资管计划以及信托等。投资者扮演着受益人和当事人的角色，在契约生效期间发生作用，但是通常不会参与管理决策的过程中。这种形式具有的优点是流程复杂性不高，因为基金业协会备案制的存在，投资者没有必要对资产负债表合并。若要操作契约型绿色发展基金，首先要完成的工作是对基金管理公司进行委托，因为基金并不是法人，所以必须要有管理公司操作才能生效。不仅如此，这一笔资产的经营权与所有权必须要分散，即不可以属于同一机构之内，这种做法可以有效推动绿色发展基金的稳定发展。不过发展基金的非法人身份也是比较明显的一个缺点，在资金集合的过程中，无论是账户托管或者是股东登记过程都有可能产生一定的困难。要认购项目公司的股份就只能通过基金管理人之手，那么在这个过程中就会出现不可忽视的财产混同风险。

3.有限合伙型绿色发展基金

此基金的组成者包括有限合伙人以及普通合伙人。一般来说，资历较老的运营或资金管理人通常会扮演普通合伙人的角色，负责投资有限合伙基金等工作，其负责资金份额在整体资本中占比较小。

一般而言，有限合伙人大多数都是来自机构的投资人，他们提供的投资额占据了整体基金的绝大部分，而且此类基金的期限比较固定，若要延长续存期限就需要根据规定和条款来延续。对于普通合伙人而言，虽然他们投入的资金较少，但是需要承担的责任却并没有因此而减少。因为此类合伙人大多是企业的管理者，所以如果采取了此种基金模式，就很有可能对专业的技术人员和专家群体产生激励作用，推动企业的管理工作进步和整体发展。虽然有限合伙人并不会直接管理基金工作，其能够从中获得的分红和相关责任亦非常有限。不过通过合理的设计和安排，此类合伙人的资金就可以对风险与收益双方存在的关系进行优化。

（二）募集对象和结构

绿色发展基金募集对象主要包括政府机构、金融机构、公司企业、集团等。

对于有限合伙型基金模式而言，此过程中所采用的设计都属于非结构化设计，例如，基金项目中的某一个普通合伙人投资了1%的份额，那么其附加收益就能够达到20%左右。但是得到收益后的普通合伙人也需要承担责任，参与日常的基金管理和投资工作，此过程中产生的管理费用也应该立足于资金总额的比例来确定。

对于有限合伙人而言，若其投资额达到了99%，其可以享受到80%的收益。不过与前者不同的是，有限合伙人并不享有公司经营权和管理权，此类合伙人只能知晓基金情况而无法作出实质改变。通过研究基金风险配比可知，有限合伙人被分为两级：优先级和劣后级。在完成绿色产业基金工作的过程中，可以采用产业基金传统运营模式来经营，也就是将普通合伙人的职责赋予项目中的社会资本，在此过程中负责基金日常工作与管理。而对于金融机构投资方而言，其通常会追求较为长远而稳定的利益，所以其能够扮演有限合伙人的角色，享受更多的红利，不过此种投资者却不能参与基金管理与运营工作。

五、中国开展绿色发展基金存在的问题及政策建议

（一）存在问题

1.认识不足

顾名思义，绿色产业所指的是一种环保产业，通过采用环保而科学的生产手段，追求低能耗高产出的生产模式来进行循环生产，其中还包含着废物回收、治理污染等工作。当前的社会生产理念越来越多地追求环保，绿色产业的发展空间和潜力非常大。

2015年以来，中国的绿色产业发展进入了高峰期，绿色发展基金模式拥有了书面性的确认，但是其发展还处于萌芽阶段，政府及公众并不十分了解这种产业模式，也缺少对应的技术条件，只会一味地采用传统的办法对其进行管理，决策失误的情况时有发生。甚至一些政府官员还把此类工作当成敛财的另一次机会，大肆贪污腐败，侵占国有资产，使中国财政受到又一次伤害。另外，一些政府部门很有可能会将目光重点投放于财政压力或是自身责任上，工作还未完成之时就首先想到甩脱责任，使自己独善其身，这样就可能因为政府责任的缺失而伤害到公众利益。

2.政府引导作用弱

中国的绿色发展基金工作刚起步，所要解决的问题层出不穷。政府缺少专业人员参与管理、相关法律法规缺失、项目资金有限、政府引导工作不足都可能对绿色发展基金的可持续发展造成阻碍。

就政府自身而言，一些以解决环境问题为目标的项目虽然具有较强的公益性，但是利润回报比较小，周期较短，甚至还可能面对无利润的情况。面对这种转化问题，大多数政府会选择望而却步。

在传统的政府管理模式中，环境问题通常由财政投入解决，但是在环境问题逐渐严重和深化的过程中，政府需要面临的工作和责任也更加复杂。低利润项目的增加进一步加重了资金压力，要求政府完全承担的可能性非常小。

在这样的情况之下，社会资本的引入变得十分必要。不过社会资本与政府资本不同，盈利性是其首先要考虑的问题。在绿色发展基金的发展进程中，绿色目标和收益是需要同时考虑的因素，如果在市场准入、税收等方面没有优惠政策的扶持，那么要使社会资本参与无异于痴人说梦。

3.基金模式中各方角色缺乏有力监管

若要推动绿色基金发展，其重要工作步骤是整合公共财政与私人资本的双重优势，促进双方合作，通过提供安全的保障措施来激励社会资本参与。获得基金的途径主要有银行贷款、债券、资产证券化等，获得基金的同时也需要承担对应责任。但由于权责范围的划分不清，一些绿色基金的运营工作也可能会因此产生偏差。

第一，政府监管力度偏差。通过调查可知，虽然绿色发展基金工作已经开展，但是很多地方政府却并未对此类工作提供完善的法律法规保障，监管力度并不明确，甚至浮动较大。我国市场机制还处于萌芽和过渡阶段，市场准入规则控制力不够，而且绿色基金发展工作将过多的目光都投注于社会资金方面，准入门槛限定不足，筛选标准比较模糊。因为政府监管力度不足等问题，腐败现象频发，收费标准错乱、收费高等问题层出不穷，一些私营部门将此视为敛财机会，大大伤害了公共利益。如果政府对投资活动投入了过多的监管力量，也很有可能事倍功半，使权力寻租行为高发，无端提升经济活动成本。而且政府各部门之间的分工与权责的界限模糊也造成了混乱的监管活动，不仅提升了风险，也阻碍了绿色基金的发展工作。

第二，外部监管工作缺失。虽然进行着名为绿色基金的发展工作，但是工作方向却产生了偏离。一些地方政府在绿色基金工作开展初期，尽管也组织了各级管理人员进行过实地调查，学习到了价值较高的经验，但因为外部监管工作缺失等原因，虽然筹集了巨额绿色发展基金，但是很快就出现了投资人谋求控股权遭到证监会调查、运作不良资产等问题，这与绿色基金设立的初衷是相悖的。

（二）政策建议

1.完善绿色发展基金治理架构

美、英等国绿色发展基金通常采取现代公司治理结构，即所有权和经营权分离，政府作为所有者，以股东和（或）董事身份参与绿色投资机构的治理与引导，绿色投资机构在政府监管下保持高度自治，由专业投资团队和管理团队负责管理绿色发展基金，日常运营不受政府直接干预，拥有较大的自主权。

英国绿色投资银行的治理架构由五个部分组成：股东、政策小组、董事会、董事委员会和高级管理层；英国商务部、创新和技能部作为股东，与其他政府部门合作共同组建政策小组，确保英国绿色投资银行在战略层面和政府目标保持一致，但其日常运营层面完全独立于政府，董事会及其委员会负责保证银行按照私营部门公司治理的最佳实践运行，高级管理层负责其日常运营，董事委员会监督银行风险管理和合规审计。

借鉴国际经验，要从中央层面出发，明确绿色发展基金的概念界定、资金投向、运作模式、发展目标、监管机制等，规范参与主体的行为，对拥有绿色产业基金经验的地区进行鼓励，激励其推出操作性更强的实施细节。同时也鼓励各类绿色基金协助发展，通过完善设计细节来提升基金实力，使其保持可持续性发展，促进绿色发展基金良性发展。

在当前的经济新常态模式之下，绿色产业面临的挑战逐渐增加，如创新工作、财政投入等都是不可小觑的任务。中国的绿色产业成长工作和资金困难离不开金融创新的辅助。对于融资过程中遇到的市场缺失问题，可以通过私人资本的调动来实现优势互补，使政府和市场通过合作与融合促进绿色金融模式的转型，最终达成一致共识。投资者则立足于市场化原则开展投资工作，在法律法规的规定之下与政府达成合作，共同参与基金建设。

2.发挥政府角色优势，合理引导绿色发展基金投资

一是由政府构建绿色发展基金绩效评估体系，按年度评估绿色发展基

金的运作效果，建立完善绿色发展基金内部问责机制和信息公开披露制度，严格规范基金的投资对象和投资领域，以及资金的使用范畴和具体份额。督促引导基金积极参与、持续跟踪投资项目经营情况，确保资金用于绿色方向。

二是要建立完善的绿色项目评估指标体系，鼓励组建绿色产业评估研究和咨询机构，培育引进有公信力的第三方绿色项目评估认证机构，促进绿色项目认证结果使用与效果评价，提高基金运行效率。

政府要发挥公共管理作用，引导建立绿色发展基金激励机制，加大对绿色投资和责任投资理念宣传力度，出台绿色发展基金的税收减免、贷款贴息、引入第三方担保、完善风险共担机制等优惠措施等扶持政策，对绿色项目实施财政贴息、特许准入等方式，适当提高绿色项目回报率，吸引社会资本投资；同时建立绿色发展基金指数，将环境绩效良好的企业纳入指标体系，展示绿色企业及项目稳定的预期收益率，吸引社会资本对绿色项目投资。

3.加强内外部监管

绿色产业基金的参与主体包括政府以及运营方、投资方等私人部门。其中，监管政策由政府主导制定，并以此为基础构建合理的监管框架。

在制定政策的过程中，必须对各方利益主体的意见进行充分了解和征求，共同完成科学的监管框架的设计，实现对各方利益的合理保障并促进绿色发展基金效能的充分发挥。

一是强化外部监管。建立完善评价与绩效考核指标，有效衡量绿色发展基金的经营状况、可持续发展和社会贡献。可通过股份申购等方式干预企业决策，其中可用渠道比较丰富，股东提议、争夺代理权等渠道均可确保资金投向绿色领域。例如，美国绿色基础设施建设资金由州政府与联邦环保局共同管理。在获取款项之前，各州政府都需要制订自己的基金使用计划并且提交环保局，环保局自有一套导向政策，可以此来引导基金走向，在审批计划之后也可以监督各州的基金使用情况。对于英国碳基金而言，其若要获得拨款也需要事先提供工作计划，通过协商来完成框架协议。

二是严格内部监督。如英国绿色投资银行制定了绿色投资需遵循的7个原则：能够节能减排，控制温室气体排放；绿色影响深远；信息披露环节透明；绿色目标明显而积极；投资标准明晰；绿色影响评估体系完善；合同参与过程有效且存在监督环节。

4.培育绿色PE、VC投资者

第一，对现有的私募基金进行绿色投资理念的宣传和推广，培育崇尚绿色投资的舆论氛围，鼓励投资者自愿采纳或加入绿色投资相关的原则，在投资分析和决策的过程中引入ESG［Environment（环境），Society（社会）和Governance（治理）三个单词的首字母缩写］理念，即将更多的“非绿”私募基金改造成为绿色的基金。

第二，政府以出资人的身份，参与组建新的绿色PE和VC基金。政府可以出资10%—20%，其余来自社会资本，这样用一元的政府资金就可以撬动五元到十元的社会资本参与绿色PE或VC的投资，这类做法在欧洲比较普遍。

第三，建立绿色PE和VC投资者网络，加强同业交流，共享评估和投资绿色资产的方法、工具，提升开展绿色投资的能力。

第四，强化企业的环境和项目信息披露制度，为机构投资者进行绿色投资创造更好的信息基础。

第九章

Chapter 9

绿色宜居的城乡建设

第一节　运用绿色建筑原理改造传统民居

伴随着我国城镇化水平的提高，以住宅为主的建筑业在拉动经济增长和提高居民生活水平上发挥了重要作用。然而，高能耗建筑、环境污染严重、循环利用率低、住宅舒适度差等问题也逐渐凸显。我国是一个经济增长快速、人口数量众多的大国，同时也是能源供给不足和资源相对匮乏的大国。在此背景下，推广节地、节能、节水、节材和环保的绿色建筑成为建筑业发展的必要要求。实现建筑生产与生态环境的协调发展，引入注重节约能源、资源和保护自然环境的绿色建筑理念，已成为当前中国建筑研究与发展的主流和方向。

我国正处在快速城镇化发展时期，资源和环境问题日益突出。如何抓住发展机遇，因地制宜地把“绿色”理念真正融入到建筑中，是当前城乡建设面临的重要挑战。面对飞速的发展形势，在城市建设中发展节约资源、保护环境、可持续发展的绿色建筑具有十分重要的意义。

一、背景

我国疆域辽阔，民族众多，各地区的地理气候条件和居民的生产生活方式各不相同，传统民居各具特色，种类丰富。例如，陕西省的“窑洞”、福建省的客家“围龙屋”、北京市的“四合院”、广西壮族自治区的“杆栏式”和云南省的“一颗印”，是我国五大最具乡土风情的传统住宅建筑形式，被中外建筑学界称为五大特色中国民居建筑。在陕北地区，乡村居住的建筑中约90%为传统窑居建筑，其中最受老百姓喜爱的以砖或石材箍起的靠山窑占总数的70%以上。一般来说，传统民居是适应当地气候及自然条件的有机产物。它是当地居民长期因地制宜的选择，不仅居住舒适，而且还体现了地域文化。但是，随着城镇化进程的加快，人们对居住环境条件的改善提出了更高的要求。农村居民对那些破旧的、基础设施不全的居住环境日渐不满，渴望拥有城里人那样的居住条件。部分先富起来的村民自己盲目效仿、拆旧建新，使得形体简单、施工粗糙、品质低下、能耗高的简易砖混房屋数量不断增加。造成的结果是新建房屋的抗震性能较差，建筑能源资源消耗成倍增长，生活污染物和废弃物的排放量急剧增大，且破坏了地域建筑的文化和风貌。

为了解决这些问题，以西安建筑科技大学刘加平院士科研团队为代表的科研团队，运用绿色建筑理念对传统民居进行创新改造，把这些地域特色浓郁的传统民居发展成了新的时尚建筑，不仅改善了人们的居住条件，也为传统民居的保护与传承提供了更加可行的方法。

二、做法

（一）延安枣园村窑洞改造

枣园村位于延安市区西北7公里外的西北川，坐落在一连山和二连山的山坡上，坐北朝南。坡上植被稀少，水土流失严重，具有典型的陕北黄土高原地形地貌特征。改造前，枣园村的绝大部分住户居住在砖石窑洞之中，窑洞布局为自然形成，土地浪费较严重。村民生活用水主要是山中泉水的贮蓄和川地中的井水，水资源匮乏。村容村貌不整，卫生条件差，居住环境低下，整体建设水平较低。枣园村窑洞改造项目使用了一整套绿色适宜性建筑技术，主要包括：可再生自然能源直接利用技术、常规能源再生利用技术、建筑节能节地技术、窑洞民居热工改造技术、窑居室内外物理环境控制技术、废弃物与污染物的资源化处置与再生利用技术及主体绿化技术等。

新型窑洞以天然石材为基本建材，减少了制砖的能源消耗和污染。室内卧室、客厅、餐厅、厨房、洗浴室等一应俱全，同时还将延续了几千年的一层结构改造为二层结构，从而节约了大量的土地。

窑洞民居空间形态与太阳能动态利用有机结合是新型绿色窑洞的关键

技术之一。针对不同户型方案分别采取了直接受益式、集热蓄热墙式、附加阳光间式以及组合式的被动式太阳能采暖方案。该项目为传统窑居新建了附加阳光间，以玻璃替代了麻纸，增加了房屋采光度和利用太阳能得热。在大部分住户家中安装了太阳能热水器，为村民的生活提供了便利，同时节约了烧水所需的常规能源，减少了对环境的污染。

设计了采用地热、地冷的通风空调系统。具体做法是在院内挖一个地窖，利用通道与室内墙壁上的排气扇相通，通过排气扇进气或出气，使室内环境既能在夏季降温又能在冬季取暖，在改善室内空气质量的同时也调节了温度。全部新型窑居都合理地组织和运用了风压通风和热压通风，保证了冬季换气和夏季降温的要求，并应用了双层保温隔热窗，多功能和多样性窑顶绿化，以及新型窑顶防水技术，住户洗澡、取暖、制冷均不采用电力，而是充分利用自然条件。

延安市的新型绿色窑洞不但带动了当地旅游业的发展，也深刻地影响和改变了当地人的生活观念。

（二）宁强李家院村生态民居设计

宁强县是陕西省汉中市的下辖县，位于陕西省西南隅，北依秦岭，南枕巴山。陕南山地民居结合了对山地气候的适应性与北方民居防寒防热的优点，是我国传统民居中的典型代表之一。汶川地震给宁强县带来了巨大的损失，李家院村是受损较严重的村庄之一。地震造成李家院全村26户38间房屋倒塌，64户348间房屋严重受损，18户155间房屋一般受损，全村需要重建房屋为67户。在宁强李家院村的新民居设计中，所有的概念形成都围绕“实现生态住宅”这一目标进行。将“以人为本、生态与可持续发展、传统与文化复兴”作为设计理念的核心。

结合“生态、节能环保型住宅”建设理念和根据发展庭院经济的实际需求，本方案吸取陕南地区的民居特点，组成前宅后院、独门独户的居住单元，结合现代村民生活方式的发展趋势，在传统民居形式的基础上进行了适当的调整，使整体布局更加合理。

在设计中新民居加强了房间之间及坡屋顶夹层的通风组织，同时根据经济条件、个人需要，结合南向立面，在主卧外局部或整个通廊设置阳光间，以改善室内的冬季小气候。在阳光间内表面安装蓄热窗帘，在夜间防止热量流失。

沼气是一种高效、环保的燃料，替代传统能源的前景广阔。为解决农村生活用能问题，在新民宅中建设沼气池。在平面设计中，将卫生间与畜廊集中设置，利于人、畜排泄物的收集，同时改变了人畜粪便随意排放的状况，减少传染疾病的发生。将收集的沼气通过小型装置快速而便捷地运送至厨房，减少了作为炊事能源的木材消耗，大大地促进了农村经济社会的可持续发展。

三、启示

（一）指明了中国传统民居建筑的发展方向

新型窑居建筑的建成使用，标志着陕北黄土高原地区传统窑居建筑的再生和窑居住区可持续发展取得了突破性进展，表明地方传统民居与现代绿色建筑原理和绿色建筑技术相结合是中国优秀传统民居建筑的发展方向。从偏远山区的窑洞居民，到延安地区的政府机关干部，络绎不绝地来到延安市枣园村参观考察新型窑居建筑。国外专家参观访问后更是给予高度评价。延安市枣园绿色窑居示范工程已被美国华盛顿州立大学建筑系列为建筑学本科学生的实习基地。毫无疑问，蕴涵于中国传统窑洞民居中的优秀建筑文化和生态经验，将随着新型窑居建筑一起传承下去。

（二）促进乡村文化振兴

乡村文化振兴是实现乡村可持续发展的重要路径。乡村文化振兴是利用乡村文化和民族文化资源，推动乡村产业结构调整，促进乡村脱贫致富的重要抓手，是解决城乡文化发展不平衡不充分问题的基础工程，对于乡村组织振兴、生态振兴、产业振兴、人才振兴具有重要引领和推动作用。从发展的角度来说，文化产业的发展大有潜力。随着经济条件不断变好，人们开始追求精神生活的富足，不少城市人外出旅游不再满足于去景点，越来越多的人喜欢到农村体验生活。运用绿色建筑原理改造传统民居，不仅改善了当地居民的生活条件、满足了乡村现代化建设的要求，还使得传统民族文化资源得以保留。借助传统民居改造项目大力发展文化产业，可以助力本地区打造旅游品牌，振兴和传承乡村文化。

四、展望

地域文化是动态的、不断发展的，它是在不断吸收、不断创新中逐渐积累起来的。地域文化不是一种固有的模式，也不仅是一种“文化遗产”。简单地“复制”传统并不困难，但这不是最终目的。尊重传统不是墨守成规，不等于复古，更不是“仿古”，而是要在继承传统的基础上创新。今天的经济、技术成就，要用今天的文化形式去反映。应用绿色建筑理念和技术，对传统民居进行创新改造，不仅可以创造可观的社会经济效益，而且可以通过农村民居建筑改造在实现可持续发展方面闯出一条新路。

第二节　绿色装配式钢结构与喷涂式原竹龙骨组合结构

伴随着现代工业技术的发展，建造房屋可以像生产机器那样，成批成套地制造。这种颠覆传统建筑业中分散的、低水平的、低效率的手工业生产方式的新建筑模式被称为“工业化建造”或“装配式建造”。

发展装配式建筑是建筑业生产方式的重大变革。装配式建筑采用标准化设计、工厂化生产、装配化施工、信息化管理、智能化应用，是现代工业化生产方式的代表。通过大力推广装配式建筑，可以推进建筑绿色化、工业化、信息化，实现传统产业转型升级。

西安建筑科技大学钢结构研究团队通过对陕西省城镇发展过程中住宅

建设现状进行分析，结合绿色建造和工业化建造理念，自主研发了绿色装配式钢结构体系和喷涂式原竹龙骨组合结构，为装配式建筑提供了更多的应用场景。

一、背景

“建筑装配式”这一概念自古有之。17世纪，欧洲人向美洲移民时所用的木构架拼装房屋，其实就是一种装配式建筑。1851年，伦敦建成的用铁骨架嵌玻璃的水晶宫是世界上第一座大型装配式建筑。第二次世界大战后，欧洲国家以及日本等国房荒严重，迫切要求解决住宅问题，装配式建筑得到快速发展。

2015年以来，在政府积极推动下，我国的装配式建筑规划密集出台。2015年11月14日，住房和城乡建设部出台《建筑产业现代化发展纲要》，计划到2020年装配式建筑占新建建筑的比例达20%以上，到2025年装配式建筑占新建建筑的比例达50%以上。2016年9月27日，国务院办公厅发布《关于大力发展装配式建筑的指导意见》，要求按照适用、经济、安全、绿色、美观的要求，推动建造方式创新，大力发展装配式混凝土建筑和钢结构建筑，不断提高装配式建筑在新建建筑中的比例。

传统的装配式建筑主要有钢结构和装配式混凝土结构两种形式，其中钢结构建筑是指以钢结构为主要承重结构，以轻型建筑墙体材料为围护结构的建筑。钢结构住宅作为绿色建筑的主要代表，具有重量轻、施工速度快、性能好、节能、节材、节水、节地、抗震等优良性能。

随着钢结构建造技术的不断发展，一些绿色装配式钢结构新工艺也随之诞生。然而，目前国内绿色装配式钢结构住宅发展仍然十分缓慢，这主要是因为我国的多高层钢结构住宅还存在很多问题。例如，钢结构住宅的户型设计、结构形式、梁柱选取以及配套围护体系的选择等方面没有达成共识，多高层钢结构住宅的结构性能研究不充分，没有一个得到认同的合理且行之有效的钢结构住宅体系。

对此，西安建筑科技大学研究团队融合国内外低、多层钢结构先进技术，采用“建筑元器件”的设计概念，自主研发了两种适用于低、多层的模块化建筑体系：全装配钢框架建筑体系和盒子型模块化装配建筑体系。同时，该团队还从陕西省新型城镇化建设出发，结合绿色建造理念，创造了一种喷涂式原竹龙骨组合结构。

二、做法

（一）绿色装配式钢结构新工艺

1. 装配式钢结构体系 +PC 构件

钢筋桁架叠合楼板是钢结构与PC结合的典型构件。带桁架钢筋的自支承叠合楼板拼缝构造方式简单，在工厂将桁架钢筋和底板钢筋布置好后，浇筑混凝土形成带桁架钢筋的预制薄板，将其吊装就位后，在拼缝处直接放置横向钢筋，而后浇筑混凝土形成双向叠合板，该叠合板能够自支承，不需要占用大量模板，符合新型建筑工业化的要求。

2. 围护墙体、构造做法的交叉应用

轻钢龙骨保温装饰一体板，采用镀锌轻钢龙骨作为承重体系，并融合保温装饰一体板技术一次成型，可以广泛应用于外墙围护和内墙隔断。该墙体用钢量低，结构自重轻，有利于抗震；工厂化程度高，运输方便，现场易于装配；干法作业，环保节能。

3. 装配式钢结构与 BIM 技术的深度结合

随着建筑业全球化、城市化进程的发展以及可持续发展的要求，应用BIM技术对建筑全寿命周期进行全方位管理，是实现建筑业信息化跨越式发展的必然趋势。与其他结构相比，钢结构建筑的建设特点决定了它在建筑信息化中，具有更明显的优势。BIM技术在施工图设计阶段及深化图设计阶段、工厂制造阶段、构件运输阶段以及现场安装阶段都可以发挥出巨大的作用。

（二）绿色装配式钢结构新体系

1. 全装配式钢框架建筑体系

全装配钢框架建筑体系以建筑构件为基本元件，工业化程度高，构件尺度小，适用于交通不便利和现场缺乏施工设备的场景，具有构件装配化、围护一体化、户型模数化、生产工厂化等特点。全装配钢框架梁、柱、墙面、楼板及屋面均使用螺栓连接，操作简单便捷，有效缩短了施工工期。其构件尺度小，对于交通不便利的地区和现场缺乏施工设备的场地有良好的适应性。主体结构、围护墙板和水暖电管线等均为一体化设计，在工厂加工时将部分管线埋入整体墙面内，钢梁预先留管线孔，现场安装时无需因管线问题进行二次改造。户型均为模数化设计，可依照客户需要调节建筑尺寸，室内使用功能灵活多变，为客户提供更多的选择。采用BIM系统全数字化管理，主体结构和围护系统工厂化率达到90%。

2. 盒子型模块化建筑体系

盒子型模块化建筑体系以建筑功能单元进行组合搭建，可实现快速模块化拼装，适用于使用品质要求较高的临时办公室、救灾中心等。该建筑体系将客厅、卧室、厨房等功能单元作为建筑元件进行功能组合搭建，实现较高的装配效率。盒子型模块化建筑以热轧型钢为基本构件，装配为标准模数单元，采用冷弯薄壁型钢—轻质砂浆复合保温墙体，配备标准一体化卫浴单元和楼梯单元，单元间采用全螺栓连接，可以实现快速的模块化拼装。该类型房屋可以用在对使用品质要求较高的临时办公室、救灾中心等建筑。

2018年11月9日，西安建筑科技大学装配式钢结构研究院有限公司与西安建工绿建集团装配式钢结构高层公司战略合作协议的签署，标志着西安乃至陕西装配式建筑的发展进入快车道。

（三）喷涂式环保墙体——原竹龙骨组合结构

在全球节能减排的大背景下，西安建筑科技大学研究团队通过对陕西省城镇发展过程中住宅建设现状进行分析，结合绿色建造和工业化建造理念，创造了一种喷涂式环保墙体——原竹龙骨组合结构绿色住宅体系。该结构采用可再生的毛竹作为主要承重构件，可在工厂预先对部分构件进行批量化加工制作，再运输到建筑施工现场进行组合和安装。

1.原竹结构节点连接做法

原竹龙骨组合结构是一种新型的绿色结构体系，它利用了原竹结构的材料易得、抗震性能好等优点，并结合了新型环保物料的防火、保温、隔声及包裹围护作用。

原竹龙骨组合结构骨架承重体系的主要技术要点有：墙骨架立柱间距不大于450毫米，檩条间距不大于350毫米；墙骨架立柱、屋架、立柱、檩条、楼板所用原竹直径由计算确定；承重墙的洞口过梁设计应由计算确定；屋盖可以采用轻型桁架或椽条；连接部位开孔处应进行加强；施工前应对原竹进行调直和防腐防虫处理；一段竹节内的开孔数量不宜超过1个，且开孔处应进行人工加强；可用垫竹片的方法解决尖削度引起的高低不平问题；螺栓连接的节点处一律选用直径等于10毫米的丝杆，且须加弧形垫片。

2.喷涂式环保墙体

喷涂式环保墙体是以原竹作为基础结构。原竹直径为100毫米，壁厚为10毫米，原竹间距为450毫米，竹间间隙使用厚度为100毫米的EPS保温板填充，原竹及保温材料两侧布置斜向竹篾，竹篾间距为300毫米，且在两侧交叉布置，竹篾和原竹之间用自攻螺丝固定。骨架制作完成后在两侧悬挂钢丝网，然后在原竹骨架空隙及钢丝网外侧喷涂厚度为30毫米威固保物料，最后在固保物料外侧刷10毫米厚的固保抗裂砂浆。

三、启示

改革开放以来，我国建筑业产业规模不断扩大，带动了大量的关联产业发展，成长为国民经济支柱产业之一。但是，我国建筑业目前仍属劳动密集型产业，建造方式较为落后。随着能源紧缺、劳动力短缺等问题逐渐凸显，传统建筑业的生产方式已经不能适应时代发展需要。而装配式建筑最贴合建筑工业化与绿色化的内涵，发展装配式建筑是建筑行业转型的最佳选择。

为尽快将前沿的研究成果应用于实际工程，政府层面应加快建设钢结构建筑产业基地，在灾区重建和保障性住房工程中应给予钢结构建筑特殊的政策支持。要打破部门壁垒，多领域多部门协同推进，完成绿色工业化装配式钢结构建筑产业化这一重任。

中国竹类资源丰富，竹种植面积和蓄积量均居世界首位。与当前常用的传统建筑材料（如砖、混凝土等）相比，竹材不仅生长周期短、能在生长过程中改善自然环境，而且加工过程中能耗低，废弃后可自然降解，堪称天然绿色建材。同时，竹材较木材具有强度高、塑性好等优良的结构性能，强重比高，变形能力好，能够吸收和耗散地震中的大量能量，是建筑行业的理想材料。合理发展竹结构符合国家“绿色化”的发展需要，具有重要的理论意义与工程应用价值。

四、展望

装配式建筑本具有易于施工、工业化程度和可以做到全生命周期住宅等优势，发展装配式建筑是我国建筑工业化发展的必然要求，也是践行绿色发展理念的客观需要。好比汽车制造，并不是说一辆汽车有最好的发动机，它就是一辆好车。一辆好车必须是各种技术的最佳集成。装配式建筑是一个复杂的系统工程，设计、建造、装修等任何一个环节出现问题，都将导致装配式建筑无法发挥其应有的优势，阻碍其顺利发展。此外，与装配式建筑结合的建筑材料要保证绿色环保，让绿色建材与装配式建筑有机结合，让房子做到生态宜居。

第十章

Chapter 10

绿色经济的发展趋势

新技术、新理念、新业态、新社会形态是未来绿色经济发展的四大趋势。企业要想在绿色经济的浪潮中获得成功，必须深入了解并积极响应这些趋势。通过采用新技术、新理念、新业态和新社会形态，企业不仅能够提升自身的竞争力，还能为全球的可持续发展做出贡献。在这个过程中，企业需要不断创新，同时也要注意风险管理和社会责任，以确保长期的可持续发展。

新技术方面，根据国际能源署（IEA）的报告，2023年全球可再生能源的增长率达到了历史新高，太阳能和风能的装机容量增长显著。电动汽车（EV）市场正在快速增长，预计到2030年，电动汽车将占全球汽车销量的大部分。绿色技术，如碳捕集与封存（CCS）和生物能源，正在获得更多的关注和投资。新理念方面，消费者对可持续产品的需求日益增长，根据尼尔森的全球消费者调查，超过60%的消费者愿意为可持续品牌支付更多。循环经济理念被广泛接受，许多企业开始实施减少、再利用和回收（3R）原则。企业需要采纳绿色和可持续的商业理念，如生命周期评估（LCA）和生态设计，以减少环境影响，并提高资源的利用效率。新业态方面，绿色金融正在成为推动绿色经济的关键力量，根据联合国环境规划署，2023年全球绿色债券发行量创下新高。共享经济模式如共享单车和拼车服务，正在减少交通领域的碳排放。企业应探索新的商业模式，如共享经济、按需服务和平台经济，这些模式可以提高资源利用效率，减少浪费。新社会形态方面，社会企业正在兴起，它们以解决社会和环境问题为使命，同时追求经济效益。根据世界银行的数据，绿色就业机会正在增加，特别是在可再生能源和建筑能效领域。企业应参与社区发展项目，与政府和非政府组织合作，推动社会和环境的可持续发展。

第一节　绿色新兴产业抢占先机

恩格斯曾说：“社会一旦有技术上的需要，则这种需要就会比十所大学更能把科学推向前进。”恩格斯的名言强调了社会实践对科学技术发展的重要作用，这一观点在绿色经济领域同样适用。随着全球对环境保护和可持续发展认识的不断深化，绿色经济已经成为全球经济转型的重要方向。随着化石燃料的过度开采和环境污染问题的加剧，开发利用新能源成为社会迫切的需要。太阳能、风能、地热能等清洁能源技术的发展，正逐步减少对传统能源的依赖。绿色新材料，如生物降解塑料、纳米材料等，因其环境友好性和资源节约性，正逐渐取代传统材料，应用于各个行业。为了降低生产和生活过程中的能源消耗和环境污染，节能减排技术如高效节能的建筑设计、智能交通系统等，正受到越来越多的关注。循环经济模式的推广需要依靠先进的回收处理和资源再利用技术，如废物分类回收、生物质能转换技术等。绿色经济的发展离不开绿色技术的支撑。在绿色经济时代，社会对绿色技术的需求将成为推动科技进步的强大动力。企业应抓住机遇，通过技术创新和产业升级，实现绿色转型，为社会的可持续发展做出贡献。随着政策的支持和市场的认可，绿色技术将不断成熟并广泛应用，推动绿色经济向更深层次发展。

一、新技术造就新能源

在新能源产业之中，新能源汽车的发展势头最为迅猛。截至2017年，我国新能源汽车保有量达153万辆，占汽车总量的0.7%。截至2023年底，全国新能源汽车保有量达2041万辆，占汽车总量的6.07%；其中纯电动汽车保有量1552万辆，占新能源汽车保有量的76.04%。2023年新注册登记新能源汽车743万辆，占新注册登记汽车数量的30.25%。

新能源汽车行业发展速度快，发展空间与潜力依然巨大，在未来将会与更多的业态结合，覆盖更多的领域，推动交通行业的全面绿色化。

目前，新技术造就的新能源汽车包括：纯电动汽车、混合动力汽车、燃料电池汽车、氢发动机汽车等。这些汽车正在被用于各行业的运输环节之中，极大地促进了节能减排目标的实现（见图10–1）。

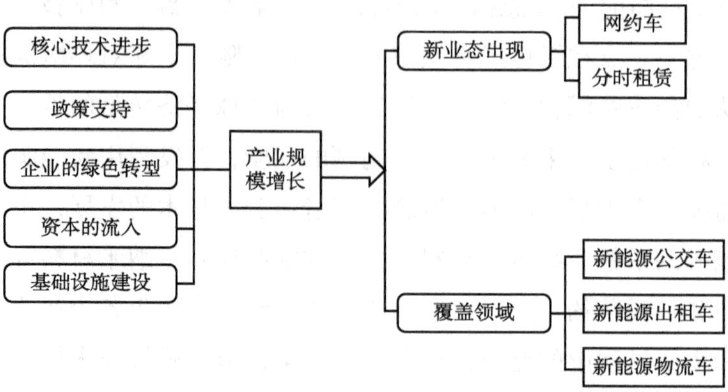

图10-1　新能源汽车领域的发展模式

除了新能源汽车之外，其他行业的新技术也在不断被研发和采用。

生物质发电技术通过将有机物质转化为电能，是一种清洁且可再生的能源技术。近年来，生物质能源的利用在全球范围内得到了显著增长。例如，丹麦的生物质发电厂通过采用先进的转化技术，实现了高达90%的热效率，这比传统的燃煤发电厂的效率提高了约15%。在中国，生物质发电技术也得到了快速发展，截至2023年，全国生物质发电装机容量已超过10吉瓦（GW），年发电量超过500亿千瓦时。

超高温压机组是生物质电厂中的一项关键技术，它能够提升电厂的电力转化效率。目前，某些生物质电厂已经开始使用这种机组，从而在消耗同等燃料的情况下提高电量输出，使燃料成本的盈亏保持在一个相对稳定的平衡状态。

沃尔玛作为全球最大的零售商之一，在环保节能方面也走在了前列。在配送中心，沃尔玛建立了环保节能系统，充分利用太阳能。通过自然采光、使用太阳能热水器等措施，沃尔玛成功减少了碳排放，提升了太阳能的利用率。沃尔玛已经在全球范围内实施了超过200个太阳能项目，总装机容量超过300兆瓦（MW）。

太阳能和风能作为绿色能源的代表，在未来绿色经济的发展中扮演着越来越重要的角色。国际可再生能源机构（IRENA）的报告显示，到2023

年，全球太阳能和风能的装机容量已经超过了1太瓦（TW），预计到2050年将增长到8太瓦。在西班牙，太阳能热能被用于农业灌溉系统，通过太阳能泵站提供动力，减少了对化石燃料的依赖。风能技术也在不断进步，例如，丹麦的Vestas公司开发了一种新型的风力涡轮机，可以在低风速条件下高效运行，扩大了风能的应用范围。

通过这些新技术和案例，我们可以看到绿色经济的发展正在不断加速，新技术的应用不仅有助于减少能源消耗和碳排放，还能提高能源的利用效率和经济效益。随着技术的不断进步和创新，未来绿色经济的发展前景将更加广阔。

二、新技术下的新材料

随着科技的不断进步，新材料的研发和应用正在成为推动绿色经济的关键因素。这些新材料不仅在制造过程中节能环保，而且在使用和回收过程中对环境的影响也大大减少，为实现企业的绿色发展提供了强有力的支持。最新数据显示，自2021年3月以来，中国的绿色技术创新总量指数已经从1000增长至4575.42，增长了约4.5倍，这一飞跃性的增长反映了绿色技术创新的持续升温。同时，绿色专利的申请和授权数量也呈现出显著增长，进一步证实了绿色技术创新活力的增强。

1. 装修行业的新材料应用。装修企业在技术驱动下，研发了包括环保漆料、照明系统、地材、墙材、墙饰和管材在内的七大新材料。这些材料不仅促进了装修行业的绿色制造，还为消费者提供了绿色健康的居住环境。

2. 日常用品的绿色材料。在名创优品，一款由农作物废弃物制成的牙刷杆，以其环保特性和经济实惠受到了消费者的青睐。消费者只需花费10元便能购买3支这样的绿色环保牙刷，其物美价廉与绿色环保是它深受消费者喜爱的主要原因。新巴克的饮品纸杯则采用了含有10%消费后回收纤维的材料，并涂有可回收的聚乙烯（PE）抗水涂层，提升了材料的循环利用率。

3. 蚂蚁集团的绿色计算技术。蚂蚁集团通过绿色计算技术，有效提升了资源利用率，并在2021年节约了超过43807.19MWh的电力，减排27727.48吨二氧化碳当量，为行业数据中心节能减排起到了示范效应。

4.宝洁中国的绿色工厂。宝洁太仓工厂实施节能改造，加强余热回收和新能源利用，实现了工艺废水零排放，并利用风能和光伏发电减少温室气体排放。工厂因此荣获LEED金奖和银奖，并被评为国家级绿色工厂，成为日化品行业绿色工厂建设的典范。

5.五粮液的绿色项目。五粮液实施了包括废水沼气发电减污降碳项目、生态修复项目和环保生态湿地项目在内的多项绿色项目，有效推动了企业自身的绿色低碳转型，并改善了当地生态环境。

6.极氪的智慧工厂。极氪公司利用5G、AI、工业大数据等技术，打造了智慧工厂，推动了产品的绿色研发设计，并建立了低碳可持续供应链。公司计划在2025年实现绿电铝使用率达100%，并在采购方面使用可再生材料，打造高端绿色低碳制造体系。

新技术推动下的新材料研发和应用，正在成为绿色经济转型的关键。随着政策的支持、技术的进步以及市场需求的增长，绿色新材料的研发和应用预计将继续扩大，为实现全球“双碳”目标做出重要贡献。企业通过整合绿色技术，能够提升产品的市场竞争力，并促进整个社会的绿色低碳转型，共同迈向一个更加绿色、高效和可持续的未来经济模式。各行各业依托于新技术，研发出绿色环保的材料，并广泛地用于生产之中，推动了全产业的绿色化进程。未来，以绿色技术为驱动、以新能源、新材料为绿色制造核心的绿色新兴产业，将会成为企业发展绿色经济的新契机。

第二节　绿色消费需求将持续增长

经济发展的每一轮热潮必定会带来消费升级，这是经济发展的必然规律。传统经济向绿色经济的升级，促使传统消费转向为绿色消费。

在消费升级背景之下，绿色消费需求将会不断提升，推动绿色产品与绿色服务在绿色市场上的供给，驱动绿色经济的进一步发展。绿色消费、绿色发展等新理念的出现，是绿色经济发展的必然趋势。

一、消费者需求引致绿色产品的出现

新技术的涌现正在引领一场绿色革命，尤其是在新材料的研发与应用方面。这些新材料以其可回收性、低污染的制造过程以及对环境影响小而著称，为实现企业的绿色发展提供了强有力的支持。绿色产品贸易增长：据报告，全球绿色产品贸易额显著增加，从2007年的0.91万亿美元增长到2020年的1.43万亿美元。中国绿色产品的出口超过德国，成为世界第一，并呈现迅速增长态势。调研显示，有88.9%的抖音用户表示自己更愿意选择环保的方式购买或处置商品。同时，81.1%的消费者愿意做一位极简主义的践行者，73.8%的消费者会优先选择绿色、环保的产品或品牌。据调查，98.7%的受访者表示在商场消费时，至少参与过一项绿色消费实践。银泰百货通过空瓶回收等绿色消费活动，赢得了消费者的认同。

绿色家居产品。家居产品通过使用环保材料和设计理念，即便价格高于普通产品，仍然受到追求健康居住环境的消费者的青睐。

节能家电。消费者更愿意购买节能高效的家电产品，如节水洗衣机、节电冰箱、节能空调等，这不仅减少了电力和水资源的使用，还培养了消费者的环保意识。

绿色食品和美妆。从绿色有机食品到纯净美妆产品，绿色概念逐渐渗透到各行业，消费者愿意为环保和可持续商品付出溢价。

绿色生活方式。绿色生活方式正在成为新风尚。国家对绿色低碳经济的推动，产业端的跟进践行，提高了消费者对绿色、环保产品的关注度。

绿色产品的市场潜力。学者分析了中国绿色产品出口目的国的特征，指出美国、日本、德国、韩国等发达国家是主要的绿色产品进口国。

新技术推动下的新材料研发和应用，正在成为绿色经济转型的关键。随着政策的支持、技术的进步以及市场需求的增长，绿色新材料的研发和应用预计将继续扩大，为实现全球“双碳”目标做出贡献。企业通过整合绿色技术，能够提升产品的市场竞争力，并促进整个社会的绿色低碳转型，共同迈向一个更加绿色、高效和可持续的未来经济模式。

二、绿色出行理念推动绿色交通发展

随着全球对气候变化的关注和可持续发展的重视，绿色出行已经成为推动绿色交通发展的重要力量。绿色出行不仅关乎环境保护，也是提升城市生活质量、减少能源消耗和缓解交通压力的有效途径。

1.绿色出行政策支持。交通运输部印发了《绿色交通“十四五”发展规划》，明确了“十四五”期间绿色交通发展的总体要求、主要目标和重点任务。

2.绿色出行行动计划。交通运输部等十二部门和单位联合印发《绿色出行行动计划（2019—2022年）》，从构建完善综合运输服务网络、提升公共交通服务品质、优化慢行交通系统服务等方面作出部署。

3.绿色出行十佳传播案例。2022年绿色出行十佳传播案例公布，包括支付宝绿色出行百城联动计划等项目，这些案例展示了绿色出行的多样化和创新性。

4.绿色出行基础设施。我国公共交通和慢行交通等城市绿色出行基础设施逐步完善，服务品质显著提高。

5.绿色出行企业行动。支付宝与全国超过70家公交企业合作，推动行业数字化升级，国航等航空公司也在推动绿色出行，如通过支付宝小程序自助办理乘机业务，鼓励绿色出行行为。

此外，共享单车和电动滑板车作为城市交通工具的补充，提供了便捷、环保的出行选择，减少了对私家车的依赖。新能源汽车的推广使用，如电动汽车和氢燃料汽车，有效降低了交通领域的温室气体排放。许多城市通过优化公交网络、增加地铁运营线路、提升服务质量等措施，鼓励市民选择公共交通作为主要出行方式。政府和企业通过举办绿色出行宣传月、发布绿色出行指南、开展绿色出行挑战赛等活动，提高公众对绿色出行的认知和参与度。运用智能交通系统、车联网技术等创新手段，提高交通管理效率，减少能源消耗和排放。

绿色出行理念的推广和实践，对于构建绿色交通体系、促进经济社会可持续发展具有重要意义。政府的政策支持、企业的技术创新、公众的积极参与共同推动了绿色出行的发展。未来，随着绿色出行理念的深入人心和技术的不断进步，绿色交通将更加便捷、高效、环保，成为人们出行的首选方式。

三、绿色消费理念推广绿色消费方式

在当今社会，绿色消费已逐渐成为主流消费趋势，它不仅体现了消费者对健康生活的追求，也反映了对环境保护的责任感。绿色消费观念正在深刻地影响着消费者的购物决策过程，促使消费者在选择商品和服务时更加倾向于那些节能、环保、可持续的产品。

1. 网购的绿色效应。网购作为一种新兴的消费模式，因其便捷性和效率性受到越来越多消费者的喜爱。网购减少了实体店铺的能源消耗和交通污染，符合绿色环保的理念。据《2021年商场绿色消费报告》显示，超过半数的受访者选择领取电子小票和发票、申请和使用线上会员卡，这表明消费者在享受网购便利的同时，也在实践中绿色消费。

2. 电商平台的绿色行动。电商平台在推广绿色消费中扮演着重要角色。通过设立绿色产品专区、提供绿色消费券、开展绿色产品评价等方式，电商平台不仅增加了绿色产品的曝光率，也加深了消费者对绿色消费的认识。例如，京东“6·18开门红”数据显示，绿色智能家电成交额同比明显上升，反映出消费者对绿色家电的偏爱。

3. 绿色包装的普及。随着消费者对环保问题的日益关注，绿色包装成为电商行业的一大发展趋势。许多企业开始采用可降解或可循环利用的包装材料，减少塑料包装的使用，推动了绿色包装的普及。这种改变不仅减少了包装废弃物对环境的影响，也提升了消费者的购买体验。

4.绿色产品的市场增长。国家对绿色产品市场的培育和推广起到了关键作用。据国家发改委数据，绿色低碳产品市场占有率将持续大幅提升，预计到2025年将有显著的市场占有率。这一目标的实现，预示着绿色产品将逐渐成为市场主流，消费者的绿色消费行为将得到更广泛的社会认可和支持。

5.消费者的绿色选择。现代消费者在选择产品时，越来越倾向于考虑其环保属性。《2023中国消费趋势报告》显示，超过70%的消费者会在日常生活中优先选择绿色、环保的产品或品牌，尤其是90后和00后消费者，他们对绿色产品的溢价接受度最高，愿意为环保产品支付更高的价格。

6.绿色消费政策支持。为促进绿色消费，国家出台了一系列政策措施。《促进绿色消费实施方案》明确提出，到2030年，绿色消费方式将成为公众自觉选择，绿色低碳产品成为市场主流，重点领域消费绿色低碳发展模式基本形成。这些政策的实施，为绿色消费提供了坚实的制度保障，同时也为企业和消费者指明了行动方向。

绿色消费观念正在引领消费市场向更加可持续的方向发展。从网购的普及到绿色包装的应用，从电商平台的绿色推广到国家政策的支持，绿色消费已经成为推动经济转型和社会发展的重要力量。消费者的绿色选择不仅有助于减少资源浪费和环境污染，也促进了绿色技术和绿色产品的发展。随着绿色消费理念的深入人心，未来绿色消费将进一步促进生产和消费模式的绿色转型，为实现全社会的可持续发展做出更大的贡献。

四、绿色建筑的消费需求逐渐上涨

随着全球对可持续发展的重视，绿色建筑正逐渐成为建筑行业的重要发展方向。绿色建筑不仅能有效降低能耗、减少环境污染，还能提升居住者的生活质量，因此其消费需求正逐渐上涨。

1.绿色建筑市场增长。根据国际能源署（IEA）的报告，全球对绿色建筑的需求正快速增长。在中国，根据《绿色建筑行动方案》，“十四五”期间，计划实现城镇新建建筑中绿色建筑占比达到70%以上。

2.消费者偏好。一项调研显示，超过60%的消费者在购房时会优先考虑绿色建筑，他们认为绿色建筑能提供更健康的居住环境，并且从长远看，绿色建筑的维护成本更低。

3.绿色建筑认证。LEED（Leadership in Energy and Environmental Design）认证作为国际认可的绿色建筑认证体系，其认证的建筑数量在近年来持续增加，体现了市场对绿色建筑品质的认可。

4.政策支持。许多国家和地区出台了鼓励绿色建筑发展的政策，包括提供税收优惠、补贴和建设标准等，以促进绿色建筑的普及。

5.绿色建筑材料。绿色建筑材料如节能玻璃、绿色屋顶和智能温控系统等的应用越来越广泛，这些材料能有效降低建筑的能源消耗，提高居住舒适度。

6.绿色建筑技术。绿色建筑技术的发展，如太阳能光伏板、雨水回收系统和节能照明系统，为绿色建筑的实现提供了技术支撑。

7.绿色建筑案例。苹果公司的新总部“Apple Park”是一个著名的绿色建筑案例，其采用了100%的可再生能源，并拥有大量的绿色空间，成为绿色建筑的典范。

绿色建筑的消费需求上涨是社会发展和消费者环保意识提高的必然结果。绿色建筑不仅有助于减少能源消耗和环境污染，还能提升居住者的生活质量。随着绿色建筑技术的不断进步和政策支持的加强，预计未来绿色建筑将更加普及，成为建筑行业的主流。消费者对绿色建筑的偏好也将推动相关产业的发展，形成良性的市场循环，为实现社会的可持续发展做出贡献。

第三节　数字经济渗透全产业链

为了适应绿色经济发展，传统业态必然会不断改善自身结构，向绿色新业态转型，从而在绿色经济时代之中抓住持续发展的机会。新业态助力绿色发展，将是企业发展绿色经济的重要趋势。

绿色经济发展衍生出共享经济、数字经济、平台经济的绿色新业态，并渗透全产业链，推动着各个企业的生产、运输、销售、回收等环节和流程的绿色化。

共享经济以信息技术为核心，推动能源、资源配置的不断优化，减少资源浪费与能源消耗，提升资源的利用率，从而实现绿色经济效益。共享经济中最为人熟知的便是共享单车，只需要手机扫一扫，便能获得共享单车的使用权。

平台经济是企业提供的一种虚拟或真实的交易场所实现经济收益的运营模式。平台本身不生产产品，但可以促成双方或多方之间实现交易，通过收取适当的中间费用，获得利润。例如，百度、腾讯、淘宝、京东商城、当当、亚马逊、新人才等的运营模式，都属于平台经济。

在绿色经济背景下，平台经济的本质并没有发生改变，由企业提供一种虚拟或真实的绿色产品的交易场所。其中，绿色产品与服务是核心，以消费者的绿色需求为导向。

绿色经济背景下的数字经济，使数字技术被广泛使用，是为整个经济环境和经济活动带来根本变化的经济系统。除此之外，数字经济也是一个将绿色项目信息和绿色活动数字化的社会政治系统。

数字经济可以提升企业、消费者在网络平台上的交易频次。数字经济既可以促进资源配置的优化，也可以为绿色交易平台的建设提供技术支持。数字经济在绿色经济中是共享经济与平台经济的支柱，是绿色经济发展的主要新业态。

在制造业中，数字经济通过信息技术使各个企业实现绿色生产设备与绿色生产技术的共享。并通过共享，降低企业绿色发展的风险与成本，充分协调行业内企业的发展，减少行业资源的浪费。这是数字经济在制造业中的渗透。

在服务业中，数字经济通过为共享餐饮、共享旅游、共享家政、绿色物流配送提供技术支持，减少能源消耗。让这些服务企业能够为消费者提供更多优质的绿色产品与绿色服务，刺激消费者的绿色消费需求。除此之外，数字经济还创造了许多新兴职业，缓解了社会的就业压力。这是数字经济在服务业的渗透效益。

在农业领域，帮助整合农业资源，优化农业资源配置，促进农业的产业化，形成去中心化的绿色产业链。例如，生态数字化农业的发展就离不开数字经济。

虚拟模拟技术在农业领域中的应用，可以根据天气变化，在网络上模拟出某种作物的生长动态，从而规划最佳的种植时间，将种植的各个环节与流程通过预先模拟，减少各个环节的损耗。并对农业进行实时监控，及时发现问题，解决问题，避免造成更大的损失。

业务应用软件的广泛使用，可以有效地整合农产品的交易，有效管理风险。生产者可以自行通过应用程序找到买主，实现交易。应用程序还可以对农产品的交易进行跟踪记录，在最大程度上保障买卖双方的正当权益。

这些数字技术推动了新兴市场的农业综合企业的发展，同时也协助本地营销、技术支持和销售活动。

在技术、政策、消费升级的支持下，数字经济不断改进，并渗透到各个产业之中，促进各个产业的各个环节绿色化水平的提高，创建一个企业与消费者双赢的发展环境。

第四节 绿色新型城镇化

绿色新兴城镇化将会是未来城市化的发展方向。聚焦于绿色基础设施的建设、绿色交通体系的构建、绿色建筑的发展，这是社会新形态绿色经济发展的不可回避的趋势。

你是否幻想过未来城市面貌？未来的城市应该是怎样的？WOHA建筑事务所，以新加坡为底图，构想了未来城市的面貌，并向我们展现出来。新加坡面临着海平面上升、人口密度不断上升的情况。针对这一情况，WOHA建筑事务构建的新加坡城市主要分为太阳城、潮汐湾、东海岸公园绿地以及裕廊大农场这四个部分。

太阳城将是新加坡的能源收集地，能够从周围100平方千米的区域中收集太阳能，从而为新加坡居民的生产生活提供能源；东海岸公园绿地是休闲和住宅设施的聚合地；潮汐湾是集合堤坝、发电厂以及住宅为一体的开发区；裕廊大农场则是国家的工业和营养中心，用于发展生态农业和观光旅游。

新加坡的未来城市构建用4个大型区域，合理规划出城市布局，将各种资源优势都发挥到极致，很好地体现了“绿色环保”的概念。绿色城市的构建与绿色经济的发展密切相关，是绿色经济发展到一定程度后的必然结果。

我国城市化经历了以规模扩张为特点的快速发展高峰期，正在走向城市主导型道路。城市化进程加快的背后隐藏着巨大的资源与环境压力，这是未来城市继续发展的隐患。为了解决这些隐患，绿色城市必然会成为城市化的重点发展战略。

绿色城市的建设，离不开绿色基础设施的建设，包括绿色交通、绿色建筑等领域的绿色化建设。通过打造绿色交通体系，提供绿色建筑，推动城市内产业结构与各个实体经济的绿色化改造与转型，形成生态化、智能化的新社会形态。构建这种新社会形态主要包括以下几条路径：

第一，合理规划绿色城市。绿色城市的规划，以技术为支撑，以充分利用空间、节省资源、减少碳排放量等绿色理念为基础，合理规划人口布局、街区建设、建筑设计等。

第二，打造绿色生产方式。根据城市特征与优势调整产业结构，推动产业的绿色化升级。例如，临江的城市可以考虑用水力发电，缓解能源紧张问题；具有丰富人文景观资源与自然环境资源的地区，可以打造文化与环境相融合的生态旅游业。各个城市的优势资源不同，绿色发展的方向也会有所差异。

第三，构建绿色智慧城市。通过运用新技术，对城市系统的信息数据进行整合与管理，从而实现交通系统、节能系统、生活服务系统等的智慧化管理。以智慧绿色交通系统为例，在构建过程之中，运用到了信息技术、数据通讯传输技术、电子传感技术、控制技术及计算机技术等先进技术，可以对整个地面交通进行实时监测，从而能够对地面交通进行实时、高效的管理，减少交通事故的发生，缓解城市交通压力。

第四，普及绿色生活方式。引导城市居民在出行、消费、生活垃圾处理等方面形成更为绿色环保的生活方式，养成绿色出行、绿色消费、垃圾分类的良好习惯。

通过以上四个路径，实现集绿色交通、绿色建筑等一体的绿色新型城镇化建设，为绿色经济的进一步发展创造条件。

新技术、新理念、新业态、新社会形态的出现，将是企业绿色经济发展的必然趋势。各个企业应该依势而行，提前在相关领域布局，提升自己在绿色经济浪潮中的竞争优势，抢占先机。

参考文献

著作类

[1] 张洪梅.绿色经济发展机制与政策[M].北京：中国环境科学出版社，2017.

[2] 冯长.生态文明与绿色经济研究[M].北京：北京工业大学出版社，2018.

[3] 周长益.绿色发展经济学概论[M].杭州：浙江教育出版社，2018.

[4] 徐夏楠.中原经济区绿色低碳发展行动方案[M].北京：中国经济出版社，2018.

[5] 牟永福.循环经济与河北绿色发展[M].石家庄：河北人民出版社，2018.

[6] 赵朝霞，黎莹.中国绿色经济转型的金融支持研究[M].成都：西南财经大学出版社，2018.

[7] 邓明君，向国成.基于分享经济的绿色农产品市场发展研究[M].长春：吉林大学出版社，2019.

[8] 李妍.绿色经济协同发展研究[M].延吉：延边大学出版社，2019.

[9] 李志青.绿色发展的经济学分析[M].上海：复旦大学出版社，2019.

[10] 孟根龙，杨永岗，贾卫列.绿色经济导论[M].厦门：厦门大学出版社，2019.

[11] 唐动亚，吴加恩，康贺.当代中国绿色经济发展研究[M].长春：吉林人民出版社，2019.

[12] 王辉耀.新时代绿色经济与可持续发展研究[M].北京：社会科学文献出版社，2019.

［13］岳利萍，康蓉.绿色发展的政治经济学［M］.北京：中国经济出版社，2019.

［14］高红贵.社会主义生态文明建设与绿色经济发展论［M］.北京：经济科学出版社，2020.

［15］弓媛媛.中国环境规制与绿色经济增长［M］.北京：经济管理出版社，2020.

［16］呙小明，黄森.高质量发展视角下中国绿色经济效率研究［M］.北京：知识产权出版社，2020.

［17］何红旗.绿色经济［M］.北京：中国商业出版社，2020.

［18］焦云涛.探索绿色经济发展之路［M］.广州：广东旅游出版社，2020.

［19］龙海雯.中国能源价格改革与绿色经济发展研究［M］.北京：中国财政经济出版社，2020.

［20］朱东波.绿色经济视域下中国工业结构转型［M］.厦门：厦门大学出版社，2021.

［21］贾卫列，刘宗超.生态文明：愿景理念与路径［M］.厦门：厦门大学出版，2020.

论文类

［1］李俊，徐晋涛.省际绿色全要素生产率增长趋势的分析——一种非参数方法的应用［J］.北京林业大学学报（社会科学版），2009，8（04）：139-146.

［2］佟贺丰，杨阳，王静宜，等.中国绿色经济发展展望——基于系统动力学模型的情景分析［J］.中国软科学，2015（06）：20-34.

［3］聂玉立，温湖炜.中国地级以上城市绿色经济效率实证研究［J］.中国人口·资源与环境，2015，25（S1）：409-413.

［4］向书坚，郑瑞坤.中国绿色经济发展指数研究［J］.统计研究，2013，30（03）：72-77.

[5] 曹东，赵学涛，杨威杉.中国绿色经济发展和机制政策创新研究[J].中国人口·资源与环境，2012，22（05）：48-54.

[6] 诸大建.绿色经济新理念及中国开展绿色经济研究的思考[J].中国人口·资源与环境，2012，22（05）：40-47.

[7] 王遥，潘冬阳，张笑.绿色金融对中国经济发展的贡献研究[J].经济社会体制比较，2016（06）：33-42.

[8] 刘霞，何鹏.绿色金融在中部地区经济发展中的影响效应研究[J].工业技术经济，2019，38（03）：76-84.

[9] 史丹，李鹏.我国经济高质量发展测度与国际比较[J].东南学术，2019（05）：169-180.

[10] 上官绪明，葛斌华.科技创新、环境规制与经济高质量发展——来自中国278个地级及以上城市的经验证据[J].中国人口·资源与环境，2020，30（06）：95-104.

[11] 黄庆华，时培豪，胡江峰.产业集聚与经济高质量发展：长江经济带107个地级市例证[J].改革，2020（01）：87-99.

[12] 周晓辉，刘莹莹，彭留英.数字经济发展与绿色全要素生产率提高[J].上海经济研究，2021（12）：51-63.

[13] 史代敏，施晓燕.绿色金融与经济高质量发展：机理、特征与实证研究[J].统计研究，2022，39（01）：31-48.

[14] 于波，范从来.绿色金融、技术创新与经济高质量发展[J].南京社会科学，2022（09）：31-43.

[15] 文书洋，刘浩，王慧.绿色金融、绿色创新与经济高质量发展[J].金融研究，2022（08）：1-17.

[16] 魏丽莉，杨颖.绿色金融：发展逻辑、理论阐释和未来展望[J].兰州大学学报（社会科学版），2022，50（02）：60-73.

[17] 郭希宇.绿色金融助推低碳经济转型的影响机制与实证检验[J].南方金融，2022（01）：52-67.

［18］何维达，温家隆，张满银.数字经济发展对中国绿色生态效率的影响研究——基于双向固定效应模型［J］.经济问题，2022（01）：1-8+30.

［19］湛泳，李珊.智慧城市建设、创业活力与经济高质量发展——基于绿色全要素生产率视角的分析［J］.财经研究，2022，48（01）：4-18.